〈主婦〉の誕生

婦人雑誌と
女性たちの近代

木村涼子［著］

吉川弘文館

目次

第四章 主婦のファンタジー〈慰安の章〉……一六九

図表目次

挿図

挿表

序章

近代がもとめた「主婦」とはいかなるものだったのだろうか。次の二編は、近代日本を代表する大衆婦人雑誌、『主婦之友』と『婦人倶楽部』に掲載された主婦を称える詩歌である。

○「主婦の歌」（一部抜粋）なにがし夫人（『主婦之友』大正六年八月号）

「ニコニコせよやニコニコと　こわい顔しているな主婦
考えこんでいるな主婦　いつも快活に如才なく
しかも落ちつきしつかりと　主婦の威厳をおとすなよ」
「日ねもす仕事につかれたる　夫の身をばいたわりて
如何なる無理もさからわず　気むづかしとて歎くなよ
如何に不平のありとても　如何に不満のありとても
うらみの心起さずに　色にも出さず一すぢに
男子の苦労の味を知り　職務を理解し同情せよ」
「趣味の如何を解してぞ　はじめて妻の頼もしさ
夫にとりてはエンゼルよ　家庭は真に天国よ
うち寛ぐはわが家ぞや　慰むるのは妻の役

ああ重き役妻の役　希望に輝く主婦の役」

○「理想の妻―ある夫の唄える」サトウハチロー（『婦人倶楽部』昭和一一年三月号）

「笑顔こそ　そなたの宝　そなたの美

働き疲れて　わが家へと
戻りて開く　格子戸の
なかに迎えて　待つそなた
そのほほえみは　疲れをば
直ちに療やす　よき薬

たすきこそ　そなたを飾る　こよなき美

身じまいもよく　その上に
きりりとかけた　赤だすき
わが家は常に　浄められ
部屋はいつでも　新しい
そなたのたすきの　そのおかげ

愛こそは　そなたと僕の　嬉しき美

小鳥を愛する　やさごころ
花を育てる　いつくしみ

わが父親に　母親に
そなたがしめす　まことの愛
光りはそそぐ　愛の胸」

前者は、一九一七（大正六）年、創刊したばかりの『主婦之友』に「なにがし夫人」によって詠われた、「主婦の歌」と題する詩である。後者はその約二〇年後の一九三六（昭和一一）年の『婦人倶楽部』に掲載された、詩人サトウハチローによる「理想の妻」についての詩である。女性の笑顔への賞揚から始まる二編の内容は、非常によく似ている。これらには、主婦向け雑誌の大衆化の初期段階から一九三〇年代後半に戦争の影が誌面に変化をもたらし始めるまでの二十年あまりの間、婦人雑誌で繰り返し語られる主婦像の骨格がえがかれている。

伝統的だと思われているものが、実は近代の産物である、といった言辞は、今や社会科学・人文科学研究において紋切り型と化しつつある。「国家」「家族」「子ども」など、様々なものが近代になって初めて誕生したことが、様々な論者によって指摘されている。「主婦」というライフスタイルや「女は家庭、男は仕事」という性分業が近代の産物であることを指摘する研究も蓄積されつつある。本書もその流れに沿うものとなるが、特にマスメディアという社会装置に注目することによって、近代社会の形成と再生産のプロセスの特徴について十分に明らかにされていない点に迫る。

「男は仕事、女は家庭」といった性分業および性分業にもとづいた家族のありかたは、現在ゆらぎつつあるといわれるが、いまだ現代社会における「標準」としての位置をゆずりわたしてはいない。高度経済成長期を経て「主婦」以外の選択肢が広がる一方で、「本来ならば女性は主婦に」と考える社会風潮は根強い。ジェンダーに関する秩序は、過去の遺産を引き継ぎながら日々新たに生まれ、私たちの日常をとりまいている。それらは、あたかも普遍的かつ不変の自然環境であるかのようにみえる。しかし、この「自然」は明らかに人工的なものである。とはいえ、これを「虚偽意識」だととらえる立場をとるわけではない。こうした「第二の自然」はいかにして生まれ、維持されているのか。単に現在構築されているジェンダー秩序が近代の産物であることを指摘するにとどまるのではなく、ジェンダー秩序が「第二の自然」として機能する仕組みを、大衆社会の到来という文脈から解き明かしたい。そのために本書は、既存の合意を反映するものではなく合意を形成するものとして、マスメディアをとらえる。「主婦」「良人」「家庭」などに関するイメージや価値観が形成され人口に膾炙していくプロセスを、大衆社会においてマスメディアがいかに機能したかという観点から明らかにしていくことが、現在も私たちをとりまいている「第二の自然」の内実を浮かび上がらせることにつながるはずである。

人類史上最大の大量殺戮の悲劇に至ったファシズムの嵐が吹き荒れた後、世界は、国家による介入を組み込みつつも市場経済によって発達しようとする資本主義と、生産手段の国有化と計画経済によって産業化をすすめようとする社会主義の、二つの陣営に分かれ、それぞれに経済圏を形成する。その東西対立構造は一九八九年のベルリンの壁崩壊の頃までつづくことになる。

第二次世界大戦前後、西欧社会における知識人は、一九三〇年代から四〇年代にかけてのイタリア・ドイツのファシズム運動の熱気を振り返り、さらに、ソヴィエト連邦をはじめとして、急速に発展する社会主義社会をながめつつ、資本主義社会がいかに自己を再生産するのかについての理論的検討に取り組んだ。グラムシはイタリア・ファシズムの台頭を眼前に、機動戦と陣地線やヘゲモニー概念を構想し、フランクフルト学派はナチズムによって亡命を余儀なくされつつ、ファシズム隆盛を可能にする大衆社会研究の中で、権威主義的パーソナリティや文化産業という概念を提示した。二〇世紀中盤には、近代の主体概念や権力による支配という認識枠組みを問い直す立場から、アルチュセールによる国家のイデオロギー装置、フーコーによる生政治など、新しい理論が提唱された。そうした流れは、マルクス主義理論における、土台（下部構造）と上部構造の二分法に基づき、土台が上部構造を一方的に規定するという単純な図式を問い直す、新しいマルクス主義の潮流とみなされた。

これらの思想潮流が問い直したことの一つは、人々はなぜ資本主義が生み出す矛盾と闘わないのかという点である。既存の社会体制によって不利益を受ける立場にある人間が、必ずしも社会の変革を志向するわけではない。むしろ、不利益（搾取や抑圧）を受けつつも、既存の体制を支持する人々は決して少なくない。一体それはどうしてなのか。その問いは、人々をして資本主義社会の再生産に適合的なパーソナリティに形成せしめるメカニズムが、文化や政治など上部構造において機能しているのではないかという問いにつながっていく。

そうしたネオマルクス主義的な思考を受け継ぐ研究動向の一つとして、一九八〇年代以降注目されてきたのが、イギリスで発達したカルチュラル・スタディーズである。バーミンガム大学の現代文化研究センター（CCCS：Centre for Contemporary Cultural Studies）を拠点とするカルチュラル・スタディーズは、リチャード・ホガート、レイモンド・ウィリアムス、アントニオ・グラムシ、ルイ・アルチュセール、ミッシェル・フーコーらの理論や概念を用いて、大衆文化に着目することによって、現代資本主義社会のイデオロギー対立と合意形成のダイナミズムを明らかにしようとした。一九七〇年代から八〇年代のCCCSは、「もともとリーヴィス、ホガート、ウィリアムスらの文化批評の伝統を受け継ごうとしていたのだが、ここ数年の傾向をみると、トロツキズム以外のあらゆる西欧マルクス主義の博覧会の感がある。ルシアン・ゴールドマンの『発生的構造主義』もあれば、ルイ・アルチュセールの非歴史的な正統派構造主義もあるといった具合である。その結果、折衷的＝混在的な理論的立場が主流を占めている」（スウィングウッド一九七七＝一九八二：二二〇）と、やや皮肉な紹介をされる状況ではあったが、「折衷的＝混在的」でありつつもマルクス主義的批評という視点を勢力的に発展させていったのである。

ＣＣＣＳを中心としたいわゆるバーミンガム学派は、階級闘争のみならず、人種差別や性差別の問題にも取り組んだ。なぜ人は自分に不利益を強いている資本主義社会を支持するのか、という問いは、性差別に関しても同様に成り立つ。現代においては徐々に撤廃されつつあるとはいえ、近代社会はその当初より性差別を制度化することによって成立してきた。近代化は、前近代から引きついだ家父長制の伝統を再編成するとともに、「男は仕事（公領域）／女は家庭（私領域）」という新たな性分業を確立しながら展開した。そうした近代的ジェンダー秩序は、男性と女性の間における、社会生活上のさまざまな格差を組み込んでいた。近代化の過程で形成された近代的ジェンダー秩序と、その中に含まれる性差別について、すべての女性が異議を唱えてきたわけではない。それはなぜなのか。

この問いに対する答えは、三つある。一つは、客観的には差別され不利な状況におかれているにもかかわらず、主観的にはそのように認識できないように、「だまされている」とする虚偽意識仮説。今一つは、男女の立場の違いを多面的に測定した場合、客観的にみても女性が一方的に不利というわけではなく、女性はそのことを正しく認識しているとする合理的選択仮説。第三の答えは、男女は何を差別や不利とするのかについて異なる判断基準をもち、それぞれ既存のジェンダー秩序に「適合的に社会化される」という適合的社会化仮説である。現実は、この三つの仮説のいずれか一つで単純に説明できるものではないだろう（木村一九九九ａ）。

女性はいかにして近代的なジェンダー秩序（家父長制と性別役割分担）を受け入れていったのか。そのプロセスには、国家による強制的な側面と、人々の自発的な側面の両方が存在していたと推測される。ジェンダー・イデオロギーの浸透の強制的側面において、国家のイデオロギー装置としての学校教育が大きな役割を果たしたことは間違いがない。国家による直接的なコントロールがいかなるものであったのかについては把握しやすい。だが、ここでは、「適合的な社会化」という視点を重視し、女性自身の自発性を引き出す形での「第二の自然」の合意形成のメカニズムをマスメディアという社会装置の中に見出したい。

以上の問題関心から、ここでは、一九二〇年代に大衆化した商業婦人雑誌を分析の対象にとりあげる。男性と女性の関係、性役割分業についての情報を中心としていた婦人雑誌は、まさに近代的なジェンダー秩序の形成や再生産機能を果たしたマスメディアであった。本格的に大衆的な読者を獲得するようになった一九二〇年代から三〇年代の婦人雑誌が、「技能」「規範」「ファンタジー」などの重層的な構造をもって、ひとびとのニーズに応じると同時にニーズを引き出しながら、「第二の自然」を構成する力強い社会装置であったことを描き出していきたい。

本書は、Ⅰ「ジェンダー化されたメディアの世界—女性読者層と女性向け商業雑誌の誕生」、Ⅱ「婦人雑誌がつくる『主婦』—メディアと女性読者が結んだ三つの関係〈有益〉〈修養〉〈慰安〉」、Ⅲ「『主婦』であることの魅力—メディア空間と日常の統合」の三部から構成されている。

Ⅰ「ジェンダー化されたメディアの世界」では、まず、近代におけるジェンダーの形成過程に関するこれまでの研究を整理し、先行研究の流れをふまえながらマスメディアに焦点をあてる本研究の意義を述べる(第一章)。ついで、一九二〇～三〇年代の婦人雑誌の位置づけを明確にするために、女性大衆読者層とメディア女性向け大衆雑誌の登場(第二章)、商業婦人雑誌『主婦之友』と『婦人公論』に描かれた近代的女性像(第三章)を論じる。

Ⅱ「婦人雑誌がつくる『主婦』」では、戦前を代表する大衆婦人雑誌『主婦之友』の読者欄の分析から、女性読者がメディアと結んだ関係性を〈有益〉〈修養〉〈慰安〉の三つのキーワードで読み解くとともに、主婦の「誌友」という想像の共同体の成立を明らかにする（第一章）。続く三つの章では、上記の三つのキーワードそれぞれに焦点を当て、『主婦之友』や『婦人倶楽部』などの主婦向け大衆雑誌が読者に提供した具体的なディスコースをとりあげながら、メディアがいかに読者のニーズを喚起するとともに、読者から沸き上がるニーズに応えたかを分析する。三つの章は、それぞれキーワードに沿って、「主婦の技能〈有益の章〉」（第二章）、「主婦の規範〈修養の章〉」（第三章）、「主婦のファンタジー〈慰安の章〉」（第四章）と名づけられている。第二章では、婦人雑誌のイメージを代表するものである実用記事を分析する。実用記事の多さは、時に婦人雑誌が「低俗」であることの証左として挙げられるが、実用記事の豊富さこそが家事労働を合理的かつ情緒的な意味をもつ独特の「文化」に築き上げたこと、また、実用記事が家庭の外部との接点として大きな意味をもっていたことを論じる。第三章は、誌面にあらわれる「賞賛されるべき女性」を取り上げ、女性にもとめられる「修養」の内容について、単なる封建的な婦徳にとどまらない、近代の業績主義的な側面が存在することを指摘する。第四章では、雑誌の売れ行きを左右すると言われた連載小説を取り上げ、恋愛やセクシュアリティ、結婚、親子関係などをテーマとした女性向け通俗小説ジャンルの成立と、そのジャンルを代表する作品群が物語っていたもの、さらには、誌面から拾い上げられる範囲での読者の反応を追うことによって、読者に提供されたファンタジーの世界を浮き彫りにする。

Ⅲ「『主婦』であることの魅力」は、Ⅱで描き出した、「技能」「規範」「ファンタジー」によって構成される「主婦」の世界が、読者にとっていかなる魅力をもつものであったのかを、メディアのメッセージと日常生活との接合という観点から考察する。第一章は、「主婦」と、そのパートナーである「良人」との関係性、また、夫婦および二人の愛の結晶である子どもによって成立する「近代家族」の日常が、ロマンティック・ラブと都市文化に彩られた「甘い生活」

として描かれていることを論じる。第二章では、雑誌を中心として集う愛読者共同体の統合の象徴でもある表紙の美人画に注目し、一九二〇年代から三〇年代に特定の様式美を確立した美人画を「主婦イコン」と名づけ、それが日常とメディアをつなぐ役割を果たしたことを論じる。最後に、以上のさまざまな切り口から婦人雑誌を「解剖」した結果見えてきた、「イデオロギー装置」としての婦人雑誌の構造上の特徴を考察する（第三章）。

本書は、婦人雑誌の分析を通じて、当時の都市中間層の生活や近代家族における主婦のライフスタイルの実態を明らかにすることを目的としているのではない。本書の第一の目的は、婦人雑誌という社会装置がいかに近代的なジェンダー秩序形成に寄与したのか、そのメカニズムを明らかにすることにある。これを明らかにすることは、本書の第二の目的を導き出す。すなわち、近代的な資本主義社会におけるマスメディアというイデオロギー装置の特徴の検討である。ここでは、婦人雑誌はマスメディアというイデオロギー装置のプロトタイプとして、分析の中核に据えられる。戦後につながる、都市中間層の生活や近代家族における主婦ライフスタイルをつくり出した、婦人雑誌メディアという社会装置の構造とその機能の特徴を明らかにすること。この目的の達成は、マスメディアの大衆化という広範な社会変動、近代社会における巨大なイデオロギー装置としてのマスメディアの機能を読み解く道につながっていくはずである。

なお、本文中に引用した婦人雑誌記事の文面については、旧字体や旧かなづかいを現代文の形に改めている。

Ⅰ　ジェンダー化されたメディアの世界

女性読者層と女性向け商業雑誌の誕生

第一章　ジェンダー秩序の形成とマスメディア

一　ジェンダー秩序をなぜ問題にするのか

「女は家庭、男は仕事」「女は受動的、男は能動的」「女は情緒的、男は理性的」など、いくつもの二項対立図式が重なり合って、私たちをとりまいている。対称的に位置づけられる二項は決して同じ比重で均衡しているのではなく、「男」の側が常に優位にある。不均衡な権力関係を含んだ二項対立図式は、男女間の不平等や暴力などの社会問題を正当化する文脈で用いられることも多い。そのことに気づくとき、従来の二項対立を「自然の摂理」として受け入れることはむずかしい。男女の違いをすべて「自然の摂理」で説明するものとは異なる観点を示すために生まれた概念が「ジェンダー」である。

「ジェンダー」という言葉は、人間が「文化的」な生物であることを私たちに改めて思い起こさせた。「文化的」とは、先天的な本能だけに縛られず／縛られることができず、後天的に新しい技能や行動様式をつくりだす、という意味である。「女」と「男」の在り方は先天的なものとして解釈されることが多かったが、一九八〇年代以降「社会的・文化的に構成された性別二分法の認識枠組み」という意味で使用されるようになった「ジェンダー」概念は、それぞれの社会が「女」や「男」の在り方をつくりあげていることを意識化させてくれた。

「ジェンダー」概念が成立すると同時に、「なぜ」こうしたジェンダー秩序が存在するのか、そしてそれは「いかに」

形成されたのかが問題とされるようになる。それは、別の観点からいえば、われわれの社会にみられるジェンダー秩序は、あらゆる時代や文化に共通する普遍的なものなのだろうか―すなわち、それは避けることができない「運命的」なものなのだろうか―という問いでもある。

今日「自然」で「生来的」なもののように見える男女の役割分担や「らしさ」観を「ジェンダー」として相対化する視点の一つとして、時間軸による比較がある。近年盛んになっている内外の歴史社会学的・社会史的研究によって、現代社会のジェンダー秩序は近代になって構成された比較的新しい歴史的構成物であることが指摘されるようになっている。

ジェンダーに関する歴史社会学的研究は、「近代」を相対化する流れに沿っている。多くの研究は、現在の女性・男性のあり方や男女の関係性は絶対的・普遍的なものではなく、ジェンダーの近代的秩序ともいうべき歴史的産物であり、だからこそ、流動的で可変的なものであることを暴露する研究関心を共有している。「ジェンダーの歴史社会学」は、現在われわれが生きる日常世界に浸透するジェンダー秩序を、近代という枠組みで歴史的に問い直すことによって、その形成と変化のプロセス、すなわち、現在につながる葛藤をはらんだ運動のプロセスを明らかにする試みである。

「ジェンダーの歴史社会学」なり「ジェンダー史」といった言葉が使われるようになったのは、ごく最近のことにすぎない。従来、歴史学の分野では、国家制度史を中心とした「正史」とは別に、女性の生活を扱う女性史というジャンルとして、女性の視点を組み込んだ歴史研究が蓄積されてきた。戦後の女性史研究の成果は非常に豊かなものであり、国家制度中心・男性中心であった歴史学の「補完」という位置づけを乗り越えつつある。従来の「女性史」という概念を超えるために、長谷川博子は「女・男・子供の関係史」（長谷川博子―一九八四）を、荻野美穂は「性差の歴史学」

（荻野一九八八）を、上野千鶴子は「歴史学のジェンダー化」（上野一九九五）をそれぞれ提起した。上野によれば、「歴史学のジェンダー化」とは、「公領域」と「私領域」の区別を前提として「公領域」＝男性の領域、「私領域」＝女性の領域として扱う態度―すなわち「ジェンダーバイアス」の視点―を克服することでもある。政治や経済、国家といった「公領域」からこぼれ落ちるものを女性史によって補完するのではなく、男女の対をつくりだす「差異化」の概念を「公領域」と「私領域」の両者をつらぬく形で導入し、歴史学全体を再構成することこそが求められている。

ジェンダーの視点を導入することによる歴史学の「書き換え」は、課題の設定としては明快であるが、「書き換え」を実現していくことがそれほど容易なものでないことは、曽根ひろみが指摘する通りである（曽根一九九六）。歴史学の「書き換え」をめざして蓄積されてきた、ジェンダーの視点による歴史社会学研究の中から、本書が扱う性分業と近代家族に関わるものを中心に、おおまかな流れを追っていこう。

二　ジェンダー秩序はいかに形成されてきたのか
先行研究が明らかにしたこと

1　性別役割と「主婦」の誕生

ジェンダーの形成過程に関する研究の筆頭としては、女性に特有のライフスタイルとされる「主婦」の誕生をあつかったものがあげられる。女性の本性に適した「天職」といわれる「主婦」の歴史的起源をたどることによって、それが社会的・文化的に規定されたものであることを明らかにしようとする。

欧米の歴史社会学的（社会史的）な研究は、近代化・産業化の過程において「主婦」というライフスタイルがつくりあげられたことを明らかにしているが（Oakley[1974]、ヴェールホーフ&ドゥーデン―一九八六）、日本においても明治時代以来の近代化の中で、同様の「主婦」誕生のプロセスが生じたことがさまざまな角度から検証されている。近代日本における「主婦」の形成過程に関する歴史社会学的な研究としては、深谷昌志による教育社会学分野での先駆的な研究がある（深谷昌志―一九六六）。深谷は、現代における性役割観の起源として、戦前の女子教育の基本理念とされた良妻賢母主義に注目する。彼は良妻賢母イデオロギーを「日本特有の近代化の過程が生みだした歴史的複合体」（深谷昌志―一九六六：一一）と位置づけ、内容的にはナショナリズムを柱に儒教的女性像・近世の民衆生活における女性像・西欧的女性像の三者が複合されたものとみなす。それがイデオロギーとして形成され、浸透するプロセスとメカニズムを、国家・県・学校・個々の保護者や生徒といった複数のレベルによる社会的諸力の相互作用として描きだそうとした。

さらに小山静子は、良妻賢母思想を「特殊な戦前日本の女子教育規範」や「『遅れた』『反動的な』女性観」（小山―一九九一：二）としてではなく、欧米の近代国家や戦後日本社会にも共通する近代思想としてとらえる立場を明確にしている。日本近代化の過程で生まれた良妻賢母思想は「『男は仕事、女は家庭』という、生産領域と再生産領域との分離、ならびに男と女という性による各々の領域の分担」（小山―一九九一：二三七）を前提として成立した、近代社会における性別役割分業イデオロギーである。そしてそれは、国家からの一方的な押しつけではなく、家庭生活における「主役」としての地位を確立したいといった、女性自身の欲求を吸収する形で、近代的主婦の概念へと結晶化していったのである。小山はさらに「生活改善運動」に着目し、「主婦」としての女性が国民国家の担い手として動員されていくプロセスを描いている（小山―一九九九）。

学校教育は、イデオロギーとしての性役割観や主婦像を形成・伝達するとともに、主婦という地位および役割に適した人材を輩出し、社会的に配分する機能も果たした。天野正子は、戦前の男女別学・別体系の教育制度を、性別役割の「配分」システムととらえ、その中で学歴のもつ意味が男女で異なっていたことを指摘する（天野正子一九八六、一九八七）。学歴には大別して「地位形成」と「地位表示」の機能があり、男性の場合は前者が、女性の場合は後者の意味が強いとされる。つまり、男性にとって学歴は卒業後の社会生活において地位を獲得するための手段的価値をもつが、女性の学歴は所属する階層を表示するための象徴的価値によって特徴づけられ、婚姻市場において効果を発揮する。天野は、こうした女子教育の機能を階層の再生産とからめて分析しているが、その結果、特に女子高等教育は中・上層の「良妻賢母」にふさわしい教養教育を施し、その地位を表示する役割を果たすという意味が大きかったと論じている。また、天野郁夫らのグループは、丹波篠山地域をフィールドとする丹念なケーススタディから、高等女学校卒という学歴は近代化とともに徐々に「嫁入り資格」として機能するようになり、婚姻を通して郡部から都市部へ、旧中間層から新中間層への社会移動を促したことを明らかにしている（天野郁夫編一九九一）。女子に対する中等・高等教育は、都市中間層の「主婦」を組織的に輩出する社会装置であったといえよう。

世帯の生計という観点から、性別役割分業が成立するプロセスを実証しようとした研究もある。千本暁子は、各種家計調査を用いて、主として被雇用による収入で生計をたてている社会階層を対象に、夫だけの収入で生計費がまかなえるようになる時期を明らかにしている（千本一九九〇）。俸給生活者、工場労働者、都市下層など階層によってずれはあるものの、明治後期から大正期にかけて生活水準の平準化がすすみ、昭和初期にはそれらの階層全般において通勤雇用者の夫と専業主婦の妻からなる世帯が成立するという。

学校教育・大衆文化・生計実態などさまざまな切り口から、明治維新以来の近代化の下で性別役割イデオロギーが生み出され、さらに産業化の進展によって都市サラリーマン層が増加する大正期から昭和初期にかけて、そのパートナーとしての「主婦」が、イデオロギーとしてもライフスタイルの実態としても本格的に拡大・定着したことが浮き彫りにされてきたのである。

2　近代家族と情愛

「主婦」の誕生を明らかにすることは、「主婦」の活躍の場である「家族」や「家庭」の起源を問うことでもある。われわれが「家族」に対して抱くイメージや「家族」に期待するものは、一見普遍的で自然なものに思える。「家族」は私たちが所属する第一義的な準拠集団であり、あまりに身近なものであるだけに、それを相対化する視点を獲得することはむずかしい。だが、歴史社会学的な諸研究によって、現在の家族の機能や構造もまた近代化の中で形成されてきたものであり、歴史的な特定の条件に規定されたものであることが明らかにされてきている。

従来の家族社会学においては、戦前の家族制度下の家父長的なイエと戦後の夫婦中心の民主的核家族を対比させる認識枠組みが前提とされることが一般的であったが、八〇年代には、欧米の社会史・家族史研究の刺激を受け、「近代家族」という概念によって戦前の「家（イエ）」を含めて日本の家族を改めて見直す動きが生まれた。こうした動きをフェミニズムとの関連で位置づけると、封建的な家族制度の桎梏からのがれた戦後家族は男女平等の条件を備えているという考え方は、いわば第一波フェミニズムに対応するものである。一方、そうした図式の問い直しは、現代家族における性差別の構造を告発する第二波フェミニズムの問題提起に応えるものだといえよう。近代社会における性差別の構造と機能を明らかにするためには、「近代家族」なるものを分析対象とする必要があったのである。

いちはやく「近代家族」概念の有効性を主張した落合恵美子は、歴史社会学は「性・親子・家族という現代の『神話』」（落合一九八九：四）を覆す「偶像破壊者」であると述べる。落合は、「近代家族」を歴史的産物として扱う欧米の家族史研究を紹介し、その中で指摘されてきた「近代家族」の特徴として、「家内領域と公共領域の分離」「男は公共領域・女は家内領域という性別分業」「家族成員相互の強い情緒的関係」「子ども中心主義」などの諸点を挙げている。私たちは通常、「家族」とは外部世界への進出の拠点となる「巣」であり、すなわち「ソト」に対する「ウチ」であり、その内部では緊密な連帯感が共有されているものだと考えている。家族員相互の情緒的関係は、愛にもとづく夫婦の絆であり、親子の情愛であり、一言でいえば「暖かい団欒」のイメージで語られるものである。そうした家族において、男性が生計維持者として「ソト」で働き、女性は「ウチ」を守って家事・育児をこなし、「暖かい団欒」を維持する責任を負う。一見自然にみえるそうした家族像は、実は、近代になってつくりあげられた比較的新しい歴史的産物なのである。

牟田和恵は、明治期に刊行された総合雑誌の分析から、明治中期に家庭の団欒や家族員の心的交流を実現する「家庭（ホーム）」像がさかんに語られ、その後、それが女性に関わるものとして「女性化」「私化」されていくようになることを見いだしている（牟田―一九九六a）。さらに牟田は、従来家族国家観との関連で扱われてきた修身教科書を、挿絵に注目するなど新しい観点から見直し、その中にも親子の情愛を重視する新しい家族イメージが登場し、発展していることを明らかにしている。上野千鶴子も明治期の家庭雑誌や婦人雑誌などの分析から、この時期に夫は雇用者・妻は主婦という役割分担をした相愛の一夫一婦と子どもからなる核家族による「家庭の幸福」イデオロギーが形成されていくことを指摘している（上野―一九九四）。異性愛ロマンティック・ラブで結ばれた夫婦の「愛の結晶」である子どもは、学校と家庭の共同作業によって「近代の子ども」としてふさわしい教育を受ける。そこで大きな役割を果たす母親という存在も、近代ジェンダー秩序の重要な構成要素である（小山―二〇〇二）。沢山美果子（一九九〇）は、近代日本の学歴社会の到来とともに成立する教育重視型の家族を「教育家族」と名づけている。女子教育における良妻賢母主義は、学歴による社会移動を推進する「教育家族」の創出につながっていったのである。

西川祐子は、「生活の容れ物である住まいの変遷」（西川一九九〇、一九九四）という切り口から、日本における「近代家族」の成立をあとづけている。大正期以降、家族以外の来訪者と家族とを隔てて家族内の私生活を保障するとともに、家事・育児への妻の専念をサポートするような構造をもった、都市の中流階層向けの新しい住宅が、一家団欒と幸福な主婦という「家庭」イメージをともなって魅力的な住まいのモデルとして人々の間に広がっていったという。家長を中心とした「家」制度に対応した「いろり端のある家」とは異なる、夫婦中心の「家庭」像に対応した「茶の間のある家」の誕生である。

これらの「近代家族」研究は、近代化・産業化がすすむ中で職住の分離・「私領域」と「公領域」の分離が生じ、女性が「主婦」として責任をもつべき「私領域」として「近代家族」が生まれたという共通する認識を提出している。

3　近代的恋愛とセクシュアリティ

「近代家族」の成立を考えるときに、欠かせない側面として性愛や生殖の問題が浮かび上がってくる。「近代家族」は、夫婦間・親子間の強い情緒的関係を不可欠の要素としているからである。「近代家族」の中心となる成人は、恋愛によって結ばれた一対の男女であり、彼らは婚姻の枠内での「健全な」性関係によって子どもをつくり、母性愛および父性愛によって子どもをいつくしむものだとされている。こういったセクシュアリティに関することは、より身体に近い、すなわち、より本能や自然に近いものとして考えられがちである。しかし、恋愛や性行為、さらには妊娠や出産といった生殖に関する考え方もまた、「近代」という観点から歴史的構成物として問い直される。

井上輝子は、今日では人間の自然な感情の一つとみなされる恋愛というものが、明治期に欧米のロマンティックラブ・イデオロギーが知識人によって紹介・賞揚されることによって、日本にもひろまった概念であることを指摘した（井上輝子―一九七五）。近世にも、「色」や「色事」など性愛をあらわす概念はあったが、それは、恒久的な一夫一婦の関係を理想とし、精神的な関係を特に重視する近代的恋愛とは異なるものであった。

こうした近代的恋愛が、結婚はもちろん、すべての性関係の絶対必要条件として位置づけられるようになる。その中で、性に関する規範も新たに再編成されていったのである。欧米の性科学（セクソロジー）やキリスト教的な性道徳が輸入され、近代日本において性や身体に対する新しい関心が高まる一方で、性や生殖は婚姻関係を結んだ夫婦家族の中に封印されていく（赤川―一九九九）。恋愛や恋愛にもとづく性関係は異性間でなければならず、同性愛や一人でおこなうマスターベーションは「自然」に背く不道徳なものとされる。恋愛による結婚という枠内でのみ性や生殖は汚れのないものになり、未婚の子どもたちは、そうした清浄な家庭の中で無垢に守られる。川村邦光は、「近代家族」は性および生殖を特権的に管理する「性家族」でありながら、それらがあたかも存在しないかのように隠蔽する「聖家族」でもあるという、パラドキシカルな位置づけにあったと論じる（川村―一九九六）。

また、すべての女性には生まれながらにして母性愛があり、母親は子どもに無償の愛を注いで献身するものだといった、母性をめぐる言説もまた、近代的な産物であることが検証されつつある（脇田―一九八五、落合―一九八九、宮坂―一九九〇、沢山―一九九二、田間―二〇〇一）。田間（二〇〇六）や荻野（二〇〇八）は、避妊や中絶という母性や生殖に関わるポリティクスに注目することによって、高度経済成長期に大衆化した〈働くお父さんと主婦のお母さんに子どもが二人から三人〉という「標準家族」は、戦前から戦後にかけて国家や企業による「家族計画運動」がまさに「計画的」に繰り広げられた結果であることを浮き彫りにしている。

三　ジェンダー秩序の形成過程とマスメディア

1　「近代」をつくる社会装置としてのマスメディア

近代化過程で形成されたジェンダー秩序は、冒頭で述べたように、今ではまるで「第二の自然」のように、私たちをとりまいている。

近代日本社会におけるジェンダー秩序の形成を考える際に、まず思い浮かぶのは学校教育の役割の重要性ではないだろうか。明治維新以来、明治政府は近代国家の形成にあたって、女性に対し国民としての新たな役割を期待した。その期待を実現するために重要な手段となったのが、学校教育であり、戦前の女子教育は良妻賢母主義と呼ばれる理念に貫かれていた。良妻賢母主義とは、家族制度の下で夫に仕えて「家（イエ）」を守り、次代の国民を育成する役割を女性に割り当てるものである。良妻賢母主義は、学制発布以来女子教育の理念として漸次発展し、法的には一八九九（明治三二）年の高等女学校令において位置付けられ、明治四〇年代に女子教育の基本姿勢として定着したと言われている。当時の女性は、学校教育を通じて国家が求める女性像やその役割を果たすための知識や技能を身につけていった。学校教育は常に、そうした、その時代の国家が求める標準的な国民像を人々に提示する場であるといっても過言ではなかろう。

しかし、人は学校の中だけで社会化されるわけではない。教育は、家庭や地域、職場、マスメディアなどさまざまな集団や媒体を通じて行われている。とりわけ、就学率の上昇を背景に、明治後期以降急速に人々の間に普及した活字メディアの存在を無視することはできない。産業化社会において「第二の自然」を構成するもう一つの重要な装置は、商品が循環する市場であり、人々の価値観に直接影響をおよぼす商品は、情報を取引するマスメディアに他ならない。地域の共同体でもなく特定の身分集団や職能集団でもない、「マス（大衆）」という不特定多数の集合体の登場は、大量生産と大量消費が本格化する近代社会に特有な現象である。近代化のプロセスを考える時マスメディアが果たした役割を無視することはできない。

明治に入り、定期的に刊行される本格的な活字ニュース・メディアである新聞が次々に登場し、民衆の声を反映させるものとして、多くの読者を獲得し発展していった。近代日本におけるマスメディアの発展は、先行して産業化がすすんでいた西欧と同じく、日刊新聞の発刊からスタートしている。「東京日日新聞」（明治五年創刊）や「郵便報知新聞」（明治五年創刊）などの「大新聞《おおしんぶん》」や政論雑誌が、自由民権運動を背景にマスメディア黎明期を切り拓いた。その後、「婦女子」をふくめたより広い読者層をターゲットに「小新聞」や「中新聞」も登場する。明治後期には、雑誌出版社が企業として成長し、大正期から昭和にかけての時期には一〇〇万部以上の発行部数を誇った講談社の『キング』に代表されるような、商業雑誌の大衆化が実現した。

大正期から昭和初期にかけて本格的に大衆化したマスメディアは、近代的な価値観の形成と浸透に大きな役割を果たすようになっていく。その事情は、近代家族および性分業システムの形成についても同様であろう。男性を主たるターゲットとした総合雑誌と女性を主たるターゲットとした婦人雑誌と、マスメディア市場における性別の分化も生じ、それぞれに発展する。近代化とともに急速に拡大し、大衆化したマスメディアによって、人々が吸収したジェンダーに関わる価値観や性分業の技能は膨大なものであったと思われる。マスメディアは近代的なジェンダー秩序を構築していった社会装置のひとつなのである。

明治後期以降大衆化したマスメディアの分野では多様な出版物が生まれ、そこで表現される人間像や価値観は必ずしも単一のものではなかった。そうしたマスメディアの多様性は、それが人々の選択的な購買行動に支えられた商品であることから、読者層の意識や生活の多様性および変化を敏感に反映した結果生じたと考えられる。婦人雑誌においても、明治期の婦人雑誌の主流は上流家庭の婦人を対象に良妻賢母を目標に掲げた家庭記事中心のものであったが、一九一〇年代には民主的な風潮を背景に、『青鞜』に代表される新しいタイプの婦人雑誌の流れが生まれ、多様化がすすんでいく。多様なタイプの婦人雑誌を発達させた女性向けジャーナリズムは、ある面では学校教育における標準的な女性像を補強する役割を果たし、ある面では人々の実際の生活に対応し、さらにある面では因習的な女性像を打破し、国家の期待の枠内にとどまらない女性像を創造し普及させる機能を果たしていたといえよう。

2 主婦向けメディアの大衆化

大正期から昭和初期にかけてマスメディア市場が拡大し、新聞や雑誌が大衆化する中、「主婦」という新しい女性のライフスタイルに照準をあわせた商業婦人雑誌が登場する。先述のように婦人雑誌とよばれるものは明治時代から存在したが、それらは上中流の「淑女」を対象としたもので、部数もそれほど多いものではなかった。明治末から大正期にかけての学校教育の普及によってリテラシーをもつ女性が増加し、より大衆的な婦人雑誌が次々と創刊され、大量の読者を獲得していく。それらの雑誌の多くは、日本の近代化が必要とした「主婦」を育成する役割を担ったのである。

リベラリズムをつらぬいたジャーナリストとして知られ、戦後は政界で活躍した石橋湛山が、明治末年に当時の婦人雑誌の「内容分析」をおこなった興味深い論文がある（石橋一九一二）。「婦人雑誌に現れたる本邦婦人の位置」と題され『東洋経済』に発表されたこの論考は、日本ではじめて婦人雑誌の内容を数量的に分析したものではないかとおもわれる。石橋は、『新婦人』『新女学』『女学世界』『淑女かがみ』『婦人世界』『婦人くらぶ』『婦人の友』『女子文壇』『婦人画報』計九冊の各一月号の記事を「科学」「歴史」「文芸」「衛生」「家政」「流行」「婦人論」「男性論」「其他教訓及論」「人物伝」「雑俎」のテーマ別カテゴリーで分類、あるいは口絵を「美人画」「婦人写真」「男子写真」「家庭写真」「学校写真」「工場写真」「模様」「筆蹟」「風景其他」のカテゴリーで分類、さらには執筆者の性別の比率を一覧表にして整理している。分類した結果、「先ず内容で一番多いのは家政で、全体で七十四篇ある。次が文芸で六十二篇、雑俎が四十三篇という順序であるという処からこれを見るに、婦人雑誌というものは先ず若い家庭の主婦若しくは主婦たらんとする者の為に作られたる雑誌であるということが判る」と述べている。「蓋し今日の婦人雑誌というものは、男子に恰度《ちょうど》工業とか、経済とか、学術とかいう職業に関係した専門雑誌があるように、婦人の職業の専門雑誌である」と、「主婦」という「職業」のための雑誌として婦人雑誌を位置付けている。

石橋が婦人雑誌を「婦人の職業の専門雑誌」と結論づけた数年後、「主婦」養成を明確に意識した『主婦之友』が創刊され、『婦人倶楽部』『婦女界』などとともに急速に市場を開拓していく。

おもしろいことに、主婦を対象として家事育児の実用記事中心に編集された雑誌が、活字メディアの初期大衆化段階を牽引するような形で商業的に成功をおさめる現象は、近代産業社会に共通してみられる。たとえばイギリスでは、一九世紀半ばに English Women's Domestic Magazine という女性雑誌が一般市民の家庭の家事に焦点を当てるとともに定価を引き下げることによって成功し、大衆雑誌市場の活性化に貢献しているし、アメリカでも、家庭婦人向けの Ladies' Home Journal が一八八三年に創刊され、わずか数年のうちにアメリカ初の全国規模の雑誌としての地位を確立し、今日に至っている。(1) Ladies' Home Journal については、『主婦之友』を創刊した石川武美自身も後年（戦後）この雑誌の名を挙げて「『主婦之友』のような雑誌だ」と述べている（主婦の友社一九六七：七二八）。

近代化の初期には、必ずといってよいほど主婦を対象とした商業雑誌が誕生し、大量の読者を獲得する。(2)「主婦」というライフスタイル、「主婦」という労働に関する技能や倫理の多くは、主婦向け雑誌によってはぐくまれ、大衆に浸透していった。学校や家庭における教育もさることながら、マスメディアが果たした性別役割に関する合意形成の機能を無視することはできない。「女学校をでたら婦人雑誌でさらに修養」という形で、主婦向け雑誌は女学校の良妻賢母主義教育に接合しつつ、その存在意義を発揮していった。特に、主婦役割のように「公」の場あるいは市場から排除され、家庭という「私」的な空間でおこなわれる「労働」形態の普及と維持のためには、個と個を結ぶ空間を創出するマスメディアがとりわけ大きな役割を果たしたことが推測される。

主婦を対象とした婦人雑誌は、近代的なジェンダー秩序の形成と普及が生じるメカニズムにおいて不可欠の要素であり、そこにはそうしたメディアを求めた受け手の側の能動的活動を含んだ、受け手とメディアの間の相互作用が存在した。

変容と再生産をくり返しつつ維持され、私たちを十重二十重にとりまく近代のジェンダー秩序の情報・価値観の〈網〉はいかに組織されているのか。これを解く手がかりは、大衆社会の到来、とりわけマスメディアや消費文化の成熟という文脈にあるにちがいない。

これまでの近代日本のマスメディア研究の中で、ジェンダー秩序の形成過程を扱った研究には、次のようなものがある。南博を中心とした社会心理研究所による『大正文化』と『昭和文化』は、マスメディアなど文化産業や消費文化の発展と、その主たる担い手としての都市中間層の成立に注目し、大正期と昭和初期を現代につながる大衆社会状況の出現期として描き出す（南博＋社会心理研究所一九六五、一九八七）。その時期、「主婦」の活躍を必要とする、合理化された衣食住と趣味娯楽を楽しむ家庭生活文化が形成されたのである。岡満男の『婦人雑誌ジャーナリズム』は、戦前の婦人雑誌の発展を実用派と教養派の二大潮流としてとらえ、女性向けメディアが果たしていた社会的機能を包括的に論じようとした先駆的著作である（岡一九八一）。その後、近代女性文化史研究会などによって、戦前に創刊された婦人雑誌について、史実をていねいに追った研究が蓄積されている（近代女性文化史研究会一九八五、一九八六、一九八九、一九九六、二〇〇一）。[3] マスメディアが本格的に大衆化する大正期以降は、少女や女性向けの商業雑誌を通じて、のぞましい少女像・女性像が伝達・共有されていったことを分析する研究も生まれている（川村一九九三、一九九四、今田二〇〇七、渡部二〇〇七など）。

本書は、それらの先行研究をふまえつつ、近代的なジェンダー秩序の要である近代家族とそこでの性分業に関する情報商品である婦人雑誌が本格的に大衆化した一九二〇年代、三〇年代に注目し、当時の雑誌誌面の体系的かつ具体的な分析を試みる。

3　マスメディアを分析する基本的視座

商業婦人雑誌をはじめとするマスメディア商品を分析対象とするにあたって、ここでは、マスメディアをどのようにとらえるのか、その基本的視座を明らかにしておきたい。

女性史研究において婦人雑誌を素材とした研究は数多くおこなわれているが、近年になるまでそれらの多くは雑誌に関わる特定の個人の思想に焦点をあてたものや、特徴的な記事を選択的に取り上げたものが多かった。そうした方法は、不特定多数の大衆が接したものであるマスメディアの歴史的資料としての特徴を十分に活かしているとはいえなかった。

見田宗介が行った整理によれば、社会心理史のデータとしてマスメディアを取り上げる意義は、以下の三つの側面から考えられる。すなわちマスメディアは、(一)社会心理的事実に関する記録(symbols on the people)、(二)言及された事実の配列や強調や評価を通してそのような記事を欲した読者層の心理を知る手がかり(symbols for the people)、(三)投書や投稿など民衆心理の直接的な表現(symbols by the people)の三つの意味を持つものとして、研究の対象となりうる(見田一九六七)。本書では、場合に応じて以上の三つのいずれかの意味をもつものとして、あるいは複数の意味を重ね合わせて、婦人雑誌の記事を考察する。"the people" 狭義には当該雑誌の読者層をあきらかにした上で、婦人雑誌が誌面を通して読者に提示した "symbols" を可能な限り包括的かつ客観的に分析することを目指す。

その際、"the people" 読者層と、"symbols" マスメディアが提示する意味内容との関係をいかにとらえるかについての、本書の立場も整理しておかねばならない。

一九六〇年代までのマスメディア研究の主流は、ラザースフェルド等コロンビア大学の学派に代表される、マスメディアのおよぼす効果についての行動科学的な実証研究であった。ラザースフェルドやカッツらの研究は、初期のマスコミ理論において典型的であった「大衆社会論的受け手像」(竹内郁郎一九九〇)、すなわちマスメディアの強力な影響力下にある原始的かつ受動的な大衆という受け手像に対して、実際には人々は家族や友人など第一次的な集団と共有する先有傾向にしたがって選択的に情報を受け入れていることを明らかにし、マスメディアと受け手に関する研究を前進させた(Lazarsfeld[1944])。それらの研究は「経験学派」、または、主としてアメリカを中心として発展したため、「アメリカン・アプローチ」などとよばれている。

一九七〇年代に入ると、そうした「アメリカン・アプローチ」に対する批判とともに、「批判学派(critical school)」とよばれる流れがヨーロッパを中心に台頭する(佐藤毅一九九〇)。「批判学派」を代表する一人であるイギリスのスチュワート・ホールは、先述したバーミンガム大学のCCCSの研究所長を務めた人物であり、「批判学派」すなわちCCCSによるカルチュラル・スタディーズと考えることができる。ホールは、従来の「アメリカン・アプローチ」が、社会的文脈におけるマスメディアの役割や機能には目を向けずに、専らそれが受け手に及ぼす効果の程度に研究の焦点を当ててきたことを批判した。そして、その背景には、自由主義的・多元主義的な社会においてすでに達成された合意を単に反映するものとしてメディアをとらえる前提があることを指摘したのである。ホールはそうしたメディア観を否定し、メディアは「単に既存の意味を伝達するのではなく、物事に意味を与えるという、より能動的な働きをする」「意味表示の機関（signifying agents）」（Hall[1982：64]）であるとみる。つまり、マスメディアは人々の間に何らかの合意を能動的に形成するものとしてとらえられるのである。しかも、マスメディアがおこなう合意形成の働きは「支配的イデオロギーのディスコース内部において」（Hall[1977：346]）ではありながらも、「相対的な自律性（relative autonomy）」（Hall[1977：345]）をもっておこなわれており、そこには、いかなる合意を形成するのかについての闘争も存在する。マスメディアを通じておこなわれる合意形成は、送り手と受け手双方が参加するダイナミックな過程としてとらえることができるだろう。

近代においてジェンダー秩序が形成されたプロセスを追うという、ここでの目的のために、ホールが提起するような視点、すなわち単に既存の合意を反映するものではなく合意を形成するものとしてメディアをとらえる視点から、近代日本の大衆婦人雑誌を検討したい。

大正・昭和初期の日本において大衆婦人雑誌が、女性読者の生活の中でどのような意味をもつ存在であったのか、それらが提示する価値観はどのようなコミュニケーション回路を通じて読者に受容されていたのか。すなわち、合意の形成プロセスにおいて、マスメディアと受け手である女性大衆読者層がどのような関係を相互に取り結んだのかを浮き彫りにすべく、分析をおこなう。「主婦」役割のみならず、これまで見落とされがちであった「良人」役割と、両者を不可欠の要素として構成される家族や性愛に関するイデオロギーの合意形成過程を総合的に描き出したい。分析の素材としては、『主婦之友』と『婦人倶楽部』を中心に、必要に応じて『婦人公論』などのやや性格の異なる婦人雑誌や、当時の総合雑誌や新聞を取り上げる。分析に際して、適切な場面では内容分析の数量化の手法（Berelson[1952]、池内―一九五四・五六）を用い、資料をできるだけ網羅的・客観的に分析することを目指しつつ、質的なデータによって分析を立体化するよう努める。雑誌が構成する意味世界を包括的に把握することによってこそ、社会装置としてのマスメディアの機能が何であったのかにせまることができると考える。

註

（1）Ladies' Home Journal は一九〇三年に世界ではじめて一〇〇万部を超える売上げを記録した雑誌といわれる。Damon-Mooreは、Ladies' Home Journal はすべての商業雑誌のプロトタイプとなったと評価している（Damon-Moore[1994]）。

（2）女性読者、とりわけ主婦を対象とした大衆雑誌の発展を近代化とジェンダーの観点から考察する研究は欧米でもすすめられている（Damon-Moore [1994], Scanlon[1995], Beetham[1996], Zuckerman[1998]など）。

（3）婦人雑誌の歴史をあつかった文献として、他に、浜崎廣著『女性誌の源流―女の雑誌、かく生まれ、かく競い、かく死せり』（出版ニュース社、二〇〇四）があるが、この文献は、事実誤認の多さ、近代女性文化史研究会によって蓄積された先行研究に酷似した記述が頻出するにもかかわらず、それらを先行研究として明確に位置づけていないなど、研究書として多くの重大な問題点があるため、本書ではこれを先行研究としてはとり上げない。くわしくは、三鬼浩子による書評（『出版研究』第三五巻、二〇〇四、日本出版学会）を参照されたい。

第二章　女も読書する

女性向け大衆雑誌の登場

一　女性大衆読者層の成立

1　女性のリテラシー

マスメディアが社会装置として成立し機能するためには、大衆読者層の存在が前提となる。大衆読者層、とりわけ女性読者層はいかに形成されてきたのだろう。

大衆読者層が生まれるためにはいくつかの条件が必要となる。婦人雑誌の大衆化を支えた背景として、第一に、学校教育の普及によって活字メディアを読みこなすことのできるリテラシー（識字能力）を持つ女性が増大したことを挙げるべきだろう。

戦前のリテラシー状況を伝える資料「壮丁教育調査」（陸軍省および文部省実施）を分析した清川郁子によれば（清川一九九二）、活字メディアの読み書きが可能と思われる「小学校卒業程度」のリテラシーをもつ男性は一八九九（明治三二）年の調査結果では約半数（全国平均五〇・六二％）、一九〇九（明治四二）年の調査結果では八割（全国平均八三・〇一％）を超えている。以上の数字は壮丁教育調査に基くものであるから、当然のことながら男性についてのデータである。

女性を含むリテラシー調査として、山本武利は男女新受刑者の調査（全国規模）と有権者調査（全国規模）を挙げている（山本武利―一九八一）。新受刑者調査では、明治後期にイリテラシー（非識字）率と考えることのできる「全ク無学ノ者」が約四五〜六〇％の割合で存在していることがわかる。一方、有権者調査では、調査当時（一九〇〇〈明治三三〉年）の有権者資格が直接国税一〇円以上であったことを反映して、無筆者はほとんどゼロに近くなっている。この二つの調査は、ある意味で対照的なものである。前述の壮丁調査と比較すると新受刑者の方は全般的に低く、有権者は明らかに高い水準にあり、社会階層の違いが及ぼすリテラシーへの影響を示しているといえよう。しかし、この二つの調査は両者とも性別の数値に欠けており、男女差の状況がつかめない。

「日本人の読み書き能力」調査は一九四八年と戦後におこなわれたものながら、戦前の調査にはほとんどみられないシステマティックなサンプリングにもとづく大規模調査であり、一五歳から六〇歳以上まで幅広い年齢層を対象としているため、戦前のリテラシー状況について類推することが可能なデータを与えてくれている。この調査結果では、「文盲（完全文盲＋不完全文盲）」の率は、高齢になるほど高いことが如実にしめされている。一八九三（明治二六）年〜一八八九（明治二二）年生まれの世代の非識字率は九・九％、一八八八（明治二一）年以前に生まれた世代の非識字率は一八・三％にのぼる。性別の非識字率は明らかにされていないが、読み書き能力テストの平均点については、性別と年齢別の三重クロスの結果が算出されている。その結果によると、年齢が高くなるにつれて男女の点数の差はひらいていき、一八八八年以前に生まれた人たちについては、男性が女性の三倍近い点数をとっている。男女の読み書き能力の差は、この全国調査の四年後、一九五二（昭和二七）年に同じ手順・同じ方法で青森教育研究所で実施された調査でも実証されている。これらの数字から推測するに、明治・大正時代には、非識字率は男性より女性の方がかなり高かったことはほぼ間違いないであろう。

義務教育就学が定着していく大正期・昭和初期には、最低限のリテラシーの底上げがなされた。就学率イコール新聞雑誌を読めるリテラシーを持つ人の割合と考えることはできないとしても、明治後期以降の生まれの若い世代では、マスメディア情報を享受することが可能なリテラシーを有する比率は非常に高くなっていたことが推測される。再び「日本人の読み書き能力」調査（一九四八）のデータをみてみよう。読み書き能力テストの結果は、若い世代ほど点数が高く、性差も格段に小さくなっていく。ちなみに、明治二〇年以前に生まれた世代では男性六六・七点に対して女性二五・五点と、女性は男性の得点の四割に満たないが、明治三六〜四〇年生まれの世代（つまり大正期に義務教育就学世代）では男性八五・五点に対して女性七一・五点と、ほぼ肩を並べる得点になっている。マスメディアが本格的に大衆化する大正後期から昭和にかけての時期は、基礎的なリテラシーという点での階層差と性差はかつてよりも格段に小さくなり、読者となりうるリテラシーを有する人々の数が爆発的に拡大した歴史的な転換点であったといえよう。

ただし、新聞・雑誌の日常的な読者となりうる水準のリテラシーは、中等教育以上の教育が必要であったのではないかと考えられる。明治後期以降多く創刊された婦人雑誌の読者となる層を確実に輩出したのは、女性向けの中等教育である高等女学校であっただろう。義務教育レベルでは、新聞や雑誌を十分に読みこなすリテラシーは必ずしも身につけられなかったといわれるからである。

一八九九（明治三二）年の『女学雑誌』には、新聞について「高等小学校程度のものは漸く仮名を辿りて切れ切れに解するを得るも、未だ纏まれる一篇を会得する能力なし。高等女学校程度に至りて次第に上級に進めば学力も進みて、之を愛読するものも見ゆれ」（『女学雑誌』明治三二年一〇月一〇日号）と述べた文章がみられる。昭和初期の『主婦之友』の読者欄にも以下のような投書が見られる。「（『主婦之友』は）とても私になど解るまいと思いましたが、仮名を拾い拾い読む中に、何も彼もよく解るようになりました」（『主婦之友』昭和四年一二月号「誌上倶楽部」）。

高等女学校の卒業生は、『主婦之友』創刊の一九一七（大正六）年までに累積二〇万人に達し、一九三一（昭和六）年頃には一〇〇万人を超えている（実科高等女学校含む）。これらの層は、読書可能なリテラシーを有しているという点においても、また読書欲求という点においても、女性の読書人口の主要な基盤となっていたことが予想される。もちろん、読書人口には高等小学校や尋常小学校卒の女性も含まれていたであろうが、当時の小学校教育のみでは、雑誌や新聞を何の支障もなく読むことができるリテラシーは必ずしも獲得できず、ルビ付きの活字メディアを苦労しながら読むうちにより高度なリテラシーを身に付けていった状況があったようだ。

『婦人公論』のような「知的」とされる雑誌の場合は女学生にとっても難解であったようで、「私は一六才の時或先生から初めて婦公（注―『婦人公論』のこと）を読むように云い付けられました。その時は何が何だかわからないものですから、先生から通訳のようにして毎月読んでいただいたものでした。（中略）ほんとうに婦公を理解できるようになったのは二一才の時でした」（『婦人公論』昭和六年一月号「ティールーム」）、「まだ女学校の四年生なので少々難しいところもあります」（『婦人公論』昭和六年三月号「ティールーム」）といった投書が読者欄に見うけられる。

2　活字メディア購読のための経済的余裕

商業雑誌の本格的な成長を支えた読者基盤が、明治後期から大正期にかけて勃興した都市中間層にあったということは、マスメディア史研究ではすでに定説である（前田―一九六八）。一九二〇（大正九）年に実施されたわが国初の国勢調査によれば、新中間層に相当する層が約一五一万人にのぼっており、全就業者中約五～七％を占めていた。都市圏の場合は、その割合はもっと大きなものとなり（東京市では約二割）、その後俸給生活者層は増加の一途をたどる。南博らは、「新中間階級」数を各種統計によって推計しているが、「第三種所得納税、納税者」に関する統計からの推計では、「中産階級」の全世帯に占める比率は一九〇三（明治三六）年の二・三八%から、一九一七（大正六）年には五%、一九二五（大正一四）年には一一・五%にまで伸びたとの結論を得ている（南博+社会心理研究所―一九六五）。

　では、実際当時の俸給生活者層がマスメディアの消費に関わる「修養娯楽費」をどの程度支出していたのかを、家計調査によって確認してみよう。一九二六（大正一五）年に内閣統計局によって初の全国規模の家計調査がおこなわれたが（『内閣統計局家計調査報告』）、その調査結果では平均月収一三七円一七銭・平均支出一二四円三四銭の給料生活者の修養娯楽費は六円三銭（四・八五%）、平均月収一〇二円七銭・平均支出九一円三八銭の労働者の修養娯楽費は三円二六銭（三・五七%）となっている。

新聞購読数	一般雑誌購読数	婦人雑誌購読数	子ども雑誌購読数	書籍購読	ラジオ・レコード購入
1	1				
1	1	1			
1		1	3		
1		1	1		
1	1	1		*	
1		1			
1		1		*	
1		2		*	
1	1				
1		1			
				*	
	1	1	1		
		1		*	

表1　『主婦之友』における家計記事：大正期

	夫の職業	妻の職業	その他収入	夫月収（円）	妻（独身・母娘）月収（円）	月収合計（円）	修養費（円）
1917年（大正6）	官吏	会社事務員		23	10	33	3.5
	会社員			65	0	65	1
	医師			85	0	85	5
	小学校教師			26	0	26	2.5
	陸軍軍人	内職（レース編み）		25	23	48	0
	官吏	内職（養鶏）		35	0	35	2.2
	中等教員			55	0	55	1.35
	農業技師			70	0	70	1
	商家			30	0	30	0
	官吏			34	0	34	0.8
	不在	娘交換手・母内職（仕立物）			17	17	1.3
	職工	内職		23	9.5	32.5	0
	小学校教師			27	0	27	2
	銀行員			33	0	33	0.85
	中央教員			55	0	55	3
	官吏			92	0	92	2.5
	職人	内職（仕立物・洗濯）		15	4	19	0
	小学校教師			17	0	17	0
	官吏			20	0	20	0
	官吏			18	0	18	0
	海軍軍人			70	0	70	0
	小学校教師	小学校教師		20	17	37	3
	会社員	小学校教師		30	18	48	0
	銀行員			58	0	58	0.7
	自作農家			16.9	0	16.9	0
	官吏			16	0	16	0
	農商			49.2	0	49.2	0
	郵便局員			24	0	24	0.5
	会社員			130	0	130	2
	建築家			75	0	75	1.3
	店員	内職（仕立物）		22	4	26	0.39
	海軍軍人			92	0	92	2
	陸軍軍人			50	0	50	1
	教員			70	0	70	0.8
	会社員			45	0	45	1.4
	官吏			35	0	35	1
	不在	タイピスト、仕送り		0	38	38	0
	教員			50	0	50	1
	会社員	内職		10	2	12	0.2
	中等教員	小学校教員		60	14	74	3
	会社員			120	0	120	1.2

これらの家計調査からは、その修養費の内訳はわからない。唯一、一九二六（大正一五）年家計調査の東京市の部については、給料生活者・労働者の平均新聞図書費はそれぞれ、二円四七銭、一円一一銭であったことがわかる。また、神奈川県が一九二〇（大正九）年に実施した「俸給生活者及労働者の生計状態」調査も「文化生活費」中の「読書費」を明らかにしている（大原社会問題研究所一九二二）。それによれば、小学教員・官公吏などの俸給生活者が費やす「読書費」は平均して四円四七銭、日給生活者の場合は六一銭となっている。

さらにくわしい内訳を知るために、雑誌『主婦之友』の家計報告の記事を参考としたい。

『主婦之友』は創刊当時から、家計予算の実例を読者から募集して、毎年のように特集している。誌面に掲載される

	1	1		＊	
		1			
1	2	1	1	＊	
2	1	1			
1		1			
	1	1			
1	1				
				＊	
1	1	1		＊	
2	2	1			
1	1	1		＊	
購読率 23.0％	購読率 17.6％	購読率 25.7％	購読率 5.4％	購読率 13.5％	購入率 0.0％

	不在	娘教師		0	15	15	0.5
	官吏			17.75	0	17.75	0
	医師			67	0	67	1.4
	菓子製造卸業者			0	0	0	0.17
	陸軍軍人		家作35	50	0	85	0.7
1918年(大正7)	教員	教員		18	12	30	2.5
	会社員	教員		25	20	45	1.3
	執事			60	0	60	0
	官吏			45	0	45	0
	不明	内職(編物)		34	2	36	2
	陸軍軍人			35	0	35	0
	会社員	内職(仕立物)		40	2	42	1.5
	小学校教員	内職(半襟刺繍)		40	15	55	0
	病床	事務員		0	16	16	0
1919年(大正8)	陸軍軍人			98.5	0	98.5	3
	商家			81.5	0	81.5	1
	会社員			45	0	45	0
	中等教員			86.5	0	86.5	2
1922年(大正11)	中等教員			175	0	175	7
	灯台守			66	0	66	4.8
1923年(大正12)	不在	給仕		0	200	200	0
	不在	産婆		0	24.5	24.5	0
	不在	タイピスト		0	60	60	0
	不在	写真師		0	350	350	0
	農家			94.25	0	94.25	3.75
	農家			194.7	0	194.7	0
	農家			102.7	0	102.7	5.4
1925年(大正14)	行商人	行商人		50	20	70	2.1
	海軍軍人	洋裁		43.95	21.05	65	2.4
	小学校教員			80	0	80	5.4
	鉄道役員			77	0	77	2.5
	職人			81	0	81	2.9
大正期平均(合計73世帯)				48円60銭	12円52銭	60円92銭	1円35銭

ものは模範家計として賞金も贈られるものなので、支出の内訳には多少の美化がほどこされていると推測される。しかし「実用」を売り物にしていた雑誌だけに、収入や大まかな支出内訳は現実生活からそれほどかけ離れたものにはなってないだろう。創刊の一九一七（大正六）年から一九三九（昭和一四）年までの家計記事の要点を一覧表にしたものが表1と表2である。表3は、以上の家計記事の情報から夫と妻の職業をまとめたものである。

家計実例となっている世帯は、夫が官吏・軍人・会社員・教員で、妻は無職か内職をしている場合が多い（表3）。家計記事の中心は都市の俸給生活者と考えてよいだろう。では、表1と表2から、それらの世帯の家計の内訳を、修養費を中心としてみていこう。大正期の家計記事七三世帯（表1）の、夫と妻の収入をあわせた平均月収は六〇円九二銭、

新聞購読数	一般雑誌購読数	婦人雑誌購読数	子ども雑誌購読数	書籍購読	ラジオ・レコード購入
1	1	1		*	
1		1			
1		1		*	
1		1			
1	1	1			
1				*	
1		1	1		
1	1	1		*	
1		1			*
1		1			
1		1		*	
		1		*	
		1	1		
1		1	2		*
1		1			
1	1	1	1	*	
1		1	1	*	
1	1	1	1		*
1		1			
1		1	2		*
2	1	1	1	*	
1		1			*
1	1	1		*	*
1	1				
2	1	1	1	*	
1		1	1	*	
1	1	1		*	
2	2	1	1	*	
1		1		*	
1	2	1		*	
1	1	1			
1		1	1		
1	2	1		*	
1	1	1			
1		1			*
1		1		*	

表２　『主婦之友』における家計記事：昭和期

	夫の職業	妻の職業	その他収入	夫月収(円)	妻(独身・母娘)月収(円)	月収合計(円)	修養費(円)
1929年(昭和4)	小学校教員			64	0	64	6
	教員			77	0	77	6
	小学校教員			100	0	100	23
	小学校校長		地代75	270	0	345	5
	小学校教員			112	0	112	35
	銀行員		貸間13	61	0	74	2.6
	警察官			79	0	79	3
	警察官			65	0	65	3
	警察官			93	0	93	3.2
	船員			180	0	180	5
	船員			55	0	55	1.8
1931年(昭和6)	職工	職工		33.8	25	58.8	3
	店員	店員		52	33	5	1.4
	職工	職工		60	17	77	2.5
	教員	教員		65	84	149	3
	不在	炊事婦		0	52	52	1
	農家			149.4	0	149.4	0
	店員	店員		90	8.5	98.5	5.2
	病床	看護婦		55	0	55	5.8
	店員			95	0	95	3.4
	官吏			100	0	100	7.5
	農家			115	0	115	4
	商人			30	0	30	1.3
	会社員			100	0	100	3.7
	陸軍軍人			160	0	160	6.8
	陸軍軍人			137	0	137	2.9
	陸軍軍人			85	0	85	5
	陸軍軍人			67	0	67	0
1932年(昭和7)	小学校教員			45	0	45	4.5
	小学校教員			75	0	75	13.6
	小学校教員			103	0	103	5
	小学校校長			110	0	110	4.8
1933年(昭和8)	不在	タイピスト		0	56	56	0
	医師	事務員		100	30	130	6.85
	教員			54	0	54	3.4
	会社員			25	0	25	0.9
	会社員			66	0	66	2
	会社員			85	0	85	4
	会社員	内職(仕立物)		90	25	115	1.8
	会社員		電話賃貸料15	80	0	95	3
	会社員			95	0	95	3.4

そのうち修養費にあてられているのは一円三五銭である。新聞や雑誌の購読状況をみると、新聞を定期的に購入している世帯はまだ全体の二三%にすぎず、一般雑誌購読率は一七・六%、婦人雑誌購読率は二五・七%となっている。夫用と考えられる一般雑誌よりも婦人雑誌の購読率がやや高めなのは、掲載媒体が婦人雑誌だからと考えられる。子ども雑誌にいたっては購読率は五・四%にとどまる。こうした新聞雑誌書籍の購読は、収入の多寡よりも、教員の世帯に購読者が多いなど、職業の影響によるところが大きいようだ。昭和期には七〇世帯の家計記事がピックアップできるが（表2）、平均月収は九〇円、修養費は三円八八銭に増加している。新聞の定期購読率は八〇%となり、新聞購読の習慣が広がったことがわかる。一般雑誌・婦人雑誌・子ども雑誌の購読率は、それぞれ三一・四%、八一・四%、二〇・〇%

1		1			
1		1			
1		1			
1		1			
1				*	
1	1	1			*
1	1	1			
1	1	1		*	*
1	2	1		*	*
1		1			
1		1			
1		1			
	1	1			
1		1		*	*
		1			
1		1			
1		1		*	*
1		1	2		
1		1			
	1	1			
1					*
1		1	1	*	
1		1			
1		1			*
1	2	1			
購読率 80.0%	購読率 31.4%	購読率 81.4%	購読率 20.0%	購読率 34.3%	購入率 20.0%

	家出	仕立物		0	36	36	1.2
	死亡	洋服店		0	42.5	42.5	1.4
	不在	産婆		0	51	51	1.4
	タクシー運転手			70	0	70	1.4
	警察官			53	0	53	1.4
	会社員			85	0	85	2.5
	農家			50	0	50	0
	会社員			170	0	170	4.5
1935年（昭和10）	病床	教員		0	50	50	2
	死亡	教員		0	93	93	4.4
	教員	教員		55	48	103	5
	工員			75	0	75	2.5
	工員			37	0	37	1.5
	職工			150	0	150	1.5
	郵便局員	内職（仕立物）		42	6	48	1.7
	小学校教員			94	0	94	2
	小学校教員			52	0	52	0.5
	不在	姉交換手・妹店員		0	72	72	1.4
	会社員			151	0	151	2.8
	不在	産婆		0	63	63	1.8
	死亡	農婦		0	35	35	1.5
	死亡	教員		0	45	45	2.7
1939年（昭和14）	官吏	内職（仕立物）		80	10	90	1.7
	会社員	内職（編物）		105	30	135	4
	会社員	内職（仕立物）		152	15	167	5
	会社員			130	0	130	0
	海軍軍人	工員		32	24	56	6
	職工			90	0	90	3
	農家			175	0	175	3.5
昭和期平均（合計70世帯）				76円9銭	13円59銭	90円	3円88銭

表3　『主婦之友』家計記事に登場する世帯の職業
（1917（大正6）年から1939（昭和14）年にかけて：合計144世帯）

夫の職業	専門職*	会社員	官吏	軍人	販売職	職工	自営業	農業	その他	不在･病床
世帯数	35	26	18	13	4	9	6	9	4	20
比率(%)	24.3	18.1	12.5	9	2.8	6.3	4.2	6.3	2.8	13.9

妻の職業	専門職*	事務職**	販売職	職工	自営業	農業	内職	その他	無職
世帯数	16	7	4	2	1	10	13	5	86
比率（%）	11.1	4.9	2.8	1.4	0.7	6.9	9	3.5	59.7

* 「専門職」は主に教員、その他夫の場合は医師・技師、妻の場合は産婆・看護師・写真師などを含む
** 妻の事務職には、事務員の他にタイピスト・交換手を含む

と、いずれも大正期より比率が高くなっている。婦人雑誌購読率が突出して高いのは、先述と同じ理由からと考えてよいだろう。他に書籍購入やラジオ視聴・レコード購入をする世帯も大正期と比べると非常に多くなっている。昭和期になると、ほとんどの家庭が新聞一種（『大阪毎日』『大阪朝日』『東京朝日』『東京日日』『報知新聞』『国民新聞』各地方新聞など）と婦人雑誌一種（当然のことながら『主婦之友』がほとんど）、約三分の一の世帯はさらに夫用の一般雑誌（『富士』『週刊朝日』『中央公論』など）と子ども雑誌（『日本少年』『幼年倶楽部』『コドモノクニ』など）を購読している。その上、夫の仕事のための専門書や娯楽のための円本といった書籍を購入する家庭が半数近くにのぼる。また、新しい娯楽としてラジオや蓄音機がこの時期登場し、ラジオ聴取料やレコードの新譜に修養費をさいている世帯も少なくない。以上のデータには『主婦之友』に投稿している関係から、婦人雑誌については、夫用の雑誌より優先してあったり、種類も『主婦之友』に限られているという特殊な傾向がある。しかし、そうした歪みを配慮した上でデータをみると、年々修養費の額が増え、内容も徐々に豊富になっていく傾向が読みとれる。

さて、大正・昭和期の給料生活者に新聞の他に一～三種の雑誌を買う余裕があったことがわかったが、夫の給料を主にして暮らしているサラリーマン家庭の場合、一冊二五銭なり五〇銭なりする婦人雑誌を主婦が自分のために買うことは容易なことだったろうか。たとえば、昭和期の平均月収は九〇円だったが、この頃『主婦之

友』は五〇銭で、月収に占める比率は約〇・五六％である。〇・五六％といえば、決して小さな数字ではあるまい。

女性たちが毎月どのように雑誌代を捻出していたかについて、『主婦之友』の読者欄は生々しい声を伝えてくれている。「夫は大阪毎日と京都日日と二種の新聞を取っておりましたが、（中略）来月から一つの新聞をやめて（『主婦之友』を）毎月とることに」（『主婦之友』大正一四年七月号）したり、「毎日の家政から一銭二銭と貯えて」（『主婦之友』大正一四年六月号）、「私は毎日一箇の煙草を喫いますので、それを半分節約して」（『主婦之友』大正一四年九月号）など、限られた夫の給料からやりくりして講読しようとしている。しかし「六〇円に満たない主人の給料で、食料から子供らの着るものまで、あれこれ算段」しても「読みたいと思う御誌がどうしても買えず、新聞で発売の広告を見る度に、淋しく残念に思って」いた主婦の場合は、「どうしても毎月読みたくてたまらず、毎夜子供等を寝かしてから、近所の方の仕立物などして」（『主婦之友』昭和一二年二月号）本代を手に入れている。経済的に定期講読がむずかしい者は、「お友達から拝借」（『主婦之友』大正一四年一二月号）、「近所の人から拝借」（『主婦之友』昭和六年三月号）、「月後ればかり買って僅かに慰めと」（『主婦之友』昭和六年五月号）したりしている。

働く女性の場合は、「僅かの俸給を切りつめて御誌を得るときが一番幸福」（『主婦之友』大正一四年七月号、「女店員」の投稿）、「貧しくとも御誌は手離せなかった」（『主婦之友』昭和八年四月号、「女中」の投稿）と、最低の生活費にさしつかえない範囲で雑誌購入ができていたことがわかる。

自ら収入のある女性は与えられた経済条件の中から自分の判断で新聞・雑誌の講読をすることができたが、夫の収入で家計を切り盛りする主婦の場合は夫をはじめ家族の理解が不可欠であった。

3　「女の読書」に対する視線

読書を可能にする読み書き能力や経済力が備わったとしても、それらが直接的に読書活動につながるわけではない。マスメディアが大衆化するためには、読書する習慣が人々の間に根づく必要がある。ただし、読書という行為に対する人々の考え方は、読書の主体が男性であるか女性であるかによって、差異があったと思われる。

そこで次に、女性の読書をめぐる社会意識についてみてみよう。

松平定信がその著『修身録』において、「女はすべて文盲なるをよしとす、女の才あるは大に害をなす、決して学問などいらぬものにして、仮名本よむ程ならば、それにて事たるべし」と記していることはよく知られた例であるが、江戸時代には男尊女卑の封建思想から「女に学問は不要」という考えは一般的であった（桜井―一九四三）。こうした考え方が、明治以降も人々の意識のなかに再生産されつづけ、近代化の過程で文字が上層から民衆へ開放されてゆく場合にも、男女のギャップを生み出していった。明治維新直後の学制では、「一般ノ女子男子ト均シク教育ヲ被ラシムベキ事」（一八七一〈明治四〉年、太政官の通達）と教育における男女平等の理念が打ち出され、「従来女子の不学ノ弊ヲ洗」うことが目指された。こうして女性にも初等教育の機会が与えられたが、貧しさや教育に対する庶民の関心のうすさゆえに、男子でさえ伸び悩む就学率を、女子はさらに大きく下回るのが実状だった。

大谷晃一による明治一〇～三〇年代生まれの五六人の女性への聞き書き集には、女学校や師範学校などへの女性の進学希望が、「女やのに学校へ行ってどないなるかわからん」「おなごに学問はいらん」といった、親や親戚の旧弊な女性観で阻まれる様子を伝える声に満ちている（大谷―一九七二）。彼女たちは、ほとんどが都市中間層の経済的には比較的恵まれた立場の女性であり、進学反対の理由は「女だから」という点にほぼ限られていたのである。女子が知識を身につけることを嫌悪する風潮から、女性の読書に対する風当たりも厳しかった。東京の府立第二高等女学校に通っていた青山菊栄（のちの山川菊栄）は、新聞を読んでいることを教師に告げた時、「お母さんはごぞんじですか」とけわしい表情をあらわにされた体験を述べている（山川─一九五六）。

新聞や文学誌・小説が疎んじられただけでなく、女性向けの婦人雑誌の購読でさえ、白眼視された。

「二寸新聞を読むということすらできません。御誌を手にした日なんか、もう読みたくて仕方がなくてもすぐ『女のくせに』が出ますから、夫が外出でもするときまで我慢している始末」（『主婦之友』大正一四年六月号「誌上倶楽部」）「姑がむずかしい人で雑誌や新聞を読むことを好みません」（『主婦之友』大正一四年九月号「誌上倶楽部」）

以上は、大衆的な婦人雑誌であった『主婦之友』の読者の声である。これらの声は大正期後半のものであるから、大正時代となってもまだ、たとえそれが女性向けの雑誌であっても、女性が活字を読むことには「女だから」という理由で足枷がついてまわっていたのである。また、その足枷は、そもそも一般的な読書習慣が根付きにくかった農村ほど、より強固だったようである。

女性の読書が成立するためには、未婚女性の場合は両親の、既婚女性の場合は舅姑や夫の理解が必要不可欠であった。だからこそ、まわりの理解が得られ、読書が許された喜びは大きかった。「まだまだ田舎の家庭では嫁に対して自由に読書の時間をあたえられることは、むづかしい」と「煩悶」していた一読者は、「田舎の人には似合わず実に理解に富んだ」舅が嫁入り道具として持参した『主婦之友』を気に入って一年分の前金を払い込んでくれ、涙にくれるほどうれしかったと報告する（『主婦之友』大正一二年九月号「誌上倶楽部」）。家族に気兼ねしながら読んでいた『主婦之友』を夫に続けて読むようにと言われて「世界の幸福を一人で背負っているように思い、嬉しく」（『主婦之友』昭和六年八月号「誌上倶楽部」）思う妻たち。『主婦之友』の読者欄には、こうした喜びの報告があちこちにみられる。もちろん、こうした投書を頻繁に掲載するのは雑誌側の編集戦略でもあるだろうが、そのような戦略が必要であるという事実が、女性の読書をめぐる状況を物語っている。

一九二〇年代には女性の読書に対する積極的な評価も広がりつつあったようで、主婦としての技能や知識、心得を修得するために婦人雑誌を読むことが周囲によって勧められたという投稿が増えていく。『主婦之友』読者欄には、女学校卒業の記念に「お前も女学校を出たから、何か婦人雑誌を取りなさい」（『主婦之友』昭和八年六月号「誌上倶楽部」）、結婚に際して「ちょっとこれでも読んで主婦の学問をするんだね」（『主婦之友』昭和二年「誌上倶楽部」）と、読書を指導する父母、親戚、夫などが登場する。

「結婚後良人が『お前も一家の主婦になったからは『主婦之友』を読め』と申しましたけれど、薄給の身で、相変わらず余裕がないことを申しましたら『今の女が雑誌も読まずにどうする。僅か五六十銭のことで、お前の知識は何ほど進むか判らん。今まで僕は敷島をのんでいたから、これから朝日にして、家では刻み煙草にするから、雑誌だけは読んでくれ』と言って、それから毎月役所の帰りには、美しい『主婦之友』を買って来てくれます」

（『主婦之友』昭和二年七月号「誌上倶楽部」）

このように、「夫にすすめられて」「夫が賛成してくれて」定期講読するようになったという投書には、生活感のあふれるものもある。わざわざ多くの婦人雑誌を読み比べて、夫が選んでくれたという投書もある。そこには、「新家庭を築く」理想に満ちた若夫婦の姿が映し出されている。

戦前の女性の読書は、「女に学問は不要」との社会意識の存在によって、制限されつづけていた。しかし、その制限の強度はずっと一定だったわけではなく、近代化の流れの中で「本を読みたい」「知識を身につけたい」という女性自身の欲求の高まりと共に、周囲の容認の態度も広まっていった。人々に読書の効用が理解され、まずは男性の読書習慣が形成される中で、女性はその歩みの何歩か後方を歩みつつ読書の世界にちかづいたといえよう。女性の読書習慣は、夫や親といった他者によって規制・管理されつつも、女性にふさわしいメディアの成長と共に、生活の中に浸透していったことが推測されるのである。

二　読書する女性と女性向けメディア

女子中等教育の整備を背景としたリテラシーの高まり、女性の読書に対する社会的許容、都市を中心とした消費生活の展開によって、活字メディアを講読するという女性の市場行動は拡大していった。

マスメディア発達の過程で、女性読者を意識した動きは明治期の「小新聞《こしんぶん》」発生の時にすでにみられる。一八七四（明治七）年創刊の『読売新聞』は創刊時の社告で「此の新聞は、女童のおしえにとて為になる事柄を誰にでも分るようにかいて出す趣旨でござりますから」（『読売新聞八〇年史』）とうたった。一八九四（明治二七）年には、いわゆる「大新聞《おおしんぶん》」であった『郵便報知新聞』が、女性を含めた読者拡大をはかって『報知新聞』と改題し、ふりがなを用いるとともに文章を平易にし、小説も掲載するなどの紙面刷新をしたところ、成功をおさめたといわれる。一八九八（明治三一）年には『大阪毎日新聞』が「家庭の栞」、一九〇四（明治三七）年には『読売新聞』が「家庭小話」という、現在の家庭欄に相当する欄を設けている。その後『読売新聞』は、フランスのフィガロ紙の婦人欄をモデルとして「日本で最初の婦人のための一ページ全面編集」の「よみうり婦人附録」を創設し、多くの女性読者を獲得した。一九一四（大正三）年のことであった。

雑誌についても、一八八五（明治一八）年創刊の『女学雑誌』（近藤賢三編・その前身は前年創刊の『女学新誌』）が初の本格的女性向け雑誌として登場して以来、女性読者の開拓を目指して次々と新雑誌が創刊されていった。これらのほとんどは、比較的「上流」の婦人を対象とした家庭雑誌であったが、明治後期には社会主義的な色合いを帯びた『世界婦人』（福田英子）や、「新しい女」たちによる『青踏』（平塚らいてう）など、女性解放をとなえる雑誌も誕生する。

明治末期から大正期にかけて雑誌の量産化時代がはじまり、婦人雑誌も新たな隆盛を迎える。出版資本による新雑誌が創刊され、『婦人世界』（婦人世界社）・『婦人公論』（中央公論社）・『主婦之友』（主婦之友社）・『婦女界』（婦女界出版社）・『婦人倶楽部』（大日本雄弁会講談社）など、発行部数が一〇万部単位を数える雑誌もいくつか生まれた。大正末には婦人雑誌の新年号の総発行部数が一二〇万部に達したという（中村孝也―一九四四）。

当時の読書調査から、女性の読書習慣の広がりを確認しよう。永嶺重敏によれば、信頼性のある調査として現在確認できる昭和一〇年以前の女性対象の読書調査には、二七件ある（永嶺―一九九七）。女工対象のものが一四件、職業婦人対象のものが七件、女学生対象のものが六件である。永嶺は膨大な資料を検索した上で、「婦人雑誌の最大の顧客でありながら、現在のところ読書調査が全く実施された形跡のない層がある。それは主婦層である」（永嶺―一九九七：一六〇）と述べている。残念ながら、何らかの社会集団に組織されていない家庭の主婦の読書状況を直接的にとらえた読書調査はないようだ。しかしながら、女工や職業婦人など職業をもつ女性が、働きながら同時に主婦である場合や、その後仕事をやめて主婦になる場合、女学生もまた卒業後に主婦になる場合というように、以上の調査対象が兼業主婦および主婦予備軍でもあると考え、種々の調査結果を、主婦を含めて女性全体の読書状況を推測する手がかりとすることができよう。

これらの調査結果は、大正後期以降にはすでに女性たちの間で新聞や雑誌を読む習慣がずいぶん広がっていたことを示している。女工対象の調査の平均値では、約四割が新聞を、約二割が雑誌を読んでいる。職業婦人や女学生の場合は八割から九割近くというほとんどの女性が新聞も雑誌も読んでいる（永嶺一九九七：一六四）。たとえば、代表的な読書調査の一つである一九二五（大正一四）年の東京市による職業婦人対象の調査「婦人自立の道」（教師・タイピスト・事務員・店員・看護婦・交換手などの計九〇〇人の女性を対象として実施）を紹介すると、ここで明らかにされている職業婦人の新聞・雑誌・書籍購買状況によれば、彼女たちのほとんどが新聞（八八・〇％）や雑誌（八四・九％）を講読している。書籍についても、四三・四％が日常的に講読していると答えている。女工と職業婦人・女学生の間の格差は、義務教育以上の教育を受けているかどうかという学歴の違いを反映しているものと考えられる。女子の中等教育機関が発達した大正・昭和初期は、それらが新聞・雑誌の定期購読層を着実に輩出する機能を果たしていたと考えられる。

彼女たちはどのような雑誌を読んでいたのだろうか。ランキングの上位を占めるのは、『少女之友』『少女倶楽部』『婦人世界』『婦女界』『主婦之友』『婦人倶楽部』『婦人公論』など、少女雑誌か婦人雑誌である。例外として挙げられるのは『キング』であるが、『キング』以外の各種総合雑誌や講談雑誌などは、それほど多くの女性読者を獲得していない。女性向けの商業雑誌が出版資本によって発行されていった大正後期から昭和初期には、それらを消費する女性読者マーケットが確立されていたことがわかる。

学校教育拡大を背景にリテラシーが普及し、新しいライフスタイルの一つとしてマスメディアの講読習慣が広まるとともに、先行する男性を追うような形で女性読者層が形成されていった。すでに明治期にマスメディア業界では新しい消費者として女性読者を意識した動きがはじまり、大正期以降は女性向けの比較的安価な出版物が大量に市場に出まわるようになる。大正期は、大衆婦人雑誌が登場した時代であったといえよう。

第三章　婦人雑誌がえがく近代の女

「モガ」と「主婦」

明治末期から大正期にかけて、リテラシーの普及、活字メディア購読の経済的余裕と社会慣習の成立によって女性読者層が形成されると同時に、多数の商業婦人雑誌が誕生し、貴重な情報源として女性の生活の中で重要な位置を占めるようになっていく。「学校を出た後は婦人雑誌で修養を(1)」といった形で受け入れられていった婦人雑誌は、どのような価値観を女性読者に提示していたのだろうか。

この章では、婦人雑誌が人々に提示していたメッセージ（"symbols for the people"第Ⅰ部第一章参照）の全体像にせまるために、「表明されたコミュニケーション内容の客観的・体系的・数量的記述のための調査技術である」（Berelson[1952]）内容分析の手法を用いる。婦人雑誌のコミュニケーション内容における傾向を記述するために、女性の地位や役割に関する価値観の分類枠組みを設定し、その枠組みにしたがった数量的分析によって、雑誌の提示する女性像を浮き彫りにしていきたい。

一　対照的な二つの婦人雑誌　『婦人公論』と『主婦之友』

分析の素材としては、商業雑誌が大衆化し、婦人雑誌の新しい潮流が生まれたといわれる大正期に創刊され、商業的にも成功をおさめた、『婦人公論』と『主婦之友』の二誌を取り上げる。

ここで取り上げる『婦人公論』（中央公論社、一九一六年創刊）と『主婦之友』（主婦之友社、一九一七年創刊）は、ほぼ同時期に誕生し、当時の婦人雑誌の二大潮流であったといわれる「教養派」と「実用派」をそれぞれ代表する雑誌である（岡満男―一九八一）。

1 「知識階級」のための『婦人公論』

『婦人公論』は、『青踏』の出現によって「新しい女」に関心があつまり、女性の問題を考える社会的土壌ができつつあった大正初期に誕生している。一九一二（大正元）年に中央公論社に入社した嶋中雄作が時代の風潮を敏感に察知し、入社後一年にして『中央公論』の名物編集主幹であった滝田樗陰に婦人問題号の特集を進言する。嶋中雄作のアイデアを取り入れて発売された一九一三（大正二）年『中央公論』婦人問題特集号は好評を博し、滝田は『中央公論』の「妹分」として女性向の『婦人公論』の企画を嶋中雄作に託したのであった。

嶋中が『婦人公論』創刊時に掲げた綱領は以下のようなものであった。

一、高尚にして興味饒かなる小説読物を満載して以て現代婦人の卑属にして低級なる趣味を向上せしめ、

二、穏健優雅なる実践的教養を鼓吹して以て突飛極端なる新思想と因陋頑迷なる旧思想とを極力排撃す。

綱領の後段については、岡満男は「新思想」排撃は、取り締まり当局に対処するための「取り繕い」であって、「むしろ真意は『旧思想』排撃になったものと考えられる」という評価を下している（岡満男―一九八一：九六）。しかしながら鶴見俊輔は、『婦人公論』の「兄貴分」である『中央公論』について、その「編集方針は、状況の全体を見渡してつりあいのとれた評価をおこなうことにある。バランス感覚こそ、この雑誌をつらぬく一つの思想であった」（鶴見―一九六四）と述べており、『婦人公論』にも同じことが言える。現体制とのバランス感覚が単なるポーズではなく、一貫し

た編集方針であったことは、一九一九（大正八）年『婦人公論』新年号の嶋中による巻頭言や谷本富による「婦人の時代が来れり」と題した論文が問題となり警視庁に喚問された際に、嶋中が『婦人公論』の記者半澤成二に語った言葉の中にもはっきりとあらわれている。彼は半澤記者に対して「僕は社会主義者でも革命家でもない。ただ『婦人公論』は、あくまでも自由主義の立場に立って、女権拡張を目的として編集しているのだ。今後もそれに変わりはない（中略）それは僕の信念だ、理想だ」と言いきっている（半澤一九八六：一五五―一五六）。つまり、綱領で述べている「極端なる新思想」とは、具体的に言えば、急進的な社会主義・共産主義思想であったことがわかる。山川菊栄を長期間恒常的な執筆者に据えるなど社会主義思想をまったく受け入れないというわけではなかったが、穏健な範囲にとどめるということは確固とした方針であった。

こうして自由主義の旗印の下、女権拡張を主張して誕生した『婦人公論』は、創刊時「日本の知識階級の良心を代表する」（中央公論社一九六五：一六二）、「高級婦人雑誌」（半澤一九八六：六六）を目指していた。誌面には「中流階級」「中産階級」を対象とした記事や広告が多くみられ、読者自身や読者の娘の女学校卒業を前提とした記事もめずらしくない。また、内容の難解さから考えても、実際の読者層は高等女学校以上の教育を受けた層に限られていたと思われる。大正期の読者投稿欄は論説をたたかわせる討論の場になっており、社会問題を論じるだけの能力をもった教養の高い読者像が浮かんでくる。創刊二〇周年を記念しての「創刊当時の愛読者の思ひ出」（『婦人公論』昭和一〇年一一月号）という記事では、創刊当時の愛読者として登場している六名の女性すべてが女学校卒業者である。彼女たちの多くは、女学校を卒業した身にとっても『婦人公論』は難解だったと語っている。

初期の読者投稿欄の投稿者数は男女ほぼ同数であり、「読者の三分の一以上が男子だった」（半澤一九八六：六七）とも言われている。大正期の読者参加頁である「はがき通信欄」では投稿者は女性一〇四人に対して男性一〇〇人（一九二四〜一九二五年の集計）と男女比は拮抗している。投稿者には特に男性の比率が高くなることが考えられるが、一九二〇年代に男性の読者がある程度の比率で存在したことは間違いない。ただし、発行部数も一〇万部を超えるようになる一九三〇年代には（表4）、読者の大部分は女性となっていたようだ。ちなみに、一九三一（昭和六）年以降の読者欄（「読者の頁」「ティールーム」）はほとんど女性投稿者によって占められている。『婦人公論』の読者は、初期には男性を多く含んでいたが、中流家庭の高学歴女性向けの婦人雑誌としての位置を確立されていったといえよう。

2 「オカミサン」のための『主婦之友』

一方『主婦之友』は、一般の家庭の主婦を対象に、実際生活に役立つ実用誌を目指していた。主婦之友社の創業者である石川武美は、『婦女界』を刊行していた同文館で編集と営業に携わった後、その経験を生かして一九一六（大正五）年「東京家政研究会」を設立し、『貯金のできる生活法』や『実験千種 手軽でうまい経済料理』といった主婦向けの実用書を出版した。それらの出版で得た資金を基に、一九一七（大正六）年に三月号を創刊号として『主婦之友』を発刊する。その時社員は石川一人であり、彼が「記者であり、販売員であり、外交員であり、同じにまた経営上の責任者でもあった」（主婦の友社―一九六七：四〇）という。創刊期の記事の大半は石川自身の筆によるものだった。しかし創刊後まもなく、後に『主婦之友』の名物女性記者として知られる松田鶴子など（長谷川時雨―一九三二）、『主婦之友』の誌面づくりに献身する社員をふやしていく。

『主婦之友』という誌名をつけたことは、実は一つの冒険であった。「主婦」という言葉は当時「オカミサンの同義語で、教養の低さ、ヌカミソくささが感じられる」（主婦の友社―

表4　『婦人公論』発行部数に関するデータ

1916年	5万部	（中央公論社　1955）
1919年	3.5万部	（半澤成二　1986）
1921年	4.5万部	（半澤成二　1986）
1923年	2.5万部	（半澤成二　1986）
1927年	2.5万部	（警保局　1927）
1930年	18万部	（中央公論社　1955）
1931年	20万部	（嶺村俊夫　1931）

表５　『主婦之友』発行部数に関するデータ

1917年創刊3月号	1万部	（主婦の友社　1967）
12月号	2万部	（主婦の友社　1967）
1918年1月号	3万部	うち35％返品→2.25万部（主婦の友社　1967）
1923年	30万部突破	（主婦の友社　1967、永島寛一　1951）
1924年	22万部	（主婦の友社　1967）
1927年	20万部	（警保局　1927）
1931年	60万部	（永島寛一　1951）
1931年	60万部	（嶺村俊夫　1931）
昭和初期	85万部	（山本文雄　1970）
1933,34年頃	百数十万部	（鈴木省三　1985）
1934年	100万部突破	（主婦の友社　1967）
1941年	180万部	（井出文子　1958）

一九六七：四一）ものであったという。石川は新雑誌の創刊にあたって、出版関係者が敬遠していた「主婦」という呼称を意識的に選んだ。彼の編集方針は、第一に「ただ漠然と婦人全体をねらうよりも、中流家庭の主婦の生活だけに焦点をしぼ」（主婦の友社　一九六七：四一）る、第二に「小学校卒業程度の学力で理解できるほどの、やさしいものでなければならない」（主婦の友社　一九六七：五一）というものだった。

後に創刊の頃を思い出して語った以下の言葉は、石川の考えをよくあらわしている。少し長くなるが、引用しよう。

「アメリカの『レディース・ホーム・ジャーナル』は、日本の『主婦之友』のような雑誌だ。この雑誌の編集方針は、中流家庭の一人の主婦を目標にしていたそうだ。同じ中流でも、この雑誌の目標は中流の下である。働いてようやく生活する程度の家庭だ。子供も二人か三人という家庭だ。こういう家庭の主婦に必要な家事、料理、趣味、娯楽などを、記事の対象としたそうだ。日本でも同じだが、中流の下の家庭ほど、生活の苦しいものはない。子供の二、三人という家庭ほど、知識を必要とする主婦はない。生活に余裕がないだけに、すべてに一生懸命だ。この階級の主婦に、手放せぬ雑誌が作れたら、百万力だ。『主婦之友』も、はじめから中流家庭の下の主婦を目標として編集した。そのためには、なによりもわかりよい記事を書くことが、先決の問題であった。なぜなら、その階級の主婦は、所帯の苦労に時間もないが、経済の余裕もない人たちだ。おちついて雑誌を読んでいられぬ人たちだ。（中略）そういう人たちを思うと、わかりよい記事を書くことが、なによりも重要

表6　『主婦之友』読者欄投稿者の属性（1917〜1935年奇数年集計, 総ケース1595, うち女性1392）

地域別	%
北海道地方	2.8
東北地方	5.2
中部地方	12.2
関東地方	21.1
近畿地方	16.5
中国地方	8.0
四国地方	3.1
九州地方	6.8
朝鮮	3.1
台湾	1.4
満州・中国	3.6
ハワイ・アメリカ	2.4
その他海外	2.1
戦地	2.1
不明	9.5
合計	99.9

性別	%
女性	87.3
男性	11.2
子ども	1.6
合計	100.1

女性・婚姻状態	%
既婚	35.8
未亡人	1.6
未婚	16.7
不明	45.9
合計	100

女性・学歴	ケース数
大学卒	2
師範学校卒	3
専門学校卒	5
女学校卒	106
女学校中退	4
高等小学校卒	9
尋常小学校卒	13
自称「無学」	11
不明	1239

女性・職業	ケース数
事務員	11
看護婦	21
産婆	4
教員	15
女工	11
女中	15
農業	13
サービス業*	17
学生	18
その他**	7
不明	1260

*　サービス業は店員・デパートガールなど
**　その他は尼僧・娼妓・保母など

だったのである」（石川武美『出版人の遺文』栗田書店、一九六八年、六一―六二）

　ターゲットを上流層ではなく「中流以下の主婦」に焦点をしぼり、実用記事中心の平易で親しみやすい誌面づくりを心掛けた。この編集方針は、都市化・産業化とともに増加しはじめたサラリーマン家庭を中心とした主婦層の要求に合致し、『主婦之友』は年々発行部数を伸ばしていく。創刊当時一万部から三万部であった発行部数が、大正末期には二〇万部、一九三四（昭和九）年に一〇〇万部を突破し、最高時には一八〇万部を記録したといわれている（表5）。「主婦」役割に従事する女性の増加が、『主婦之友』の発展と結びついたのである。

　『主婦之友』は、たとえば『婦人公論』のように「危険な」雑誌として警戒されることなく、女子教育関係者や年輩の世代、また一般男性にも比較的好意的に受け入れられていったようだ。特に女学校との関係については、女学校の側からも女学生をもつ家庭の側からも「女学校をでたら『主婦之友』で修養」という形で認識されており、『主婦之友』が女学校の良妻賢母主義教育にスムーズに接合していたことがわかる[(2)]。「校長先生も処女会員に『月刊雑誌を買ふなら、『主婦之友』を買いなさい』とおっしゃいます」（『主婦之友』昭和二年三月号「誌上倶楽部」）というエピソードは決してめずらしいものではない。

『主婦之友』の読者層を知るてがかりとして読者欄への投稿者の属性を集計した結果が、表6（一九一七～一九三五年までの西暦奇数年（元号偶数年）のみのデータで、地域、既婚・未婚の別、学歴、職業）である。まず住んでいる地域は関東・近畿・中部地方の比率が高いが全国に及んでおり、海外植民地からの投稿も多い。女性の投稿者の婚姻状況がわかるものを集計すると、やはり既婚者が多いが、未婚女性も相当数みられる。学歴が明記されているものを拾い上げると、高等女学校の卒業生が目立つ。小学校を卒業したのみであると明確に述べる場合は少ないが、「無学」「無知」を自称し「仮名を拾い拾いして読むうちにわかるようになった」といった感想を寄せる投稿者も少なくない。職業がわかるケースはさらに少ないが、教員・事務員・看護婦・店員・女中・女工などの職業が登場する。現在在学中の女学生もみられる。このように職業を記してある場合以外は、家庭の主婦であることをうかがわせる文面が多い。夫の職業にふれてあるものは、会社員・教師・官吏などである。『主婦之友』の読者は、編集方針どおり主婦が中心だが、主婦だけでなく主婦予備群としての女学生や花嫁修行中の女性、未婚の職業婦人や女工なども対象にふくんでいたことがわかる。記事の中に登場する家庭像も、夫が外で働き女中を使う中流サラリーマン家庭と、中小自営業家庭の二つが主流となっている。『主婦之友』の読者層は、編集方針の通りに、主婦および主婦になる準備段階の女性を中心に、小学校や高等小学校卒業の女性を含む幅をもちつつ、拡大していったことが予想される。

両誌ともに中間層がその読者層の中心であったが、同じ中間層でも『婦人公論』はより高学歴のインテリ層に、『主婦之友』はそれよりも低い学歴層も含むサラリーマン層及び農・商・工の中小自営業主など、広範な層に読まれていたと考えられる。

当時の社会調査から、両誌の講読状況をみてみよう。一九二五（大正一四）年の東京市の教師やタイピストなど職業婦人に関する調査（東京市役所『職業婦人に関する調査』一九二五年）によると、職業婦人の八四・九％は雑誌を購読しており、講読率の最も高い雑誌は『婦人公論』（約二一・八％）、第二位は『婦女界』（約二〇・一％）、第三位は『主婦之友』（約一五・七％）となっている。また、一九三四（昭和九）年の百貨店と簡易保険局に勤務する職業婦人対象の読書調査（日本図書館協会『職業婦人読書傾向調査』一九三四年）でも、愛読雑誌の第一位は『婦人倶楽部』（約四六・六％）、第二位は『主婦之友』（約三五・六％）、第三位は『婦人公論』（約二四・二％）となっている。一方、一九三五（昭和一〇）年の工場労働者対象の読書調査（日本図書館協会『労働者読書傾向調査』一九三六年）では、女性労働者の愛読雑誌としては、『婦人倶楽部』（約二九・〇％）、『主婦之友』（約二五・二％）の二誌が他誌を引き離している。『婦人公論』は第六位に登場するが約三％と、『主婦之友』に比べてかなり少ない。このことから、『主婦之友』は『婦人倶楽部』と並んで、職業婦人にも工場労働者にも愛読されていたのに対し、『婦人公論』は比較的学歴の高い職業婦人層により好まれていたことがわかる。こうした事実は、『婦人公論』の発行部数が五万部からせいぜい一八万部にとどまっていたのに対し、『主婦之友』は最盛時には百数十万部に達した、文字どおりの大衆雑誌であったこととも符合する。

3　誌面構成の数量的比較

では実際に、それぞれの誌面構成を数量的に把握し、比較してみよう。戦前の両誌の毎年一月号を取り上げ、すべての頁を「どのように言うかを扱うカテゴリー」と「なにを言うかを扱うカテゴリー」（Berelson[1952]）の両面から分類する。「どのように言うか」に関して「評論記事」「実用記事」「対談・座談会」「読者手記」「小説」「グラビア」「その他（分類困難な記事）」「広告」という形態別カテゴリー、「なにを言うか」に関して「一般社会」「文化教養」「家庭生

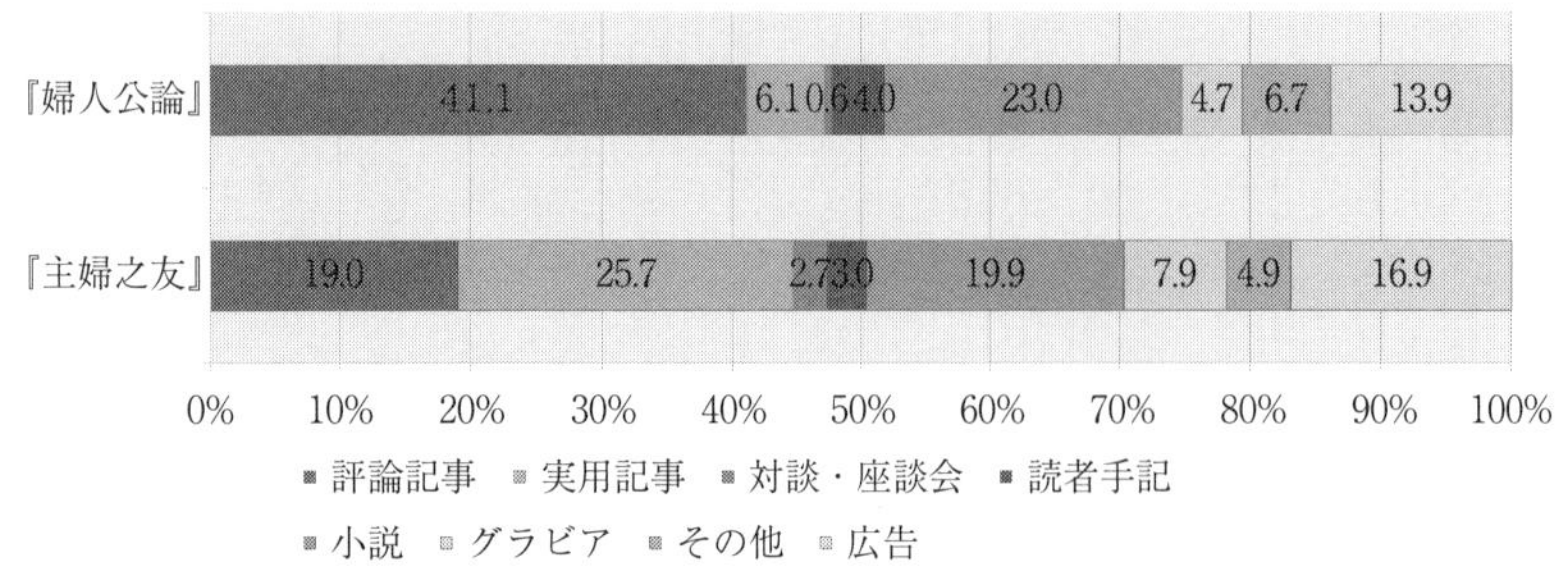

図１　『婦人公論』『主婦之友』形態別誌面構成

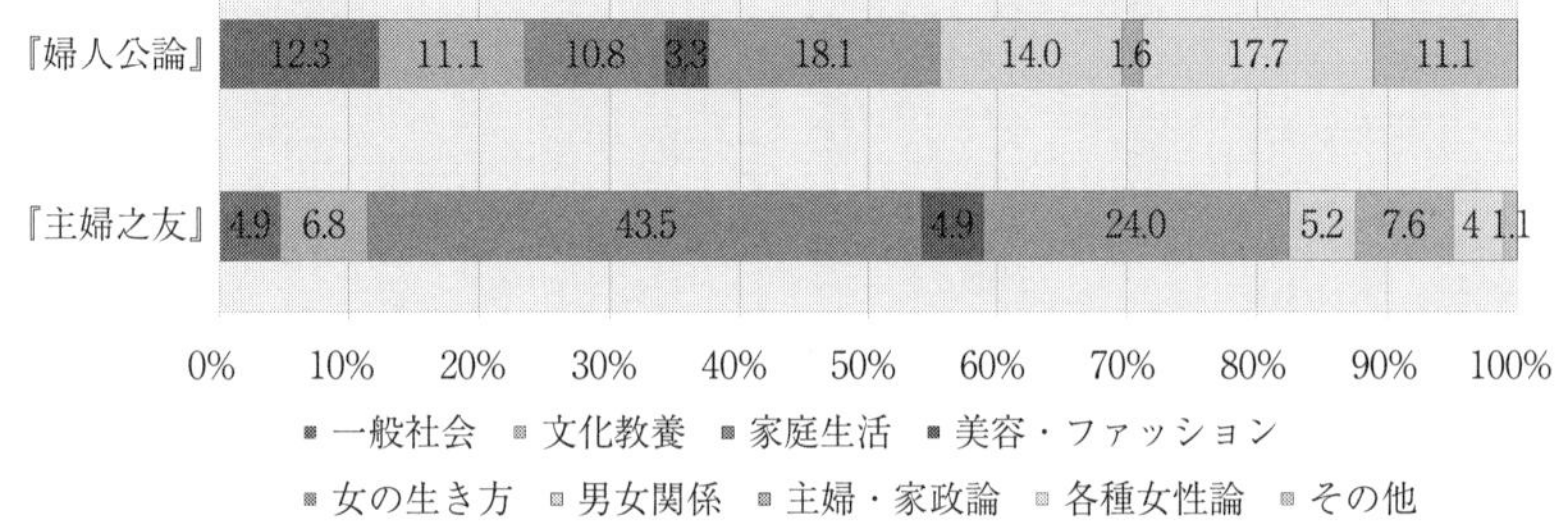

図２　『婦人公論』『主婦之友』テーマ別誌面構成

活」「美容・ファッション」「女の生き方」「男女関係」「主婦・家政論」「各種女性論」「その他（分類困難な記事）」というテーマ別カテゴリーに分類し、頁単位で「スペース測定」した結果が図1と図2である。

まず形態別の誌面構成をみると、『婦人公論』の場合、知識人による「評論記事」が全体の四割を占めており、次いで「小説」二三%、「実用記事」六・一%、「読者手記」四%となっている。『主婦之友』の場合は、「実用記事」が全体の四分の一を超えており、もっとも多いカテゴリーとなっている。次いで「小説」一九・九%、「評論記事」一九・〇%という構成になっている。『婦人公論』は「評論記事」に、『主婦之友』は家庭生活に役立つ「実用記事」にそれぞれ重点をおいており、編集方針の違いが記事の形態別構成の特徴にも明確にあらわれている。他に目立つ点としては、『主婦之友』の方が『婦人公論』よりも、「対談・座談会」といった読者の関心を引きやすい形式の記事や、色調も豊かなグラビア頁が多いという傾向がみられる。「広告」にはいずれも相当の頁を割いているが、『主婦之友』の方がやや多い。「小説」には両誌ともに二割近くを割いており、ほぼ同様の取り扱い方である。

次にテーマ別の誌面構成を比較してみよう。『婦人公論』でもっとも多く扱われたテーマは「女性論一般」「女の生き方」「男女関係」などであり、次いで「一般社会」「文化教養」といった知識・教養を広げるタイプのものとなっている。一方の『主婦之友』は、「家庭生活」が群を抜いて多く、それとはずいぶん水をあけられた形で「女の生き方」「主婦・家政論」がつづく。

『婦人公論』では、女性解放論など、女性の地位や生き方について論じた知識人による「評論記事」が誌面の中心を占めている。また、女性問題に限らず、政治経済、教育問題、都市論、日本人論など、多岐にわたる社会問題が論じられていたことも特徴である。

一方の『主婦之友』は、「家庭生活」に関わる「実用記事」が誌面の大半を占めており、「生活に密着した、所帯じみた、ヌカミソくさい記事」（主婦の友社―一九六七：四九）が売り物であるとする姿勢が明確に打ち出されている。家庭医学、家計のやりくり、料理、裁縫から、交際の仕方、内職の紹介まで、家事の諸側面について、具体的な知識と技能、情報を提供している。『婦人公論』と比べると「評論記事」の比率は低いが、著名な文化人や男性文化人の「夫人」によって「女の生き方」などについて書かれた「評論記事」もまた、グラビア頁が終った巻頭頁の周辺に置かれて重要な位置付けを与えられていた。

以上のように、誌面構成から両誌の対照的な特徴を読み取ることができる。しかしながら、次節でみるように、ていねいに読んでいくと、いずれの誌面にも実に多様な価値観が表明されており、『婦人公論』を女性解放の教養誌、『主婦之友』を良妻賢母主義の実用誌と簡単に結論づけることはできない。

二　婦人雑誌がえがく女性像

女性像を構成する二つの軸

一見対照的にみえる『婦人公論』と『主婦之友』が実際にはいかなる女性像を提示していたのか、その女性像は時代によってどのように変化していったのかを、記述された価値観を数量化することによって明らかにしていこう。

分析対象時期は、『婦人公論』『主婦之友』両誌の創刊（それぞれ一九一六年、一九一七年）から第二次世界大戦終了（一九四五年）までの約三〇年間である。そのうち、西暦奇数年（元号偶数年）のみの一月号から十二月号までの計三〇七冊（『婦人公論』一三二冊・欠号三六冊、『主婦之友』一七五冊）を具体的な分析素材とする(3)。

対象とする三〇年間を、一九一六年から一九二五年までの大正期、一九二六年から一九三五年までの昭和初期、一九三六年から一九四五年までの昭和十年代と、十年ずつの三つの時期に分ける。第一の時期の特徴は、大正デモクラシーとよばれる、自由主義的・民主主義的風潮が隆盛していたということである。女性の状況についていえば、女子中等教育がかなり普及するとともに、日露戦争後の日本資本主義の発展を背景に女性の職域が大きく拡大した時期である。第二の時期は、昭和恐慌の下で社会不安がつのる一方で、エロ・グロ・ナンセンスに代表される昭和モダニズムの風潮が生まれた時代である。この時期、大量の女子労働者の失業や、農村の窮乏による若い女性の身売りなど、女性をとりまく状況は厳しいものであった。同時に、婦人参政権運動や労働運動への女子労働者の参加が高まった時期でもあった。第三の時期は、日中戦争から太平洋戦争へと侵略戦争の道を歩み、社会全体がファッショ化する時代である。国家総動員法の下、すべての女性が戦時体制に組み込まれていく。

以上の時期ごとに、両誌にあらわれたあるべき女性像に関する価値観の数量化をおこなう。数量化のための枠組みは以下のように設定する。

深谷昌志は、戦前の女子教育の基本理念であった良妻賢母主義における「良妻賢母」概念の特徴を、女性は家にあっては家長に、国家の次元では天皇に服従すべきであるという考え方と、女性の本分は家庭における母や妻の役割にあるという考え方の二つの側面、すなわち家族国家観と性分業論にあると分析している（深谷昌志一九六六：一一―一四、二七二）。明治末期に確立された良妻賢母主義は、その後社会情勢の変動にしたがって変容し再編されていくことが、近年の研究で明らかになりつつあるが、上記の二側面は良妻賢母主義の基本的特性として一貫して維持されているとみてよいだろう[4]。家族国家観は、あるべき女性像の構造的側面、すなわち地位に関するものであり、性分業論は、あるべき女性像の機能的側面、すなわち役割に関するものである。この両側面を測定することができるように、地位と役割に関する二つの軸を基本軸とする。この二軸は異なる方向性をもつと想定しうるため、図3のように二軸を垂直に組み合わせて基本枠組みとして設定する。

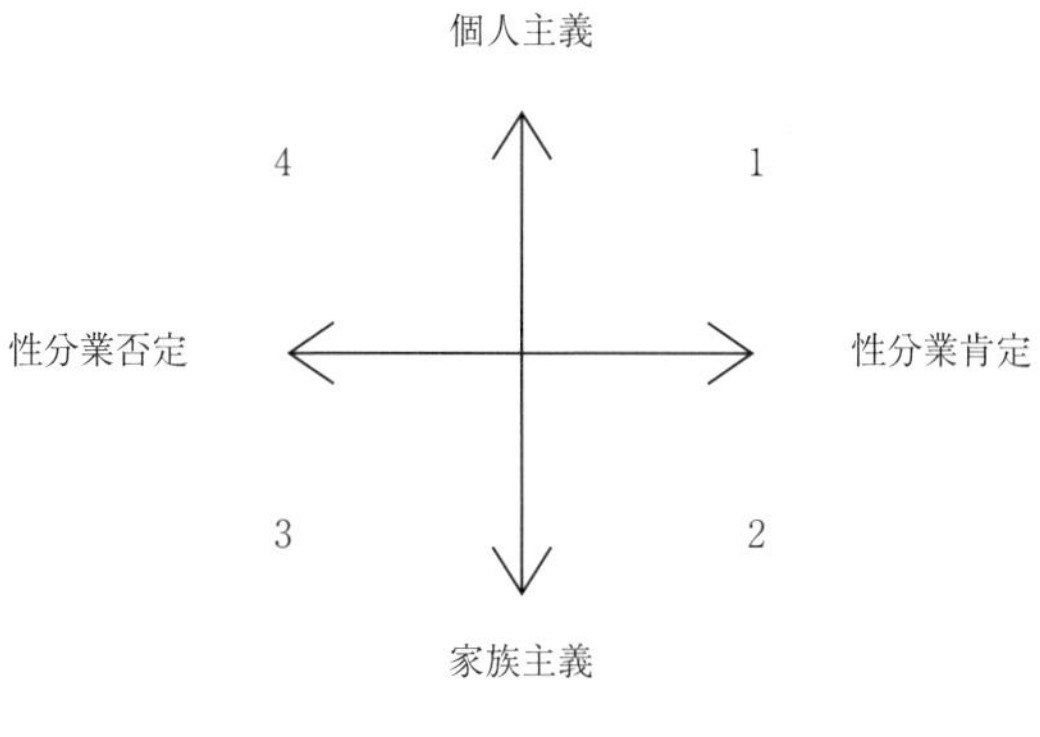

図3　女性像を位置づける基本枠組み

地位に関する縦軸は、〈個人主義〉対〈家族主義〉の軸である。個人主義とは、女性に対して個人としてのア・プリオリな権利や自由を認める価値観であり、「家」や国家などの集団よりもまず個人を尊重するものである。日本では、西欧近代思想の影響を受けて、明治以降、とりわけ大正デモクラシー期に広がった価値観である。家族主義とは、男尊女卑・長幼の序などの属性にもとづく地位の上下関係を絶対視する価値観であり、個人の権利よりも「家」

表7　女性の地位と役割に関する価値観の分類項目

個人主義	1	女性が個人としての権利を有することを肯定(全般的・政治・教育・性道徳・労働・家庭の分野)
	2	個人の権利を「家」の利益に優先させることを肯定
	3	個人の権利を国家の利益に優先させることを肯定
家族主義	1	男尊女卑、家長への服従を肯定
	2	「家」のために献身し、犠牲になる女性を賞賛
	3	国家のために献身し、犠牲になる女性を賞賛
性分業否定	1	社会的生産参加への一般的肯定
	2	社会的生産参加への条件つき肯定：「家」の非常時
	3	社会的生産参加への条件つき肯定：国家の非常時
性分業肯定	1	家事・育児・内助の功の役割を強調
	2	子どもの教育など母親の役割を強調
結婚観	1	恋愛結婚を奨励
	2	仲人結婚を奨励
家庭観	1	民主的な夫婦家族を奨励
	2	封建的な家父長的家族を奨励
無産運動	無産運動の意義や必要性を認める	

や国家などの集団の利益を優先するものである。もともと封建武士階級の家族道徳であったものを、明治政府が公的理念として普及させた家父長的家族制度イデオロギーと、それを拡大適応した天皇を頂点とする家族国家観に共通の原理である（川島―一九五七：三〇―四八）。

役割に関する横軸は、〈性分業肯定〉対〈性分業否定〉の軸である。性分業肯定の価値観は、「男は仕事、女は家庭」という男女の分業を肯定して、女性の家庭における役割を強調するものである。性分業否定の価値観は、女性の役割を家庭に限定することを否定し、家庭外の役割、たとえば職業に従事することを認めるものである。

図3の各象限は理念型として四つの女性像をあらわしている。戦前の日本において各象限にあてはまる女性像を挙げると、第一象限は男性と対等な市民権を持つ「西欧的良妻賢母」、第二象限は国家や「家」のために自己を犠牲にして尽くす「儒教的良妻賢母」、第三象限は国家や「家」のために働く「献身的勤労女性」、第四象限は自己実現と経済的独立を求めて働く「職業婦人」といえよう(5)。

以上の二軸四つの価値観を誌面の中から数量化するわけであるが、各価値観は実際の測定にあたって、表7（女性の

表8　『婦人公論』：価値観数量化の結果

価値観項目		第一期	第二期	第三期
個人主義	1	99.7	75.8	18.5
	2	4.7	2.5	0.3
	3	2.3	5.0	1.3
	計	106.7	83.3	20.1
家族主義	1	3.6	1.8	5.7
	2	0.0	0.5	1.0
	3	1.3	0.3	106.7
	計	4.9	2.6	113.4
性分業否定	1	48.3	52.3	23.6
	2	3.0	2.0	3.7
	3	0.3	0.8	21.3
	計	51.6	55.1	48.6
性分業肯定	1	9.9	11.1	23.8
	2	12.6	15.9	22.0
	計	22.5	27.0	45.8
結婚観	1	21.0	14.8	4.7
	2	0.0	0.0	0.3
家庭観	1	28.0	17.0	3.7
	2	0.0	0.5	0.3
無産運動観		8.0	15.3	0.0

表9　『主婦之友』：価値観数量化の結果

価値観項目		第一期	第二期	第三期
個人主義	1	26.0	19.4	5.4
	2	3.2	0.0	0.0
	3	1.2	0.8	0.4
	計	30.4	20.2	5.8
家族主義	1	9.0	15.2	5.8
	2	10.2	11.0	4.4
	3	2.0	6.8	96.2
	計	21.2	33.0	106.4
性分業否定	1	23.4	11.8	15.0
	2	10.8	5.6	3.2
	3	1.2	0.0	10.0
	計	35.4	17.4	28.2
性分業肯定	1	25.8	40.8	34.2
	2	28.2	29.2	39.4
	計	54.0	70.0	73.6
結婚観	1	9.8	6.8	1.4
	2	0.8	0.0	0.2
家庭観	1	7.2	6.8	2.4
	2	5.4	5.8	1.2
無産運動観		0.0	0.0	0.0

地位と役割に関する価値観の分類項目）のようにさらに細かく分類される。また、この二軸に間接的に関連し、女性像を規定するものとして、家族観や結婚観、左翼運動観などについても数量化をおこなった。

この場合の分析対象は、女性に対する価値観が明確に表現されやすい評論記事、対談・座談会、読者手記の形式の記事に限る。分析単位は、雑誌中の「自然な」区切りである「記事」とする。一つの記事の中に表7に挙げるような価値観が表現されているか、いないか（一―表現されている、〇―表現されていない）を、各価値観ごとに測定する。それぞれの価値観について「（女性は）～であるべきだ」「（女性は）～であるほうがよい」「～である女性はすばらしい」または「（女性は）～であるべきでない」「（女性は）～であってはいけない」「～である女性は悪い」といった、価値付与的および価値剥奪的な文章表現の有無の判断をおこなう。

以上の手続きに基づいて、二つの雑誌の誌面にあらわれた価値観を時期区分ごとに数量化した結果が表8と表9である。このデータを基に、二つの基本軸によって女性像の基本的な枠組みの変化をとらえ、価値観の細かい項目の数値や具体的な質的データで肉付けしていきたい。

三　『婦人公論』と『主婦之友』が描いた女性像

1　第一期―二つの近代的女性像の登場

○『婦人公論』―近代的市民としての女性像

大正デモクラシーの落とし子ともいえる『婦人公論』が創刊期に掲げた女性像の枠組みを、二つの基本軸にそって図示したのが図4である。各軸上の数値は、それぞれの価値観を伝達する記事の年間平均数をあらわしている。この時期の特徴は、まず第一に個人主義の価値観が高頻度で登場している点である。さまざまな分野での個人の権利が主張され、女性は男性と平等な近代的市民であることが強調されている。権利を主張するということは、裏返せば「家」や男性のための自己犠牲を拒否することであり、家族主義的な倫理を奨励する価値観はほとんど登場しない。

第二の特徴は、女性の役割を家庭内に限定することなく、女性も職業進出することを良しとする傾向が強いことである。しかし「男は仕事、女は家庭」の分業観が完全に否定されているわけではなく、本来の役割は家庭にあることを強調する記事もみられる。

もう少し具体的に女性像の内容をみてみよう。「日本の婦人運動の策源地」（中央公論社―一九六五：一五七）とよばれた創刊期の『婦人公論』の誌面では、婦人参政権の要求や女性への高等教育の門戸開放など、社会問題化していたテーマに焦点をあてることはもちろん、女性が職業をもつことの必要性や家族制度下での女性の無権利状態について真剣に議論されている。創刊号から、安部磯雄の「現代婦人の行くべき道」、相馬御風の「婦人運動と女」、宮田修の「現今女学生気質」といった女性問題に関する評論が巻頭を飾っており、その後も毎号のように、本間久雄・安部磯雄・帆足理一郎・沢柳政太郎といったリベラルな知識人や、長谷川如是閑・生田長江・平林初之輔といった進取の気鋭に富んだジャーナリストによる評論記事が誌面の中心を占めている。女性執筆者も多く登用しており、与謝野晶子・平塚らいてう・山田わか・山川菊栄など、時代を代表する女性知識人による女性論が頻繁に発表されている。平塚・与謝野・山川らによる母性保護論争、女子教育における良妻賢母批判、女子高等教育の要求、産児制限可否論争など、新鮮な問題提起も次々とおこなわれた。

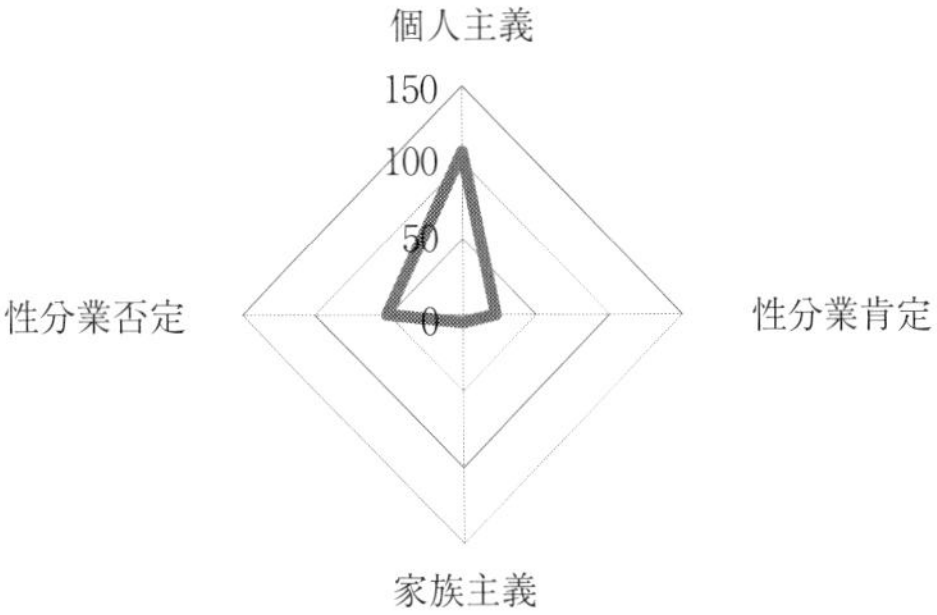

図4　第一期『婦人公論』：女性像の枠組み

　女性の職業に関する記事も多い。創刊号以来一年にわたって連載された「女子職業調べ」では、電話交換手・看護婦・女教師・女医・女中・女店員・婦人記者・カフェー女給など、その頃新たに登場して増加しつつあった職業を取り上げて、それぞれの就業実態を詳しく紹介している。それらの目新しい企画記事に加えて、公論欄では女性の職業進出の是非をめぐっての議論が展開されている。それらの中には、「婦人の職業を排す」（堀江帰一・『婦人公論』大正五年一一月号）のように、女性の就業を好ましくないとする意見もあったが、「婦人も職業を要す」（西川文子・

『婦人公論』大正五年一二月号）、「女性に適する職業を選べ」（沢柳政太郎・『婦人公論』大正五年一二月号）、「数字上からみた婦人職業問題」（商工局長岡実・『婦人公論』大正七年八月号）など、女性の社会進出・経済的自立をすすめるものとして肯定的にとらえる意見、経営者の観点に立って職業婦人育成の必要性を論じる意見の方が多い。

「女性の本分」に縛られず、女性の権利を自覚し男性と同じく社会のいろいろな場で活躍したいと考える。こうした女性の望む家庭は、女性を抑圧、束縛する男尊女卑・家長専制の封建的な「家」ではなく、恋愛に基づく夫婦対等な家庭である（表8）。恋愛・貞操・結婚なども『婦人公論』でよく取り上げられたテーマであるが、how to モノやエッセイ風の体験談としてではなく、女性解放の大きな課題として真正面から取り上げられている。そうした姿勢は、特集テーマにもはっきりとあらわれている。「家庭悲劇」（大正六年一〇月号）、「悪妻愚母」（大正九年一〇月号）、「恋愛の破産」（大正一〇年一一月号）、「妻は窶《やつ》るる」（大正一一年四月号）、「家庭病診断」（大正一四年一月号）といった卓抜なコピーで、家庭や結婚のあり方を問いなおす方向性をうちだした。非常に評判を呼んだといわれる「悪妻愚母」号では、嶋中雄作は「新しい時代の本当の意味の良妻賢母は、現在では、かえって悪妻かつ愚母と呼ばれているのではあるまいか」と巻頭言で述べ、「台所の隅で、手飼いの猫よろしく、無自覚に生きている女性」は真の良妻賢母ではないと言いきっている。「妻は窶るる」号の巻頭言もまた、「家庭は男にとって休息所であるが、女にとっては墓場である場合は多い。何とかしなければならない」（嶋中）と提起し、「悲惨なるわが国家庭の現状」（高島平三郎）や「虐げられた妻」というタイトルでの応募手記などによって、家庭内における女性の「隷属的」な地位を告発している。特集を重ねる度に、問題の根本は封建的な家族制度にあるという主張がなされ、「家庭の革命」号（昭和六年一月号）では、問題解決のためには、女性や子どもを一個の人格として尊重するよう家庭を民主化する必要があると、「家庭の革命」が提案されるに至る。

この時期には、一九一六（大正五）年に神近市子の大杉栄刺傷事件、一九一七（大正六）年には芳川鎌子道行き情死事件、さらに一九二〇（大正九）年鍋島子爵令嬢駆け落ち事件、一九二一（大正一〇）年石原純と原阿佐緒の恋愛事件、柳原白蓮と宮崎龍介の駆け落ち事件、一九二三（大正一二）年有島武郎と『婦人公論』記者であった波多野秋子情死事件など、数々の恋愛事件がジャーナリズムをにぎわせた。しかし、『婦人公論』はそれらの事件を、単なるスキャンダルとしてではなく、女性の地位に関わる社会問題として取り上げ、論評を加えていった。事件が刺激となって、西欧の恋愛観や結婚観が紹介されることも多く、さまざまな立場からの意見が交換されている。これらの事件は「家」と「家」との結婚や婚姻関係に関する儒教的モラルに対する叛逆としてとらえられ、当事者たちの行動が一方的に断罪されることはなかった。

この時期の『婦人公論』は、女性解放運動の息吹に敏感に反応して、男尊女卑や「家族制度」を批判し、男性と対等な権利をもった女性像を世に問うた。資本主義の発展と大正デモクラシーの世相を背景に、近代的市民権を男性同様女性にもあてはめた女性像は、現状に満足できない高学歴女性や、職業婦人の心をとらえたのであった。

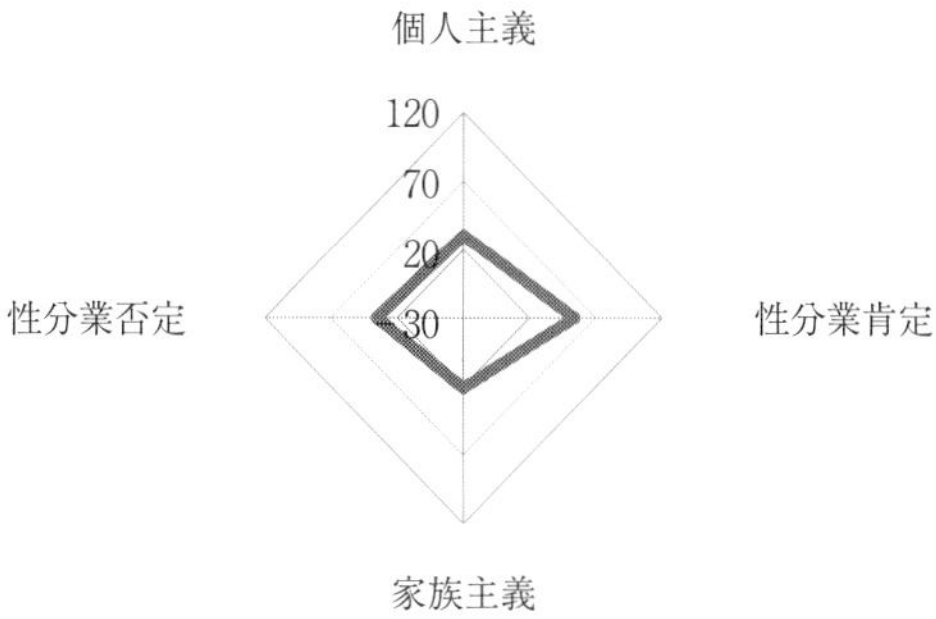

図5　第一期『主婦之友』：女性像の枠組み

○『主婦之友』—儒教道徳を組み入れた日本型近代的主婦像

大正期における『主婦之友』が描いた女性像は、『婦人公論』の場合と異なり、明確な特徴がつかみがたい（図5）。つまり、本来対立するはずの二軸の両極の価値観を、それぞれ一定の頻度で誌面に表現しているのである。一貫性がなく、女性像が分裂しているように見える。

女性の個としての権利をみとめる価値観は一応表明されているが、『婦人公論』と比較するとかなり少ない。権利の主張は、特に性道徳や家庭での平等といった夫婦関係の領域で多いが（表9）、それとほぼ同じ頻度で、女性は家長である男性に従うべきだという家族主義の価値観や、「家」のために自己を犠牲にする女性への賞賛が誌面に登場している。家庭像も、恋愛にもとづく夫婦対等の民主的家庭像と、家長が支配する封建的家庭像が相半ばしている。こうした一貫性の欠如の原因は、性分業の軸をくわしくみることで解き明かされてくる。

性分業に関して指摘されるのは、まず、女性の天職は家事・育児・内助の功であるという主張が比較的多いということである。一方で、職業への参加を肯定的に扱う記事も少なくない。しかし、その中身をみてみると、そのうちの約三分の一が「家」の非常時の場合という条件つきの肯定である。つまり、夫が病気もしくは死亡するなどの非常事態や父亡きあとの「家」再興の必要など、やむをえない場合に、女性が職業人として活躍することを奨励するというものである。ここで、女性像に平時と非常時という使いわけがあることが読みとれる。この使いわけが、その他の領域でも適用される。

家庭においても、ふだん特にトラブルの生じていない時には夫婦は互いに尊重・敬愛しあうことを理想とし、夫と対等な主婦像が描かれるが、ひとたび「家」が危機に陥ったならば「家」のために忍耐し、自己を犠牲にする儒教的婦徳が前面に押し出されるという、使いわけがおこなわれているのである。こうした使いわけは、一般的な主婦論・家庭論や軽い読み物で平時の主婦を描き、ヒューマン・ドキュメンタリーや読者からの投稿特集など実話部門で非常時の「日本の名婦」(6)を説くという形態をとってあらわれる。

平時の主婦は、西欧的な主婦像の影響をかなり受けており、合理的・経済的かつ質的に高い家事の方法を積極的に取り入れる良妻賢母像である。子どもの育児や教育についても、子どもの自主性を重んじた新しい教育法をおこない、必要な場合は、産児制限による計画出産も試みる。幸福なスイートホーム像とともに「夫は大きな赤ちゃんと思って扱うべし」（『主婦之友』大正八年四月号）といった亭主操縦法が説かれ、「家庭の太陽」として主婦は家庭の中心に位置づけられている。農村共同体でみられる「カカサ」（大竹一九七七：二二四―二三四）とも違い、「家」の底辺で虐げられる嫁とも違う、近代的な主婦権を持った新しい主婦像が確立されようとしている。

しかし、一旦家族が何らかの苦境に陥った場合は、西欧的主婦像は一転して忍耐や貞操などの儒教的婦徳の権化のような節婦像に変化する。幸福な家庭の明朗活発な主婦像と、我欲を殺して「家」のために献身する儒教的良妻賢母像―『主婦之友』が提示した女性像はそうした二重構造を有していたのである。(7)

『婦人公論』が一部のインテリ層にしか読者層を広げることができなかったのに対して、『主婦之友』は都市を中心に激増しつつあったサラリーマン家庭の主婦及び主婦予備群の要求を的確にとらえ、発行部数を大幅に伸ばしていった。『主婦之友』が提唱した女性像は一言で言えば「良妻賢母」であったが、平時の場合の主婦像は学校教育が唱導した修養的な婦女像とはかなり異なる。『主婦之友』は平時の主婦を、家庭における決定権を持ち新しい家庭を自らの力で築く主人公として描き、その喜びや誇りを牽引力として読者を導いていったのである。『主婦之友』は保守的な女性像を掲げて登場したのではなく、当時の女性の状況から考えれば、いくつかの点で進歩的な、女性にとってあこがれの対象となる女性像を掲げていたといえよう。

2　第二期―昭和恐慌下における女性像の展開

○『婦人公論』―二つの先行モデルの登場

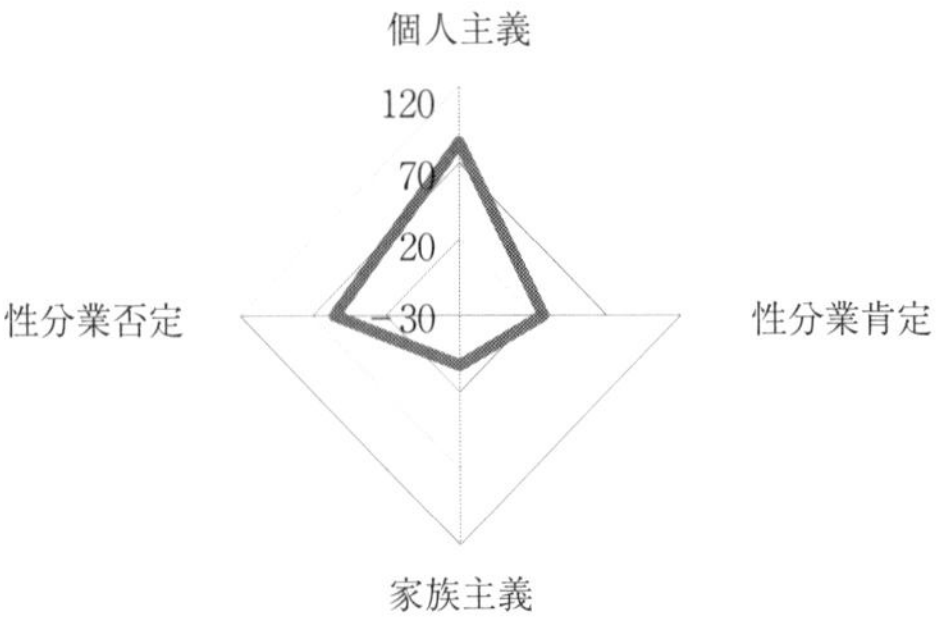

図6　第二期『婦人公論』：女性像の枠組み

この時期の『婦人公論』の女性像は、多少権利主張が弱まっているが、基本的には第一期同様、男性と対等であることを意識した近代的女性像が誌面にあらわれている（図6）。この時期の特徴は、こうした女性像のモデルが、新しいライフスタイルとして具体的に提示されていることである。

　そこに示されたライフスタイルには、二つのタイプがあった。その一つは、昭和初期に定着した言葉となったモダンガールである。洋装・断髪で身を装い、職業婦人として街に出る、あるいは、映画やレビューを楽しむ都会の女性である。彼女たちは、タイピストや交換手など女性向けの新しい職業分野に進出し、自由恋愛を追求して新しい家庭・夫婦関係を築こうとする。『婦人公論』は、若い女性のそうした関心に合わせて、映画や音楽など文化面の記事やファッション記事を増やすとともに、新しい生き方を問題提起する特集をつぎつぎと組んでいる。この時期の表紙画の女性は、そのほとんどが断髪・パーマ・洋装といった「モガ」スタイルである。

　麻田駒之助社長の引退後中央公論社の経営全体を担うことになった嶋中雄作に代わり、新編集長となった高信峡水によって引かれた大衆化路線スタート以降、恋愛や結婚に焦点を当てる特集が際立って多くなる。高信峡水は、『婦人世界』の編集長を長年務めた経験から、『婦人公論』を「いかにも女性の心をそそるように、甘くやわらかな調子」（中央公論社一九六五：二三二）に変身させた。高信が去った後もその大衆化路線は引き継がれて行く。高信編集の第一号である「恋愛売買時代」（昭和三年一月号）に始まり、「恋愛行進曲」「恋愛時代相」「新恋愛風景」「恋愛の甦生」「結婚忌避時代」「恋愛殉死」「結婚浄化」「男女婚期の悩み」「モダン恋愛戦線」「深まりゆく結婚」「共稼結婚」など、恋愛・

結婚に関わる新旧の価値観やライフスタイルを交錯させる特集が華やかに展開されている。その中で、山川菊栄と高群逸枝による恋愛観論争（一九二八〈昭和三〉年）がおこなわれたり、リンゼイ判事によって提唱された「友愛結婚」が紹介されるなど、話題を呼んだ企画も多い。これらの特集の基本的なテーマは、自由恋愛と、自由恋愛にもとづく結婚をいかに実現するかということだった。自由恋愛を賛美するあまり、性道徳が退廃する危険性については警鐘をならしつつも、自由恋愛を肯定した上での新しいモラルの確立が模索されていた。

そうした記事の中で新しい若者文化の担い手としてモダンガールが常に念頭におかれている。モダンガール命名者を自認する新居格をはじめとして、男女著名人がモダンガールの存在そのものについて意見を表明する記事は多くみられた。一九二七（昭和二）年新年号では、「モダンガール雑感」という特集が組まれ、諸家一二人にモダンガールの印象を語らせるなど、モダンガールの評価について誌上で賛否両論がたたかわされることもあった。この特集では、「智識の偏重と信念の不足」（嘉悦孝子）、「刹那的に現実を享楽して独り得意がっているのではないか」（帆足みゆき）などの否定的な意見と、「モダンガール、時代の色彩ですものね、明るいでしょう」（杉浦翠子）、「反感を持つ前に彼女等が如何に自分の若さに酔い、充ち溢れる生の欲望を表現することに小さな魂を戦わせているかを思いたい」（小寺菊子）などの肯定的な意見に二分された。軽佻浮薄になりがちではないか、「男性の官能の対象（中略）官能的存在としての女性の表現」（平塚らいてう「かくあるべきモダンガール」『婦人公論』昭和二年六月号）にとどまっていないかといった苦言が呈されることは多いが、誌面づくりの大勢としてはモダンガールの風俗や価値観は自己主張、自我の解放のあらわれとして好意的に扱われている。

いま一つの新しい女性のライフスタイルは、これも当時の流行語であった、マルクスボーイに対するエンゲルスガールである。エンゲルスガールとは、一九二八（昭和三）年の日本共産党員大検挙三・一五事件の折り、男女合わせて一六〇〇人にものぼった検挙者の中に「日本女子学連」という学生組織に属する女子学生が多数含まれていることが発覚したことから話題となった言葉である。昭和初期、社会不安を反映して学生や学者の間にマルキシズムが急速に浸透し、「『インテリ』は争ってマルキシズムを論じ、左翼的であることが流行した」（「モダンガール雑感」『婦人公論』昭和二年一月号）といわれる。『婦人公論』も「商業誌である以上、真正面から思想関係の問題をとりあげることはできなかった」（松田ふみ子―一九六五：二〇六）が、山川菊栄の社会時評の連載など政治経済状況に関する論説を充実させ、エンゲルスガールの知的欲求に応える誌面づくりをしている。そうした論説には、当時の労働・小作争議の多発を反映して、無産運動や階級闘争を肯定的に扱っているものが多い（表8）。それらの記事からは、女権拡張から資本主義まで種々の社会問題を論じ、自負心と正義感にあふれた「インテリ」女性が、読者として想定されていたことが読みとれる。実際、この頃の読者欄には自らをプロレタリア階級又は下層インテリと称して「ブルジョア階級の横暴打倒」を叫ぶ女性が目立つ。彼女たちは、消費文化への欲求を「プチブル性」と呼び、その克服を自らに課すという点で、モガとは対照的である。

第一期に平等を求め「家」からの解放を目指した女性は、ここで二つのモデルを獲得したといえよう。

○『主婦之友』―男性の立身出世を支える女性像

『婦人公論』と同じく『主婦之友』も、第二期の女性像は第一期のものと比べて根本的な変化はないが、性分業肯定傾向が強まり、近代的市民権より服従や自己犠牲の奨励が多くなっている（図7）。

内容を細かくみてみよう。権利については男女平等観が減り、「家」のために犠牲になることを批判的にとらえる価値観はほとんどあらわれなくなる。一方で、不況下での国民としての「がんばり」を鼓舞する表現が多くなってくる。

性分業では、女性の本分としての家庭役割が強調され、特に男性の社会的活躍を支える内助の功・「縁の下の力持ち」の役割がクローズアップされている。「夫がくつろげる明るく楽しい家庭をつくる」ことが妻の役割であることを強調する記事が目立つ（第Ⅱ部第三章・第Ⅲ部第一章参照）。内助の功のための実用記事もより豊富になり、明るい趣味あふれる家庭をつくるための家事・家政のあれこれについての具体的な指南は、一九三一（昭和六）年頃からは本誌誌面には収まりきらず、実物大型紙をはじめとした付録として拡大していった。毎号の充実した付録が人気をよび、当時類似の主婦雑誌として人気が上昇していた『婦人倶楽部』との間では、付録合戦と呼ばれるような状態が生まれた（第Ⅱ部第二章参照）。この時期の表紙を飾る美人画は、束髪・和服姿でやわらかにほほえむ女性像であり、幸福な家庭を築く主婦の雰囲気を伝える（第Ⅲ部第二章参照）。『婦人公論』のモダンガール美人画とは実に対照的である。

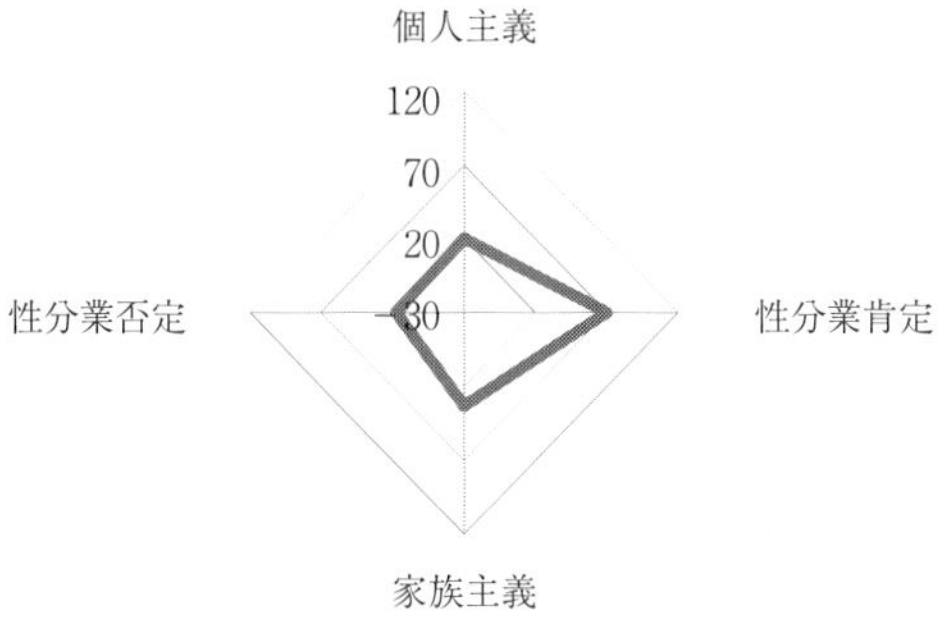

図７　第二期『主婦之友』：女性像の枠組み

『主婦之友』には伝記や実話を通じて女性の理想像を称揚するシリーズ化された記事があるが、そうした記事に焦点を当てると、この時期「賞賛される女性」として多く誌面に登場するのは、父・夫・兄・息子など男性家族員の忠義や立身出世を支える女性である。ただし、男性のためにひたすら尽くす従順な存在としてのみ描かれているわけではなく、男顔負けの知恵や度胸や体力といった側面が強調されていることも少なくない。立身出世した息子をもつ母親は、「えらい人になっておくれ」（「母の立志伝―牧野元次郎の母」『主婦之友』昭和六年一〇月号）と立身出世への原初的な動機付けを行うことはもちろん、時には時代の先を読みつつ息子の進む道を全身全霊でサポートした女性たちである。夫の内助をする妻の場合も、夫の成功のために骨身を惜しまず、才気や細やかな心遣いをみせながら、家事や家業をこなしていく。男性の社会的活躍を陰で支える女性の姿は、実に情熱的に描かれる（第Ⅱ部第三章参照）。

「賞賛される女性」で二番目に多いパターンが女性自身の立志伝であり、女性の社会進出を肯定的に扱う傾向も存在する。しかし、これらの例は「家」の再興を担ったり、夫の死や離婚など何らかの事情で自活しなければならなかった場合が多い。つまり、女性の社会進出は、家庭の主婦という、女性としての本来の道筋から逸脱せざるを得なかった生き方として肯定されていたのである。女性像の二重構造が、ここにも別のパターンであらわれている。

第一期でみた主婦像の二重構造はこの時期にも踏襲されており、家庭の経済的困窮や何らかのアクシデントに際しての女性の心得を説く記事と、「モダン」感覚の「若奥様」のライフスタイルを描く記事が共存し、一見分裂した印象を与える誌面となっている。だが、この時期社会が不安定になってきたことに呼応して、二重構造の儒教的な側面が多少拡大しつつある。

3　第三期―ファシズム期における女性像の収束と分岐

○『婦人公論』―男性との同質性の強調と国家奉公の奨励

ファシズム期、『婦人公論』の示す女性像は前二期とは大きく様変わりし、特に縦軸に関してほぼ一八〇度転回する（図8）。個人の権利の尊重は激減し、家族主義にもとづく支配―服従関係、とりわけ天皇制国家への服従・奉公が極端に強調されている。横軸の性分業については、性分業肯定の価値観が少し増加し、肯定と否定が相半ばしている。

この時期、時局を反映して国家非常時の就労や全般的な国家奉公を奨励する記事が急激に増加する。特集テーマも「戦争と女性」（昭和一二年九月号）を皮切りに、「支那事変」（昭和一二年一〇月号）、「戦争と生活合理化」（昭和一二年一一月号）、「戦時下国民生活報告」（昭和一三年一二月号）など、戦時下の生活方法に関するものや戦局ものがふえてくる。『婦人公論』は、一九三七（昭和一二）年七月に日華事変が起こるまでは、平和を訴える宋美齢のインタビューを掲載するなど、軍国主義の高まりに抵抗を示していたが、事変後徐々に「非常時」を意識した誌面づくりをし始める。当局による言論統制や用紙割当による締めつけが厳しくなってきた一九四二（昭和一七）年以降は、一九四四（昭和一九）年三月号「私たちの生活攻防」を最後に「不要不急誌」として「休刊」に追い込まれるに至るまで、毎号「戦時もの」を特集することになる。

それらの特集において奨励される国家奉公の内容は、慰安袋・節約・防空・従軍看護婦・大陸開拓とさまざまである。また、子どもの教育における母親の責任を強調する記事も増え、少国民育成の重要性が説かれている。しかし、国家奉公の中で『婦人公論』が特に強調したのは、「男は戦ひ、女は働く」（山川菊栄「女性月評」『婦人公論』昭和一二年一二月号）という、男性のいなくなった職場や家庭で男性に劣らぬ働きをすることであった。男性が主として担っていた社会的役割を女性も共に担おうと呼びかけ、そこでは男性と同等の存在であることが主張されている。

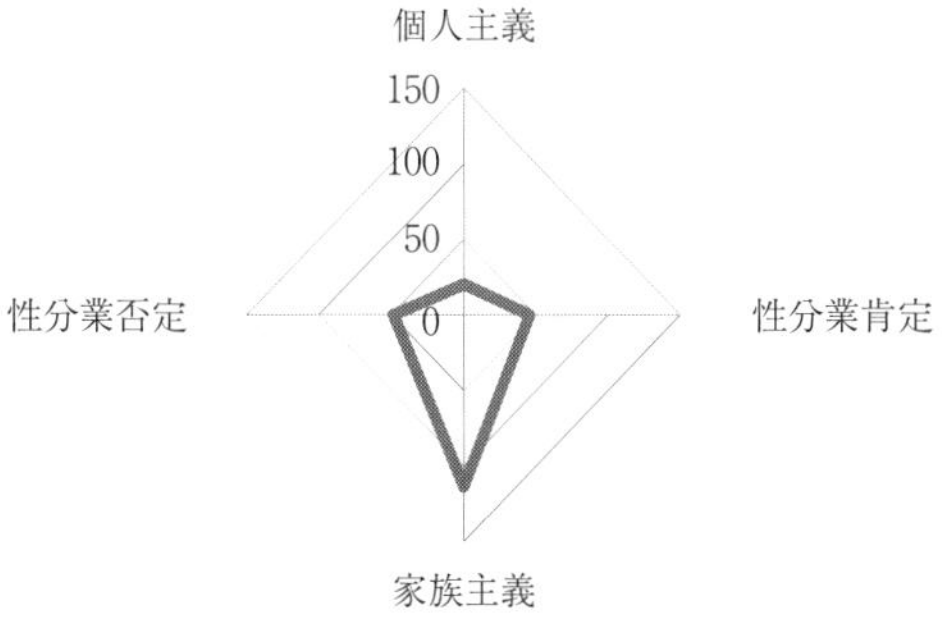

図８　第三期『婦人公論』：女性像の枠組み

第二期のモダンガールもエンゲルスガールもともに姿を消し、国民の一員としてお国のために奉公する女性像が登場する。かつて賞賛をもって紹介されていた欧米の女性たちは享楽的でエゴイスティックだと批判され、大正期に隆盛した自由主義や個人主義などの西欧思想が単なる利己主義に矮小化されるようになる。大正時代に典型的なモダンガールであった女性が、西欧的な自由主義・個人主義思想に魅せられた青春時代をふりかえって、若さゆえのエゴイズムであったと反省する随想もみられる（「若き女性に心境を語る」『婦人公論』昭和六年二月号）。ただし、モダンガールやエンゲルスガールの正義感は、戦争に勝つことが真の平和と幸福をもたらすと宣伝することによって、国家という、より広い舞台での活躍へ形を変えて活かされていると解釈することもできる。銃後の職場や家庭で、男性同様に精いっぱいお国のために貢献する女性、それは戦時という限られた条件の中での自己実現のモデルであった。

○『主婦之友』―男性との異質性の強調と国家奉公の奨励

この時期の『主婦之友』は『婦人公論』と同じく、家族国家観にもとづく天皇の赤子としての服従が大幅に増加する一方、個人の権利を尊重する価値観が減少し、女性像の輪郭図は下向きの三角形に近づく（図9）。『主婦之友』と『婦人公論』の女性像の枠組みは、第三期において最も似通ったものとなっている。だが、『主婦之友』の場合は、第二期につづいて、性分業の軸で肯定の価値観が否定をかなり下回っており、国家のために献身する封建的良妻賢母像が女性像の主流だといえよう。

ただ、国家非常時の下での就労を奨励する傾向から、性分業を否定する価値観も第二期にくらべ多少増えている。実際に工場などで男性と同じ仕事をこなす経験によって「女にできないことは何もない」といった価値観さえみられるようになる。

国家奉公の具体的な内容は、『婦人公論』と同じく節約・貯金報国・隣組などさまざまだが、『主婦之友』の場合、全財産を献金する、夫や息子たちをつぎつぎに戦死させるなど、私生活や命を全面的に国家に捧げることが賛美される傾向が強い。この時期「賞賛される女性」として最も多く取り上げられたのは、「喜んで」息子や夫を戦死させた女性、すなわち靖国の母・靖国の妻である。この時期の『主婦之友』の、国策としての戦争をサポートする姿勢はあからさまである。一九四〇（昭和一五）年には「靖国神社の歌」を陸軍省・海軍省・文部省の後援で募集し、「軍国の誉れの母」「健気な遺児」の表彰は一九四〇年から敗戦まで折々に実施されている。誌面には、自らすすんで傷痍軍人と結婚する女性や、夫の死に耐え貞節を守って子どもを育てる未亡人や、たくさんの子どもを戦死させた母を賞賛する記事があふれている。第一期・第二期における、〈家庭が平常時の民主的主婦像〉と〈非常時の儒教的良妻賢母〉という二重構造の後者の側面が、国家の非常時に至って国家レベルの服従・献身へと転化したといえよう。

またその際、男性の代わりを務める役割よりも、男性では決して果たせない女性独自の特性を生かした奉公が「母性」をキータームとして強調されている。「母よ御国の楯となれ」（『主婦之友』昭和一四年一二月号）「家庭の母は御国の護り」（『主婦之友』昭和一四年八月号）「神に等しい母」（『主婦之友』昭和一八年六月号）「皇国日本の母の愛は世界に無比」（『主婦之友』昭和二〇年四月号）などの言葉が誌面に踊る。子どものためには無償ですべてを捧げ尽くすという「母性」概念が、国家への献身に拡大して用いられ、男性を含めて日本全国を保護し牽引するエネルギーであるがごとく描かれている。『婦人公論』が男女の同質性を強調して戦争協力を鼓舞したのに対し、『主婦之友』は女性独自の特質を強調して靖国の母・妻の役割を理想化したのである。

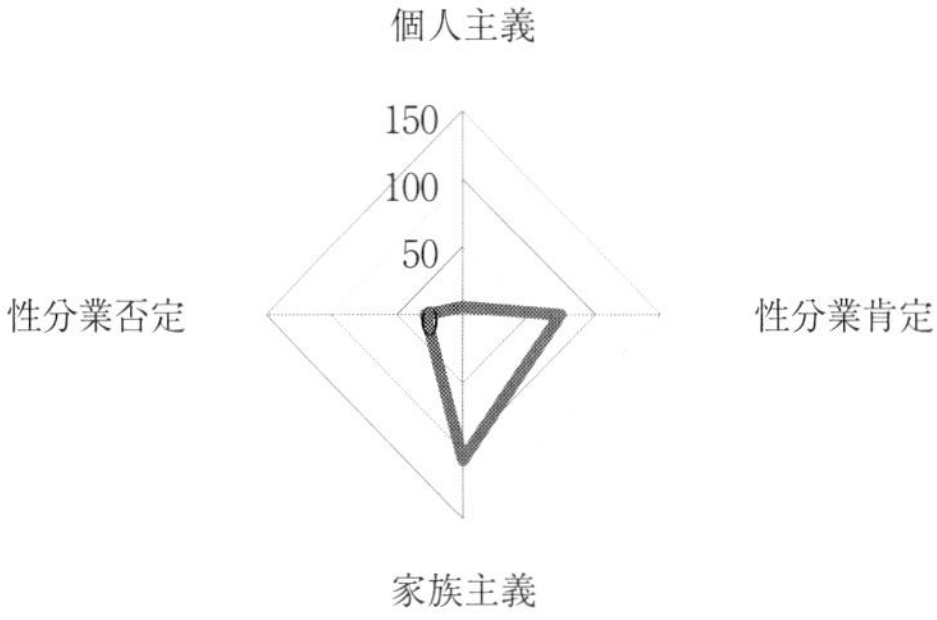

図9　第三期『主婦之友』：女性像の枠組み

四　個人主義の矮小化と二重構造

以上、『婦人公論』および『主婦之友』両誌における女性像の内容分析をおこなってきた。分析の結果、両誌は互いに異なる新しい女性像を掲げて登場し、時代の変化とともにそれぞれの女性像の特徴を発展させていくが、ファシズム下では、どちらも軍国主義的なものに変容していったことが明らかになった。

分析の結果に対し、良妻賢母主義との関わりで考察をくわえたい。両誌の提供する女性像は、どのような点で「良妻賢母」像と異なっていたのだろう。『婦人公論』の場合、創刊時に良妻賢母主義教育批判や女子高等教育要求の記事が目立つことからも明らかなように、学校教育のしめす女性像に満足できない読者を想定し、男子と平等な存在であることを強調する記事を提供した。さらに、良妻賢母主義の根幹である家族制度そのものを女性を抑圧するものとしてとらえた。第一期、第二期の『婦人公論』は良妻賢母主義の男尊女卑的傾向と対立するものであったといえよう。

一方『主婦之友』は『婦人公論』とくらべると、性分業の面でも地位の面でも、良妻賢母主義により近い位置にあった。学校教育で習得する女性像の理念や基礎技能を、実際生活に役立つ形で具体的に指導する役割を果たしていたと考えられる。しかし、平時における主婦権の確立や家庭内平等、生活上必要な場合という条件つきとはいえ、女性の社会的活躍の肯定、性の分野では産児制限の肯定的扱いなど、良妻賢母主義の理想からはみ出す部分もあった。また、両誌はどちらも家父長的家族制度とは基本的に相容れない、恋愛にもとづく夫婦中心の核家族を肯定的に描いていた。

婦人雑誌が描く女性像が良妻賢母像主義の枠内のとどまらないものであったという事実は、マスメディアの領域において国家の意図とはある程度独立に女性に関する価値規範が創造され、読者に伝達されていたことを示唆している。

また、『婦人公論』と『主婦之友』が対照的な面をもった女性像を提示したという点は、近代日本における女性の社会化過程が単一のものではなく、女性が現実に置かれている社会経済的状況に応じて多様な方向性があり得たことを意味している。前者は、高等女学校以上の学歴をもち、職業婦人の道を歩んだり、都市サラリーマンの妻として西欧的良妻賢母を目指す、新中間層女性の生活に対応した女性像を提示したのであり、後者はサラリーマンのみならず中小自営業や富農など、新旧両中間層の女性の生活に対応し、近代的な面と保守的な面が混在した女性像を展開したといえるだろう。商品である婦人雑誌は購買層の現実的な要求に応える必要があるため、近代化の進展に伴う生活状況の変化に敏感に反応して、学校教育／国家がもとめる「良妻賢母」像とは一致しない特徴を女性像に付与したと考えられる。

しかし、そうした新しい女性像はどちらも、ファシズム期には大きな変容を遂げる。大正期に登場した二つの近代的女性像が、なぜ戦時期には軍国主義的な女性像に変容していったのか。『婦人公論』の変節と「休刊」、『主婦之友』の国策支持による存続。両誌の同じ方向への転回と、雑誌としての命脈を分岐させたものの背後には、言うまでもなく言論統制、出版統制の国家権力が働いていた(8)。そこまでの国家権力の発動を可能にした要因には実にさまざまなものがある。ここでは、誌面で提示されていた女性像に内在する要因はなかったのかという点について、以下を指摘しておきたい。

『婦人公論』の場合は、第一期・第二期で主張された個人の権利が、自己の欲求の肯定というエゴイズムと混同される段階にとどまっており、お国のためという大義名分の論理に打ち勝つ強さを持たなかったのではないか。女性を抑圧する家族制度や因習的なモラルからの自由を求め、独立した個人になろうとした女性に対し、新しい民主的な連帯の基盤が示されず、結局彼女たちは、明確な統合目標を掲げた天皇制下のファシズムにのみこまれていったのである。

高らかな権利の主張も、「原子化した個人」（丸山—一九七八：三六七—四〇七）を生み出すにとどまり、それ以上の深まりを実現しなかったといえよう。さらには、男性と対等に社会参加したいという欲求が、銃後での能力の発揮という方向に女性を向かわせたという面もあるだろう。女性解放運動家の女性たちの多くが結果として国策協力の道を選択した事実（鈴木裕子—一九八六）と重なるロジックを読み取ることができる。

『主婦之友』の場合は、「家」が平穏な時の比較的民主的な良妻賢母像と、危機の場合の儒教的良妻賢母像という二重構造ゆえに、女性の権利意識を十分に展開しえなかったといえる。権利意識の乏しさを背景に、男性の社会参加を内助することへの礼賛が、男性の戦場での手柄を支えることによって国家に尽くすことを賛美する思考につながっていったのである。「家」のために犠牲になる嫁や妻の立場とくらべると、「国家」のために奉公する男性と対等な国民の立場の方が、女性にとって自己実現のモデルとしてはるかに魅力的なものであったことが推測される。

『婦人公論』においては男性と平等な社会参加への欲求、『主婦之友』においては性分業を前提としつつ男女が対等であることへの主張など、戦後の女性像に発展する特徴が、矛盾をはらみながらもファシズム期の女性像の底流に流れていた。戦前の大衆婦人雑誌において表現された女性像には、「近代」における〈個人〉としての自覚と、〈家族〉や〈国民国家〉など帰属すべき集団に対する認識が交錯している。それらはファシズムを通過し、戦後そして現代に至るジェンダー秩序の礎となったのである。

註

（1）『主婦之友』昭和八年六月号「誌上倶楽部」より。『主婦之友』の読者欄には、こうした言葉で両親や兄、教師など身近な人たちから、婦人雑誌の講読を勧められたという投書が多く見られる。

（2）ただし、創刊当時の『主婦之友』は女学校関係者から「品が悪い」という評価を受けていたという。石川はその当時のことをふりかえって、「内容本位」を目指した結果、女学校校長などの記事より無名の人の記事が多くなり、「ほかの婦人雑誌のように、女子教育家に依存しなかったことが不快であったものらしい」（石川一一九四〇：一〇〇―一〇二）と述べている。

（3）『主婦之友』については、お茶の水図書館（石川文化事業財団）に保存されているものを利用し、資料に欠号はない。『婦人公論』については大阪府立中之島図書館と奈良女子大学付属図書館に所蔵されているものを利用し、両館に所蔵されていない欠号約二七・三％は今回分析の対象とすることができなかった。

（4）永原和子（一九八二）や西村絢子（一九八三）などの研究では、大正期における当時の民主的思潮や女性の職業進出などの社会状況に応じての変化が、また永原和子（一九八五等）の研究では、戦時期の「国家的母性」の強調など、良妻賢母主義の歴史的変容が明らかにされつつある。しかし、いずれの研究の知見からも、その変容は良妻賢母主義の基本構造をゆるがすものではなかったといえるようである。

（5）ここでは、「良妻賢母」について「西欧的」と「儒教的」と二つの対照的な像を設定するが、この分類は「西欧的良妻賢母」を「近代的」もしくは「進歩的」、「儒教的良妻賢母」を「前近代／封建的」もしくは「反動的」という位置づけに落とし込むものではない。いずれも「近代的」な女性像として想定している。近代日本の「良妻賢母主義」は、上記の二つのどちらかに簡単に分けることはできない、複合体であると考える。

（6）たとえば、一九二七（昭和二）年の「日本名婦伝」と題したシリーズでは北政所や乃木大将夫人などが登場し、一九三一（昭和六）年から三年間つづいた「母の立志伝」シリーズでは政治家や軍人の母の半生記が描かれている。

（7）日本の近代的ジェンダー秩序における二重構造に関しては、西川祐子（一九九四）による「『家』／『家庭』の二重家族制度」、牟田（二〇〇二）による「『家』の持つ近代的家族性とその二重構造」など複数の論者によって、類似の指摘がなされている。

（8）『主婦之友』が婦人雑誌の整理統合の嵐の中でも『婦人倶楽部』『新女苑』と共に敗戦まで存続し得たのは、石川武美社長が一九四三（昭和一八）年に国家総動員法の発動によって設立された日本出版協会の理事および配給部長、翌年には統制会社である日本出版配給株式会社（日配）の社長に就任し、用紙割当において有利な地位を確保できたことと無関係ではあるまい。存続はしたものの、敗戦直前には表紙や各頁の上段余白に「アメリカ人をぶち殺せ！」「アメリカ兵を生かしておくな！」「一人十米鬼を屠れ」「寝た間も忘るな米鬼必殺」などの生々しく過激なスローガンを刷り込むという、ファナティックな誌面づくりに至っている。

Ⅱ　婦人雑誌がつくる「主婦」

メディアと女性読者が結んだ三つの関係〈有益〉〈修養〉〈慰安〉

第一章　大衆婦人雑誌の三つの相

メディアと読者が結んだ関係

一　主婦向け雑誌はいかに読まれたか

第Ⅰ部では、明治から大正にかけて多くの婦人雑誌が生まれ、やがて数十万部の発行部数を誇る商業雑誌も登場し、近代社会がもとめる新しい女性像を提示していたことを明らかにした。第Ⅱ部は、近代的ジェンダー秩序の中でも中核を占める「主婦」に焦点を当てて、婦人雑誌がいかに「主婦」を構築したかを分析する。ここで婦人雑誌が「主婦」を構築するという時、読者を一方的に受動的な存在としてはみなさない。婦人雑誌を舞台として「主婦」がつくられていくプロセスについては、あくまでもメディアと読者の相互作用によるものととらえる。

この章では、「主婦」を誌名に掲げて創刊以来めざましい発展を遂げ、昭和初頭には一〇〇万部の発行部数に達したとされる『主婦之友』を代表的な主婦向け雑誌として取り上げ、その読者欄を丹念に読み解くことによって、メディア情報に対する読者のニーズと反応について分析する。過去のマスメディアを素材としての受け手分析には様々な障害があり、大衆読者層の実像にアプローチすることは非常に困難である。婦人雑誌に限らず、近代の読者層に関する研究は数少ない。だが、近代化の過程で主婦向け雑誌が急激に大衆化する理由を探るためには、雑誌の受け手分析を試みなくてはならない。大正・昭和初期の日本において近代的な主婦像を展開した『主婦之友』が、女性読者の生活の中でどのような意味をもつ存在であったのか、『主婦之友』の提示する主婦像や価値観はどのようなコミュニケーション回路を通じて読者に受容されていたのか。すなわち、合意の形成プロセスにおいて『主婦之友』というマスメディアと、受け手である女性大衆読者層がどのような関係を相互に取り結んだのかを浮き彫りにすることが本章の目的である。

分析の素材としては、一九一七（大正六）年の創刊から昭和初期までの約二〇年間の『主婦之友』の誌面から、読者の反応を見ることのできる「読者欄」（雑誌への感想などの読者投稿欄）を主に取り上げる（読者欄の投稿者属性については第Ⅰ部第三章参照）。読者欄は一般の人々がマスメディアについての価値観や感想を表明した数少ない記録の一つである[1]。もちろん、読者欄は基本的に編集者のコントロール下にあるものであり、そこにどのような投稿が掲載されるかについては、送り手によるバイアスが加えられていることが推測されるため、読者の姿を読みとるための資料としては限界がある。しかしそこには、メディアからの一方的なメッセージでもなく単なる受け手の状況でもない、メディアと受け手の相互作用が映し出されているという点で、メディアと読者が取り結んだ関係を考察するためには積極的な意味をもつ資料であるといえよう。

二　読者のニーズ　三つのキーワード

読者にとって『主婦之友』がどのような利益をもたらすものとして受けとめられていたのかを、読者欄（一九一七（大正六）～一九三七（昭和一二）年）にあらわれたキーワードから整理しよう（引用部分は年・月号以外特に記述がない場合はすべて該当年・月号の『主婦之友』「誌上倶楽部」からの抜書きである）。

まず第一に挙げられるキーワードは「有益」である。「有益」は、『主婦之友』に対する評価の際、最も多く用いられる言葉である。編集方針の通り、主婦としての家事育児にすぐに役立つ実用的な知識と技能の提供が、何よりも読者にとってのメリットであったようだ。この面から、『主婦之友』は主婦にとっての「よい導き手」であり「唯一の師」であると定義される。

「『主婦之友』ほど親切で丁寧、明瞭で面白い有益な雑誌はありませぬ」（大正八年四月号）

「私も御誌の読者となりましてちょうど三年になりますが、毎回沢山御掲載下さる有益な記事によって、啓発されましたことは、どのくらいかわかりません」（大正一一年一月一日号）

「女学校在学中に教わりました家事のことは、実際に家庭の人となってからは思うように役立たず、近頃はお割烹も御誌によって覚えたことを応用しては、食事のとき、主人や母から喜ばれております。今後共何卒お導き下さいませ」（昭和六年二月号）

実生活に役立つ事柄が、わかりやすく懇切丁寧に説明されている記事を届けてくれる『主婦之友』という雑誌への感謝の言葉が並ぶ。

第二のキーワードは「修養」である。実用知識にとどまらない、主婦としての心得やモラルを含めて生き方全般に関わる教えを請う欲求が、「修養」という言葉によって表現されている。「私共修養の足らぬ者の為に宜しくお導き下さいませ」（大正八年一〇月号）といった言い回しは投稿の最後によく使われるものである。この「修養」という言葉は、現実に自分が抱える問題を「運命」として「諦め」て「受け入れる」姿勢を身に付けることと同義で使われることが多い。自分と同じ、もしくは自分以上に不幸な女性の身の上を誌面で知ることによって、自分も忍耐しようと決意するパターンの投稿が多く見られる。

「また御誌の記事中には私よりまだまだ不幸なお方のあることを思って、今ではすべてを諦めました。そして、恩師というべき『主婦之友』を永遠の友として、一家のため自分のために働こうと思っております」（大正九年二月一五日号）

「家政上は申すまでもなく、信仰厚き先生の御指導並に不遇に泣かるる愛読者の御境遇を拝見致し候ことは、尊き修養となり申候」（大正九年八月号）

「実にわが『主婦之友』が恩人でございます。他の雑誌に載せられてあることが皆な上流のこと、美しい幸福のローマンスばかりなのを読んで、病にさいなまれている身はただただ不幸は自分ばかりかと、幾度涙を流したことでしょう。けれども私は救われました。ある人にお借りした『主婦之友』の紙上に載せられた悲しい同胞のうめき、私は初めて世に不幸をかこつ人々の多いことを知りました。否私よりまだまだ不幸な方があるのを知った私の心は、忽ち光明を発見いたしました。もう嘆くまい、不具の身を永らえてさえ、何の愚痴もいわず感謝しながら暮らしてゆく人々を思えば、何不足なき身をなんで悲観することがあろう」（大正一一年一月一五日号）

だが、「諦め」にとどまらず、奮闘努力によって積極的に運命を切りひらいていこうというメッセージを読者が受け取っている場合もある。

「毎号有益な記事、何々奮闘物語とか又は何々成功物語等を見ては、これから私等にも来ることと思いまして『主婦之友』愛読者の道を立てたいものと深く心掛けております」（大正九年四月号）

実話記事の一つのパターンである成功話がそのメッセージの源泉となっていたようだが、読者欄でみる限り、こうした立身出世主義的な方向を示すものはあまり多くない。

第三のキーワードは「慰安」である。「面白い」という言葉もでてくるが、より前向きに心を明るくするというよりは、淋しい心を「慰め」傷ついた心を癒す存在としてみなすニュアンスの表現が多い。「修養」を積んでも、主婦として抱える現実の問題がただちに消えてなくなるわけではない。辛い日々や満ち足りない日々を慰めてくれる『主婦之友』は、読者にとって「一生の友」「何よりのお友達」「この上ない良友」であった。

「私は御誌を唯一の慰安者として日日暮らしております」（大正一一年一月一日号）

「この淋しいあわれな私を、なぐさめ励ましてくれるものは、月々の御誌ばかりでございます」（大正一一年二月一五日号）

「時には誰にも打ち明けられぬ悩みに対して、慰めて頂きたいという心が起ります。その点に於て、御誌は私にとって唯一の慰安者であり導き手であることを、感謝しております」（昭和六年二月号）

以上、「有益」「修養」「慰安」の三つのキーワードによって代表される機能を果たす『主婦之友』を、読者は「師とも友とも杖とも柱とも頼」（大正八年六月号）み、「一から十まで御誌を頼」（大正八年一〇月号）った。そうした状況を生み出した背景には、当時多くの女性が何らかの孤独感を抱えていたという状況があったようである。「良人が出勤した後の淋しさ」（大正一五年九月号）を訴える主婦や、「中等教育さえ受けさせて頂けず、義務教育だけで、残念にも家庭に引込んで、寂しい日を送って」いる「田舎娘」（昭和四年二月号）など、自分の境遇を語る際に「淋しい」もしくは「寂しい」という表現が頻繁に使われている。

そうした孤独感をもつ女性にとって、婦人雑誌は貴重な情報源または娯楽の対象であり、多少苦労や無理をしても「読みたい」と思わせる力を持っていた。

「物資に恵まれない私は僅かの俸給を切りつめて、御誌を得るときが一番幸福を感じます」（大正一四年七月号）

「私は日本橋の帽子屋の一女店員でございます。（中略）こんなに時間をつめて働きますので、少しも勉強なぞはで

きません。けれども、『主婦之友』こそは、かかる朝夕の私にとってかけがえのない師であり、友であります」（昭和六年七月号）

「本など読む暇もございませんけれども、至って読書好きゆえ、ある方より古い雑誌を拝借いたしまして、それを何よりの楽しみに読んでおりましたが、『主婦之友』だけはどうしても新しいうちに、少しでも早く読みたいと思い、二ヶ月ほど前より自分が働いて雑誌を買うだけの金を頂き愛読しております。なぜか良人は大変怒りましたが、私はそれだけはやめられません」（大正八年八月号）

他に娯楽の少なかった当時、婦人雑誌を、主婦のみならず夫も共に家族で楽しむ習慣も生まれたようだ。投稿に見られる、『主婦之友』をネタに夫婦水入らずの団らんを楽しんでいる様子は、まさに『主婦之友』の記事の中に登場するほほえましい若夫婦像と一致する。

「『主婦之友』は御飯よりも好きでございます。先日も一生懸命で読み耽けっておりました後ろから、夫がニューっと手を出して、そのまま奪い取ってしまいました。あまりのことに『私が読んでいるのに…』と申しましたら『僕だって読みたいよ。お前は晩に見ればいい』といって、さっさと自分の室にもって行きます。こうして毎月二人で『僕が先に読む、いや私が先だ』とだだっ子が揃って問答しながら、夫も私も『主婦之友』を片時も手放さずに、愛読しております」（昭和二年六月号）

「私の主人は大の『主婦之友』党で、いつも御誌が届くと、二人で喧嘩して先を争って拝見しておりますが、いつぞやの談話室に教えられて、ヂャンケンをしましたところ、今月は私が勝ちました。腕っぷしの強い主人も今はなす術もなく、手持ち無沙汰に打ちしおれております」（大正一四年一二月号）

夫婦仲の良さをのろけるような投書は、夫からのものもある。

「僅か四〇点足らずの差で、『避暑は無用のもの』が勝利を収め、（中略）大形タオルをお送りくださいまして有難う存じます。実はあの投書に際し、妻は『必要』党であり、私は『無用』党であり、要否の大論議が食卓を五日間ほど賑わしたものです。然るに僅々三七票の差とはいいながら遂に我党の勝利に帰し、あの美しい赤格子染の端に『主婦之友』のコバルト色に染められた大タオルを頂いたとき、私は溜飲が三尺ばかり下りました。勤めから帰ると直ぐに『必要党の奥さん、このタオルはどうです…』とやったものです。敗軍の将多くを語らず、『勝負は時の運だからしかたがありません』だそうです。それでもズルイじゃありませんか、タオルを平気で御自分が湯上がりに使っております」（男性、大正一四年一〇月号）

その一方で、第Ⅰ部第二章でみたように、女性の読書に対する否定的評価に苦しめられていると訴える声もある。周囲の無理解との軋轢をおこしながらも、なんとか読み続けようとする様子を伝える投稿も見られる。

「姑がむづかしい人で雑誌や新聞を読むことを好みません。そのため雑誌を買う金とて別に頂きませんので、とても十円とまとまったお金は出来ません。然し、私は毎月一箇の煙草を喫いますので、それを半分節約して、『主婦之友』を愛読することにいたしました」（大正一四年九月号）

とはいえ、女性の読書に対する積極的な評価も広がりつつあった。女学校卒業や結婚の記念に、周囲から婦人雑誌の購読を勧められた体験を記した投稿も多い（第Ⅰ部第二章参照）。

「校長先生も処女会員に『月刊雑誌を買うなら、『主婦之友』を買いなさい』とおっしゃいます」（昭和二年三月号）

「私は、今度女学校を無事卒業いたすことができました。母が『お前も女学校を出たから、何か婦人雑誌を取りなさい』と申します」（昭和八年六月号）

男性からの投稿は月に一編か二編掲載されることが多かった。男性の投稿には、決まって「『主婦之友』は女だけが読むものではありません。我々男性にとっても有益な雑誌です」といったフレーズがみられる。それらの多くは、『主婦之友』が描く女性像から優しさや慈愛を感じとり、日々の慰安としていると報告している。実際にどのくらいの男性が読んでいたのかはわからないが、読者欄が与える「『主婦之友』の描く女性像は男性のニーズにも合致している」という印象は、女性読者にとって自分自身のニーズの正当性を確信する根拠の一つとなっただろう。

学校卒業後結婚するまでの女性に対しては主婦になるための準備教育をほどこすものとして、また現役主婦にとっては日々の家政に直接役立つものとして、『主婦之友』は女性自身によって必要とされた。と同時に、その効用は男性を含めて一般的に認められるようになり、『主婦之友』への社会的評価は確立していったのである。

三　家事労働および主婦の生き方の評価機関としての機能

「有益」「修養」「慰安」という三つのニーズすべてに関わるものが、懸賞応募についての読者投稿である。『主婦之友』は、家計記事や体験記事の懸賞応募という形で、主婦の労働を評価する場を提供していた。読者欄は毎月のように懸賞入選のお礼を述べたものを掲載している。その多くが、入選を非常に「有り難く」感じ、入選の喜びを表現している。

「懸賞浴衣地図案当選発表に小さい私の名を選外佳作の中に見出して飛上がって喜びましたのに、今朝はまたお手玉と小包を頂き、なんと御礼申上げてよいかわかりません」（大正一五年六月号）

「この度は思いがけず貧しき経験を御採用くだされ、村田博士の御鄭重な御批評や御注意まで頂きました嬉しさ、もったいなさ、無上の光栄に存じておりましたのに、本日はまた多額の賞金まで頂き、重ね重ねのこと、何と御礼の申上げようもございません。あまり沢山の賞金におろおろして、御通知のお手紙と一緒に取り敢えず仏壇に供え、東京の空に向って御礼を申上げましたが、胸が一ぱいになって泣けてしまいました。あの記事によって、一人でも二人でも立直ってくださる方があったら、こんな喜びはありません」（昭和一一年八月号）

上記のように入選をおおげさに感激する心情はそれほど突出したものではなかったと思われる。もちろん、そうした投稿を頻繁に載せることによって、懸賞入選の権威や社会的価値の高さを強化・確立することが編集方針でもあっただろう。しかし実際に、賞金や商品という特典の魅力もあいまって、自分の家事能力や工夫への評価をもとめた応募は毎回多数集まったようだ。

懸賞応募では、家政の工夫だけでなく、さまざまな体験投稿も取り上げられている。人生の困難に対して、主婦としていかに忍耐し努力したか、その修養の程度が評価の対象となるのである。『主婦之友』の誌面で賞賛される態度は、与えられた条件を「運命であったとして諦め」て受け入れ、「敵を愛する」ことさえできる「強い信仰」を持ち真心を尽くす態度（「五人の恋人を持った良人のために結婚後悩み通した私の経験」昭和二年一月号）、すなわち、現在の結婚や家族などの客観的状況を変えるのではなく、自分の主観を前向きに変えて、忍耐と努力をする態度である。懸賞に入選するものは、そうした主観的な努力が家族の理解や改心などの形で報われたものが多い。その成果は他者の主観という不安定なものであり、また実際にはそういう形でさえ報われない場合も多かったであろうことが容易に推測される。読者欄には、体験記事を読んで自分も精神的努力を誓う投稿が多いが、成果が実生活では見えにくいだけに、婦人雑誌の情報空間内で高く評価されるということが、彼女たちにとっての「救い」であっただろう。主婦というライフスタイルがまだ確立途上であり、家族内でのさまざまな問題がふりかかってくる状況下で、主婦に「自分の主婦としての生き方は正しいのだ」という確信をもたせる機能を果たしていたのではないだろうか(2)。

主婦のおこなう家事労働は、労働として認められにくい労働、イリイチの言葉を借りれば「シャドウ・ワーク」である（Illich[1981]）。家事労働は、家庭外での生産労働のように、賃金や売上げの形で経済的な評価を受けることがない。また、家事労働の担い手は、賃金労働者のように組織内でその業績に対する評価を受けることもない。家事労働は、有用で不可欠な労働であるにもかかわらず、不当に報酬が支払われない「無償労働／不払い労働」であるという特徴をもつ（竹中―一九七二、上野―一九九〇）。そういった家事労働の「労働としての不可視性」は、それを担う主婦にとっては、不安や不満の源となりやすい。

『主婦之友』が企画したさまざまな懸賞応募は、「不可視的な」家事労働の業績に客観的な評価を与えることによって、それを目に見えやすいものにした。読者は、懸賞に入選し、賞金獲得、雑誌への掲載というチャンネルを通じて、自分がおこなった家事労働における努力や創造性などに対する評価を受けることができるのである。日常の生活の中では、夫や姑など他の家族構成員によって、感謝や誉め言葉、またその反対に叱責や不満という私的かつ情緒的な評価しか受けることができない。雑誌の懸賞応募は、主婦に与えられた、ほとんど唯一の社会的評価授与「制度」であったと言えよう。それは、『主婦之友』が構成する「社会」、つまり雑誌の送り手と受け手によって構成される集団の内部で成立している「制度」である。

では、そうした雑誌を中心とした「社会」は、どのようにして読者に意識されるようになったのであろうか。

四　愛読者集団としての「誌友」意識の成立

雑誌を通じてのパーソナル・コミュニケーション段階からマス・コミュニケーション段階へ

創刊初期の読者欄は、創業者である石川武美個人への「手紙」「メッセージ」という形式のものがほとんどである。多くの投稿が、「記者様」または「記者先生」「石川様」で始まり、記者に対してお礼や励ましの言葉を述べている。実際に、創刊当時の社員は石川一人であり、石川が取材し原稿を書いて、何から何まで一人で雑誌をつくっていた。その後も記者が数人の時代は、石川という個人が何らかの信念と情熱をもって雑誌をつくり、読者のために「奮闘」しているという具体的なイメージを前提に雑誌が読まれていたようだ。読者にとって記者は、「未知の先生…常日頃御誌とともにお慕い申し上げている先生…」（大正九年二月号）と表現されるように、会ったことはないが「おなつかしい」存在であり、具体的に「見える」人間として意識されていた。現代の大衆雑誌ではおよそ考えられない状況といえよう。

「記者先生様、日増しにお寒くなりましたが、何のお障りもございませんか。毎月毎月私共に対して種々御心痛下さいまして、何とも御礼の申し上げようもございません」（大正九年二月号）

石川に対して、自分の境遇を訴え、今後の身の振り方を問う身の上相談のような投稿も見られる。

「記者様私はどうしたらよいでしょう。ほんとに我が身の恥さらし、私の心中お察し下さいませ」（大正九年二月号）

また、誌面にドキュメント記事や投稿の形で登場した個人あてへの「手紙」のような投書も多い。それをきっかけに、実際に文通や交際をはじめることを期待する内容のものも珍しくない。初期の頃の読者欄は、雑誌というメディアを通じての、読者個人と記者個人または読者個人同士によるパーソナル・コミュニケーションの場という性格を強くもっていたといえよう。

大正後期から昭和初期にかけての読者欄には、読者一般、読者全体を「層」として意識する投書が徐々に増えてくる。石川個人や「記者の皆様」へのあいさつや御礼はこの時期にも見られるが、それらが「冒頭のあいさつ」という形で様式化されていく一方で、「誌友の皆様! お変わりございませんか?」(大正一五年一二月号)といった書きだしで始まったり、「誌友の皆様、お身お大切にお過ごし遊ばしませ」(大正一五年一二月号)といったあいさつで終わる投書が登場し、文中に「愛読者諸姉」「愛読の皆さま」「愛読のお姉さま方」「誌友の皆様」といった表現が頻繁に見られるようになる。愛読者層の「お仲間に入れて下さい」「お仲間に入りましたので、よろしく」といった言い回しや、愛読者として新しい読者仲間を増やそうといった呼びかけも目立ち、同じ雑誌を愛読し、同じ世界や価値観を共有しているという連帯感のようなものが生まれつつあることが読み取れる。『主婦之友』を通じて、空間的な距離を越え、実際の接触を経ることのない「顔の見えない」他者と何らかのつながりをもっているという「誌友」意識が成長しているのである。

それは、『主婦之友』という雑誌がマスメディアであること、つまり、膨大な数の人間が購読している雑誌であるということが読者一人一人に意識されていることのあらわれでもある。『主婦之友』が大量に市場に出回っているということは、『主婦之友』の世界が大衆的に支持されているということであり、読者は、雑誌の内容に目を通しながら常にその背後に多数の読者仲間を意識するようになっていっただろう。実際に会うことのない大量の読者に対する仲間意識は、「誌友」という意識上の集団への帰属意識に発展していく。

「私は私の友たる御誌が日増に栄えて、数ある婦人雑誌の中で一番高き地位に進むようにと願っています。皆様敬愛する記者様を中心に、私共多くの愛読者は互いに手を引き合って、あの山の高きに登ろうではありませんか」（大正八年六月号）

「趣味に実益に、心の糧に富む『主婦之友』を唯一の指導者として、その発展と共に、皆様と見えざる糸につながれて、誌友として歩んでゆく、幸福を感謝いたします」（昭和二年一月号）

「毎号の『主婦之友』を見る毎に、『主婦之友』は主婦之友社のものでなく、私達のものだという感じを強くします。『主婦之友』を世界一の雑誌とするには、私達の手でしなくてはなりません。誌友の皆さん協力して、私達のお友達を一人でも多くいたしましょうね」（昭和三年六月号）

時には女学生文化そのものの言葉遣いで『主婦之友』仲間を語る手紙もみられる。

「おなつかしい誌上のお姉様方私は今度で女学校を出る、お転婆娘ですの。学校生活もあと二三ヵ月でございます。悲しいようなうれしいような、交々の気持で今日こ此頃はみんなでストーブをかこんで、いろんな話をしておりますの。外には真っ白い雲が一杯…こんなお転婆はお仲間に入れてくださらないかしら？　でもお姉様方はみんなやさしい方だから、きっとお仲間に入れてくださいますわね、ね、ね。ぢゃ皆様御機嫌よう」（昭和二年一月号）

「誌友」意識の成長の中から、雑誌の上でだけでなく、実際に愛読者仲間としてつきあって、何かの活動を共に行いたいという要求も生まれてくる。

「同じ屋根の下に起き臥し、同じ釜の御飯をいただきながら、お互に知り合わないということは、最も不自然なことと思います。『主婦之友』という一つのホームの一員である読者が、しかも同じ町におりながら、語るべき機会もないということは、何という不自然な、そして淋しいことでしょう。私どもは読者相互の親睦や、お互の生活の充実のため、読者会をつくり、主婦之友文化事業部とも追々連絡を保ち、講演会や音楽会なども開きたいと思います」

これに対して記者からのコメントは以下の通りである。

「大変に結構なお催しと存じます。（中略）こういう会合の各地に設けられることを希望いたします。本社の方でもできる限り便宜を計るようにいたします」（大正一一年六月号）

愛読者仲間を、意識の上だけの仮想結社に終わらせずに、実際に地理的に近くのもの同士でこうした集団を形成する試みもあったわけである。また、女学校の教師の指導の下に、女学生の卒業生集団が『主婦之友』愛読の会を結成した例もある。

「私等のお友達で今では二十四人の人々が、皆な『主婦之友』を愛読しております。本年二月三日でした。（女学校の）卒業生一同が受持先生の家に『主婦之友』を持ってまいりました。そのとき或る一人の話に『主婦之友』を読む人は、皆な主婦であって、女学生の読むべき本ではないと言いました。ところが先生は大に感じたやうに、さようなことではまだあなたは主婦として、将来社会に立たれませんといわれました。それで、今度近在地方を合して、『主婦之友』の愛読者一同が相談の上、二月十五日から婦女会という名で発起しました。この会は永らく『主婦之友』を根拠として継続したいと思っております。現今の会員は四十名ほどありますが、なお一層新会員を増やすつもりでおります」（大正一一年四月号）

主婦之友社は一九二二（大正一一）年三月に文化事業部を創設し、講演会・音楽会・展覧会・講習会などを各地で開催し、より本格的に愛読者の組織化・系列化をおこなっていく（第Ⅱ部第二章参照）。東京、関西、九州、北海道など各地で開催された催しには愛読者が詰めかけ、講演会や音楽会の場合毎回千人から二千人、手芸展などの展覧会の場合毎回数千人から一万人に及ぶ参加者があったという。[3] 一九二四（大正一三）年頃には、それらの催しの後で、特に希望者を対象に五〇～六〇人程度の小規模の茶話会や懇談会を行い、講演者や記者と間近に話し合う機会が持たれているが、そこで「このままにお別れしたくない」[4]といった話になり、愛読者による婦人会が結成されるようになる。そうして結成された婦人会の活動には、講演者の出張など、主婦之友社による後援が行われている。この読者系列化策は、他の婦人雑誌にさきがけて『主婦之友』が大規模におこなって大きな成果を挙げ、他誌もそれに続いたと言われる（前田一九六八：一八〇―一八二）。[5]

しかし、『主婦之友』は、たとえば『婦人之友』のように「友の会」を全国的に組織することはなかったし、[6]全体の読者数から考えれば、それらの実際に対面する形での愛読者活動に参加したものはごく一部である。ほとんどの読者は、誌面を通じての交流のみによって愛読者仲間の存在を意識していた。

五　雑誌の人格化

読者欄には次第に、雑誌自体を人格視した、雑誌への情緒的なコミットメントが表現されるようになる。『主婦之友』は、女性読者にとって優しい姉やなつかしい女友達としてイメージされている。

「『主婦之友』！　『主婦之友』！　なんというなつかしい声でしょう。（中略）「愛する『主婦之友』！　汝の名は我が永遠のフレンドなり」と私は叫びます」（昭和二年五月号）

「私は学校を卒業して以来、『主婦之友』の妹にして頂いております。寂しい田舎の私を、『主婦之友』のお姉様が元気にしてくれます」（昭和二年三月号）

「『主婦之友』は私のたった一人の仲よしのお友達ですの。私のような山里にいるものに、いろいろ新しい知識や、面白い話を持って来てくれるのは、このお友達だけですの」（昭和三年九月号）

これらの例は、『主婦之友』がまるで一個の人格であるかのようにその名を呼びかけ、『主婦之友』への親愛の気持ちを表現している。いずれも『主婦之友』と書かれた部分に女性の名前を当てはめることが可能な表現である。イギリスの少女雑誌を分析したアンジェラ・マクロビーは、分析対象とした少女雑誌のタイトルが「ジャッキー」という少女の名前であることについて、単なる「偶然の一致ではない」と指摘し、「『ジャッキー』は雑誌でもあり、理想の少女でもあるのだ」と解釈している（McRobbie[1978]）。マクロビーの指摘の通り、読者にとって、『主婦之友』という雑誌自体が、その情報空間に表現された女性人格そのもの、「生きたる一人の友人」（大正一四年四月号）として意識されていたと思われる。

J・レマンは、一九三七年から一九五五年にかけてのイギリスの女性雑誌の内容を分析した結果、女性雑誌の記事の中には、まるで「親友からのアドバイス」であるかのような言葉や表現が見られ、独特の「親密のコード（a code of intimacy）」が存在することを発見している（Leman[1980]）。女性雑誌は、その言語表現の中に刻まれた「親密のコード」によって雑誌と読者との間にある種の「姉妹的（sisterly）」な関係を確立することを意図しているという。『主婦之友』が構成する情報空間もまた、読者と雑誌さらには読者相互の「姉妹的」な関係の上に成立していたのである。「姉妹的」な関係の延長線上に『主婦之友』を女性人格として見る意識があり、それは『主婦之友』の愛読者仲間への意識と結びついていた。読者欄において呼びかけられる『主婦之友』へのラブコールは、『主婦之友』を共に愛する愛読者仲間へのラブコールと切り離しては考えられない。そこには、雑誌をとりまく「誌友」という愛読者集団と、雑誌の構成する情報空間を一体化してとらえる心理的なメカニズムが働いている。つまり、『主婦之友』は愛読者集団を統合する中心的な女性人格としてイメージされていたのではないだろうか。

雑誌が女性人格として意識される状況を支える要因の一つに、その表紙が常に美人画を描いていたことの読者への影響が考えられる。(7)読者欄には、表紙の美人画に対する読者の思い入れの強さを物語る投稿が見られる。表紙に描かれた美しい女性の顔は、雑誌の世界を人物像として表現したものであり、自分を含めた「誌友」の姿を可視化したものでもあった（第Ⅲ部第二章参照）。

六　主婦を育てつなぎとめる共同体

以上、読者欄から読み取れる、読者からの雑誌への反応の特徴をみてきた。ここで、はじめの問いにもどって、『主婦之友』という婦人雑誌が読者とどのような関係を取り結び、主婦役割観の形成プロセスにおいていかなる役割を果たしたのかを整理しよう。

読者欄における三つのキーワードにあらわされるように、『主婦之友』は女性読者にとって、実生活上「有益」であり、「修養」の導きであり、さらには淋しい日々に「慰安」をもたらすものでもあった。また、主婦としての努力や工夫を社会的に認め、称揚してくれる評価機関の役割も果たしていた。それらの機能を軸に、女性人格として意識されるようになった『主婦之友』は、読者にとって「重要な他者（significant others）」ないしは「準拠的個人（referent person）」のような存在であっただろう。

読者にとって「重要な他者」である『主婦之友』は、その大衆化の過程で、「誌友」という愛読者としての集団意識を形成してきた。昭和期の読者欄の投稿には、一〇年、一五年のながきにわたって愛読していることを表明するものや、母と娘二代にわたって愛読していることを報告するものも多く、愛読の熱心さ、言い換えれば、愛読者集団への帰属意識の高さを誇る意識が読み取れる。そうした熱心な読者にとっては、『主婦之友』を基盤とする愛読者集団は、主婦としての行動の準拠枠を与える準拠集団となっていたことが予想される。読者は、愛読者集団によって支持されている『主婦之友』が示す規範や価値基準に沿って、自他を評価し、自分の行動を決定する傾向があっただろう。もちろん、愛読者集団は、直接的な接触はほとんどない上、成員の資格も帰属期間も問われず、成員相互の関係も構造化されていない集団である。従ってそれは、準拠集団とはいえ、開放的かつ凝縮性の弱い特殊な準拠集団であるといえよう。そうした、雑誌を軸とした特殊な準拠集団が、受け手の要求を組織する形で形成されていったのである。

では、『主婦之友』の女性読者が、「誌友」という準拠集団を必要とした背景はどのようなものだったのだろうか。現実の生活の中で女性が属し得る準拠集団は、身近な家族や友人などの第一次集団にはじまり、学校や職場集団、政党、村落共同体など多様である。その中でも、戦前の日本社会において、女性としてのライフスタイルや規範などを提供する主要な源泉となった集団は、近代的な女性像を提供する学校と、伝統的な女性像を提供する村落共同体の二つであった(8)。近代化とともに、子どもたちは男も女も同様に学校という近代的組織に所属させられ、伝統的な共同体社会とは別の空間に身を置くようになる。近代公教育は、良妻賢母主義を掲げて近代的な女性像の教化につとめ、人々の意識変革に決定的な影響力を及ぼしていた。近代的な主婦像を掲げた『主婦之友』は、内容的には学校教育の形成した受け手の先有傾向を強化、つまり学校教育の良妻賢母主義を補完する機能を果たしていたと考えられる。よって、『主婦之友』を軸とした準拠集団は、活字メディアの講読層となり得るという点のみならず、内容の上からも、学校教育、とりわけ高等女学校において形成される第二次集団を引き継ぐものであったといえよう。学校は子ども・青年期に一時的に帰属する集団であり、『主婦之友』の読者が少女時代に属した学校という準拠集団は、卒業と共に離脱を余儀なくされる。ひとたび近代的な良妻賢母像を共有する集団に属し、近代的主婦の生活を志向するようになった女性たちが、学校集団を離脱後、学校に代わる新たな準拠集団を生み出す場として『主婦之友』をみたのではないだろうか。その理由は、彼女たちが志向した、ないしは志向せざるを得なかった近代的主婦というライフスタイルの特殊性にもとめられる。

近代社会が提示した女性の新しいライフスタイルは、社会的な孤立を女性に強いるものであった。「男は仕事、女は家庭」という性分業によれば、学校卒業後、男性は高等教育機関や軍隊、官庁、工場、会社など、その他の近代的な組織に参入していくのに対し、女性の場合は専業主婦という新種のカテゴリーに囲い込まれてゆき、家庭の中で孤立することになる。産業化によって、それまで同じ場でおこなわれていた生産と消費が分離され、職場＝公的、家庭＝私的という区別が生じ、女性は公的領域から排除され、その役割を私的領域である家庭に限定されたのである。そうした男女の分業体制の確立とともに、女性も生産・共同作業の場に参加していた前近代社会において成立していた女性独自のコミュニケーション世界、「女の世間」（宮本―一九六〇）も縮小あるいは消滅していくことになる。一方、新たに登場した近代的主婦については、その職業に必要とされる実用知識や技能およびモラルの体系が未確立であるにもかかわらず、それらを構築し伝達、共有する職場集団は当然のことながら存在しなかった。役割の私的領域化による女性の社会的孤立が、マスメディアによって構成される準拠集団の形成を必要としたのである。

そうした社会的必要性を背景として、『主婦之友』は、主婦およびその準備段階にある女性を、観念の世界で組織化した。つまり『主婦之友』は、その誌面を通じて主婦という同業者集団を成立せしめることによって、主婦役割に関する合意形成を促進する役割を果たしたのである。もちろん、こうした状況が主婦または女性に特有のものであったかという点には疑問が残る。前近代社会から近代社会への大きな変動が起こっていた戦前日本においては、多くの男性もまた村落共同体から切り離されて、地理的・職業的移動の途上にあった。そうした不安定な状態におかれた個人をゆるやかにつなぐ役割を、男性に対してもマスメディアが果たしていたとの推測は成り立つ。しかし、特定の「職業」に焦点をあてたメディアでここまでの部数に達したものは他に存在しない。主婦という新たな女性役割がもっている特殊性―私的領域に囲い込まれ、社会的に孤立した状況におかれる―のために、その合意形成におけるマスメディアの役割は相対的に大きなものであったと考えられる。だからこそ、『主婦之友』は、当時は社会全体から言えば決してマジョリティではなかった「主婦」という特定の層にターゲットをしぼったメディアであるにもかかわらず、「いつかは主婦に」という未婚層も巻き込んで、当時の雑誌の中で群を抜いた発行部数に達した。「誌友」という準拠集団を意識する読者にとっては、『主婦之友』の発行部数の多さは、準拠集団の大きさをあらわすものである、そのことが雑誌の内容を権威づける根拠ともなっていっただろう。発行部数の増大とともに、合意形成のプロセスは相乗的に進展していったのである。

註

（1）戦中期には編集方針が変化し、読者欄も戦地にある兵士からの投稿などが増えて様変わりするため、ここではその時期の前までを取り上げる。

（2）懸賞応募記事など読者の参加記事が比較的多い『主婦之友』の場合、雑誌が主婦の抱える問題の共通性を可視化する役割も果たしていただろう。バーバラ・ハミル・佐藤は、『主婦之友』がそうした役割を果たしていた可能性を指摘し、その機能を「婦人雑誌コミュニケーション」と名づけている（南博＋社会心理研究所一九八七：二一九―二二三）。しかし、問題を生み出す状況そのものへの評価や、問題に対する対処法を評価する基準に関しては、基本的に雑誌の側がヘゲモニーを握っていたといえよう。なぜなら、最終的な価値判断を下すのはメディアの送り手の側であり、当時の読者にとっては、愛読する婦人雑誌は「状況の定義づけ」をするものとして大きな位置を占めていたことが予想されるからである。

（3）「北海道講演音楽手芸展通信」（大正一三年一〇月号）、「関西講演音楽会の記」（大正一三年一二月号）、「東京で開いた手芸展の記」（大正一四年六月号）等、文化事業部の活動の報告は度々記事になっている。

（4）たとえば「静岡で開催した手芸品展覧会と講習会と講演会」（大正一三年七月号）。

（5）雑誌の読者系列化活動としては、実業之日本社がすでに明治末から識者による講演会をおこなっているし（実業之日本社―一九六七：四〇―四二）、講談社の『雄弁』も、昭和初期に「雄弁法講座」と銘打った講演会を全国の師範学校や青年団を巡回して開催するなど（講談社―一九五九：一五九―一六二）、こうした活動は婦人雑誌の他にも見られた。

（6）『主婦之友』も戦後は「友の会」を組織するが、戦前には読者の自主的な組織を後援する程度にとどまっていた。

（7）男性向けの雑誌にも女性の顔を表紙に据えることがまま見られるが、その場合は「見る対象」としての女性像であり、女性向け雑誌の場合とは意味が異なると思われる。

（8）近代的女性像と伝統的女性像とに区別しているが、ここでいう「近代的女性像」とは近代日本国家が要請した女性像を意味しており、その内容には規範内容として区別すれば封建社会における女性像の特徴と言うべきものも含まれていた。

第二章　主婦の技能〈有益の章〉

一　主婦の「技能」の集積

大衆的婦人雑誌をもっとも特徴づけるものは、誌面の多くを占める実用記事であった。婦人雑誌における実用記事の多さは、時に婦人雑誌の低級さが指摘される理由となったが、一方で婦人雑誌の存在意義が認められる根拠ともなった。女性の実際の生活に目を向けた歴史研究を蓄積したことで知られる村上信彦は、『青鞜』に刺激を受けつつ、『青鞜』よりも大衆化路線をとって婦人問題を世に問うた『婦人公論』と対照的に語られるべき「一般婦人雑誌」として、創業者石川による「徹底的にわかりやすい解説記事で日常の実際的・具体的な問題を扱うことにつとめた」（村上一九八二：一二二）『主婦之友』を挙げている。『主婦之友』の初期の頃の編集方針について、村上はまず、「卑近と言えばまことに卑近である」「全体を通じておよそ思想性が見られない」（村上一九八二：一二二）と述べる。しかし、と村上は言葉を続ける。「読者の大半が尋常小卒や高等小卒の家庭婦人であることを考えると、こうした豊かな生活情報記事がいかに必要に感じられたか、心の潤いとなったかは想像に余りある」（村上一九八二：一二二）。村上は『主婦之友』は生活に密着していたからこそ、「異常な売れ行き」を示したのだと考察している。

婦人雑誌における実用記事の多さは、実生活における必要性の高さを示す指標でもあった。本章では、「主婦」が持つべき技能がどういうものであるかを伝達した実用記事を取り上げる。

第Ⅰ部第三章でみたように、『婦人公論』のような「教養主義」の婦人雑誌においては、実用記事にあてられる誌面の量はわずかだったが、『主婦之友』や『婦人倶楽部』のような「実用主義」婦人雑誌は、誌面の二五％から三〇％ほどを実用記事のために用い、昭和初期には実用記事を満載した冊子を付録として毎号のようにつけていた。付録冊子は、場合によっては三〇〇頁ほどもある充実したもので、『主婦之友』と『婦人倶楽部』の間の「付録合戦」という言葉がささやかれるほど、販売戦略上重視されたものだった。「主婦」の技能伝達のための実用記事がどのようなものであったのか、また、大正期から昭和初期にかけていかなる発展をとげたのか、まずは『主婦之友』を題材として、具体的にみていこう。

『主婦之友』を創刊した石川武美は、主婦に実際的に役立つ実用的な情報を伝えることが何よりも重要だと考えていた。「家庭生活を営んでいる婦人、つまり主婦には、勉強してもらいたいこと、教えてあげたいことが、山のようにたくさんある。そして子供でも生まれたら、ぜひ知っておいてもらわねばならぬことが数限りなく多い。『主婦の友』はそのような主婦たちの切実な要望に応えるものにしたい」（主婦の友社―一九六七：四一）。こうした姿勢は、後年くりかえし語られる、創業者石川の編集方針を代表するものである。

石川によって一九一七（大正六）年に創刊された『主婦之友』が、商業雑誌として安定した地位をすでに確立し得ていた一九二〇年代以降について、一九二一（大正一〇）年、一九二六（大正一五／昭和元）年、一九三一（昭和六）年と、五年ごとの一月号から一二月号までの実用記事の数を一覧としたものが表10である。数量的に整理するにあたって、大カテゴリーとして「手芸」「料理」「美容」「医療衛生」「出産・子育て」「趣味・家庭娯楽」「家計」「住宅」「生活改善その他」の九つを分類し、その内「手芸」については「裁縫」「編物」「手工芸」「洗い張り・洗濯・染色」、「料理」についての「お総菜」「お客料理」「飲み物お菓子」、「美容」については「化粧」「毛髪」「流行など全般」、「出産・子育て」については「子どもの教育」「子どもの医療衛生」「妊娠出産・乳児期育児」「産児調節」、「趣味・家庭娯楽」については「趣味・娯楽」「家庭園芸」、「家計」については「内職・職業」「利殖・家計運営」と、それぞれに小カテゴリーを設けた。一九三一年には毎号別冊付録がついているので、実用記事に関するものは挙げてある。なお、別冊付録を数量化する際には、非常におおざっぱな概算となってしまうが、一冊を本誌記事数一〇点に相当するものとした。

表10　『主婦之友』に掲載された実用記事数
（1921年、26年、31年の各１年間の記事数）

大カテゴリ	小カテゴリ	1921年	1926年	1931年	1931年付録
手芸	裁縫	26	45	139	6冊
	編物	3	20	35	3冊
	手工芸	13	19	45	
	洗い張り・洗濯・染色	5	11	4	
料理	料理（お総菜）	19	27	91	2冊
	料理（お客料理）	7	18	16	
	料理（飲み物お菓子）	3	10	17	
美容	美容（化粧）	6	15	58	
	美容（毛髪）	9	10	12	
	美容（流行など全般）	12	9	13	
医療衛生	医療衛生	28	58	81	
出産・子育て	子どもの教育	13	21	11	1冊
	子どもの医療衛生	8	7	26	
	妊娠出産・乳児期育児	10	34	14	2冊（1冊は産児調節含）
	産児調節	0	2	3	
趣味・家庭娯楽	趣味・娯楽	14	32	7	
	家庭園芸	4	6	4	
家計	内職・職業	4	17	27	
	利殖・家計運営	3	13	26	
住宅	住宅	11	10	17	
生活改善その他	生活改善その他	9	14	6	1冊

『主婦之友』の誌面に掲載された実用記事は実に多様かつ多量であり、年を経るにつれて、増加していくことがわかる。大カテゴリーでいえば、特に「手芸」、その中でも特に「裁縫・編物」、「料理」、「医療衛生」、「美容」に関する記事が多い。主要な五カテゴリー（「手芸」「料理」「美容」「医療衛生」「出産・子育て」）について、一九二一年、二六年、三一年の三時点での数量的変化をグラフ化したものが図10

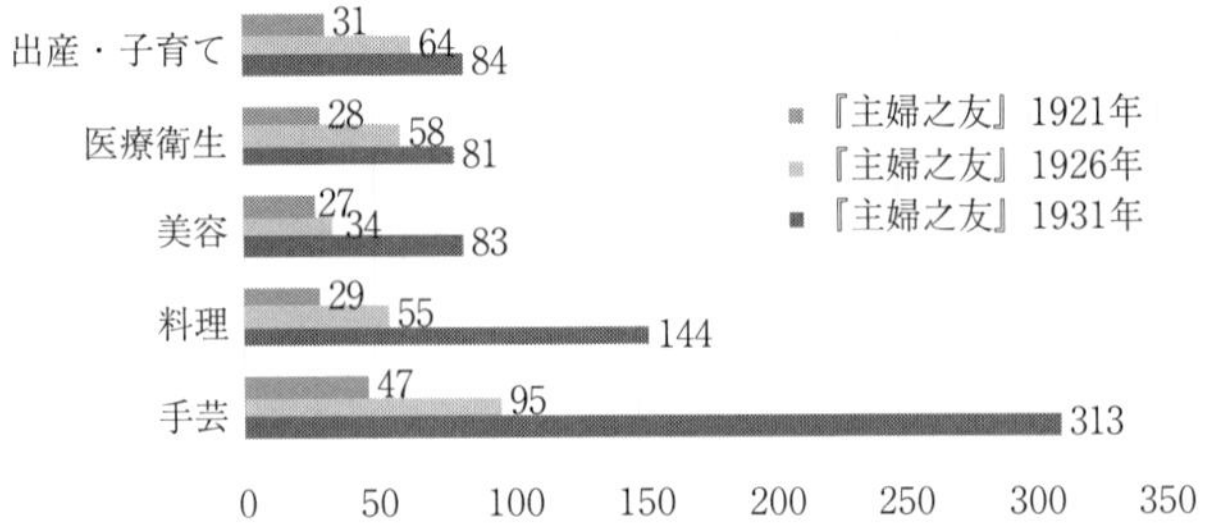

図10　『主婦之友』実用記事数の変化（主要カテゴリーのみ）
＊1931年については付録1冊を10記事に換算

である。

　データは、年を経るにつれて毎月一冊において伝えられる実用記事の量が増大していることを如実にあらわしている。量的増大は実用記事重視の編集方針が保持されていったことを物語っているが、その背景には、この時期の冊子全体の頁数の大幅な増加が関係していたことも指摘しておかねばならない。婦人雑誌が厚みを増せば増すほど、主婦にとって必要とされる実用的な知識の幅も深さも増していった。各カテゴリーの頁数が拡大するとともに、カテゴリーの中の細分化、より多くのバリエーションの呈示がなされていった。一九二一年から一〇年の間に、実用記事はまるで爆発的な増殖をみたかのようである。

　これほど実用記事が大量に掲載されていたのは、『主婦之友』にかぎったことではなかった。昭和初期には『主婦之友』と並んで、主婦向け大衆雑誌として人気のあった講談社の『婦人倶楽部』においても実用記事は重要な構成要素であった。ちなみに、一九三一（昭和六）年の『婦人倶楽部』についても、『主婦之友』を対象におこなった実用記事の主要五カテゴリーの掲載分量をグラフ化したものを挙げておこう（図11）。『主婦之友』と同じく年間にわたって大量の実用記事が掲載されていることがわかる。当時、主婦を対象とした婦人雑誌を代表するものとされていた両誌はともに、大量の生活実用情報を読者に提供していたのである。

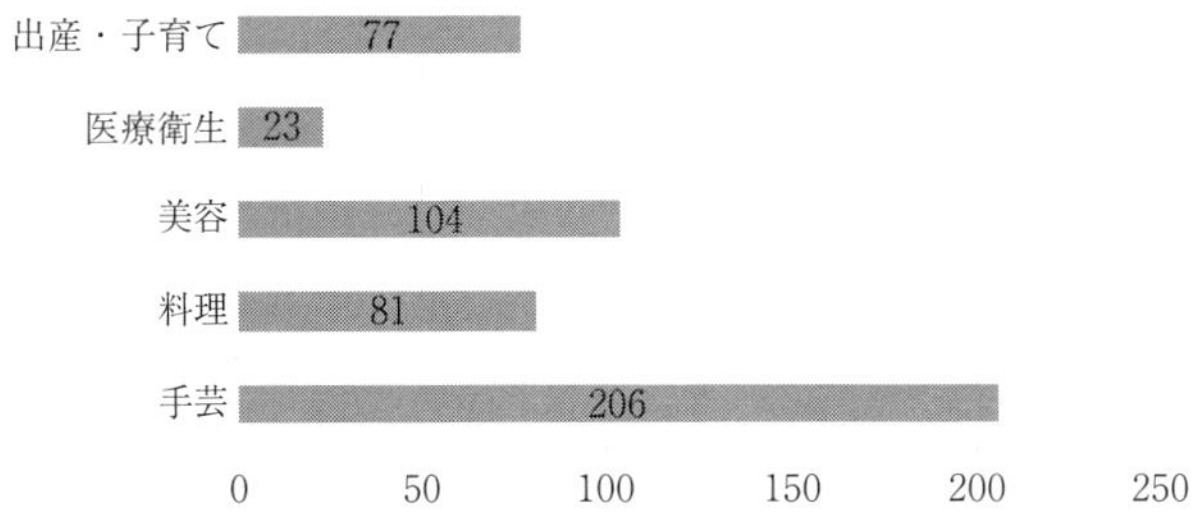

図11 『婦人倶楽部』1931年の実用記事数（主要カテゴリーのみ）

二　実用記事の書き手と内容

これらの大量の実用記事の書き手と内容はどのようなものだったのだろうか。『主婦之友』創刊期の記事は、ほとんど石川武美一人で取材し執筆したことが知られている。その際実用記事はとりわけわかりやすく書くようにつとめたという。「やさしく説く実用記事—『主婦の友』の記事は、筆者に依頼した原稿をそのまま発表することは、ほとんどなかった。その多くは石川が、一記者として訪問して、先方の談話をくり返し質問しながら、納得のゆくまで取材して、これをわかりやすい記事にまとめるようにした。それは、小学校卒業程度の学力で理解できるほどの、やさしいものでなければならなかった」（主婦の友社一九六七：五〇—五一）。この方針はその後も長く引き継がれていった。

雑誌の発行部数がのび、月刊婦人雑誌としての人気が安定するまでの数年間、上記の石川の方針にしたがった実用記事の充実には、石川の義姉である長谷川清（子）と、『婦女界』から客員として入社した松田鶴子の二人の活躍に負うところが大きかった。

義理の姉の長谷川清（子）は、「入社こそしなかったが、渋谷の小学校に勤務のかたわら、石川の仕事を手伝った。清は放課後から出社して、夜半にかけて、裁縫や料理の原稿を書いた」（主婦の友社―一九六七：六二）。実用記事をわかりやすく書くということについて、長谷川清（子）が小学校の教諭をしていたことが大きな助けとなっていたことが推測される。長谷川は、創刊当初からしばらくほとんどの裁縫記事を書いており、「いまでこそ被服の記事は婦人雑誌になくてはならないものになっているが、その当時としては、和・洋裁の記事を読者に理解させるように書くことは、難事中の難事だった。長谷川清は小学校の裁縫の先生をしていた関係から、生徒に教えるとおりの手順で、これを解説した。雑誌を読むだけで和裁ができる、洋服が作れる、ということは一つの驚異であったに違いない」（主婦の友社―一九六七：七二―七三）と、戦後の社史でも高く評価されている。

もうひとり、大正期の『主婦之友』を語る上で欠かせない人物とされる松田鶴子は、『婦女界』ですでに婦人雑誌編集の経験を積んでおり、石川社長の依頼によって客員として入社後、関東大震災後に退社するまでの数年間、実用記事全般の土台を築き上げることに貢献した。松田鶴子は、上述のような洋裁記事のみならず、あらゆるジャンルについて「読者が読めばわかる」実用記事をめざして、さまざまな工夫をするアイデアメーカーであり、他の記者たちの指導役であったとされる。「それまでの雑誌の実用記事は、〝読んでも実際の役にはたたぬ〟といわれたものだ。（しかし）〝『主婦之友』の実用記事は、正確で、親切で、すぐ役にたつ〟といわれたものだが、それには記者としての、松田さんの発明によるところが多かったものだ。洋裁記事をはじめて雑誌に発表して、新しい道をひらいたのも松田さんであった。毛糸編み物も雑誌で読めば自由にあめる道をひらいたのも、松田さんであった。料理の記事にも、手芸の記事にも、和裁の記事にも、松田さんによってひらかれた、新しい道が沢山あった」（主婦の友社―一九六七：八八）とは、後年のエッセイ（「山荘雑記」『主婦の友』昭和三五年二月号）での石川武美の言葉である。

そうした一種「家内工業的」な編集方法の模索期を終え、定評ある実用記事パターンを確立した昭和初期、実用記

表11　『主婦之友』1931年実用記事（附録のぞく）執筆者カテゴリー別比率（%）

	裁　縫	編　物	手工芸	料　理	子育て(教育・医療)	医療(妊娠含む)	美　容
店舗・個人のプロ	38.7	11.4	18.6	25.9	1.7	0.0	47.8
学校・教育関係者	37.2	0.0	7.0	13.7	13.8	0.0	0.0
奨励会など活動グループ	3.6	68.6	37.2	0.0	0.0	0.0	0.0
博士資格などを持つ専門家	0.0	0.0	0.0	7.9	37.9	54.2	0.0
名士夫人	0.7	0.0	0.0	43.9	24.1	5.0	11.6
女優・舞踏家など女性有名人	0.0	0.0	0.0	0.0	0.0	0.0	31.9
記者・肩書きなし（注1）	19.7	20.0	37.2	8.6	0.0	7.5	3.0
投稿	0.0	0.0	0.0	0.0	22.4	33.3	5.8
合計　100.0%（人）	99.9（137）	100（35）	100（43）	100（139）	99.9（58）	100（120）	100.1（69）

（注1）「肩書きなし」には記者と一般投稿者からの採用も含まれると思われる
（注2）不明は省く

事の執筆者構成はどのようなものになっていただろう。表11は一九三一（昭和六）年の『主婦之友』の実用記事主要カテゴリーについて、執筆者を分類したものである。それぞれをくわしくみてみよう。

「裁縫」記事の執筆者は、「裁縫店や洋品店」の事業主か雇用者、もしくは「裁縫学校・技芸学校」などの校長や教員で、それぞれが約四割であり、両者を足しあわせると、全体の八割近くを占めている。裁縫を職業にしている者か、裁縫を教える立場にあるもの、いずれにしても裁縫のプロフェッショナルが執筆者のほとんどを占めている。「編物」記事については、「裁縫店・洋品店」が約一一％、「裁縫学校・技芸学校」の代わりに「奨励会・研究会」という肩書きの執筆者が多く、全体の実に約六九％を占めている。「奨励会・研究会」とは、「文化技芸研究会」や「家庭生作品奨励会」など手芸・編物の普及のために結成された自主的な組織で、「編物」の場合、それらのアマチュアとセミプロフェッショナルの中間の様な人々の活躍がめざましかった。

「料理」については、最多の書き手は「名士夫人」であり、全体の約四四%を占めている。「名士夫人」とは、著名人を夫にもつ女性の中で家事に長けているとされる人々が選ばれていると考えられるが、同じ人物がくり返し登場するというよりも、医学博士から実業家までさまざまな名士夫人が登場し、自身の厨房から料理のアイデアを提供している。次に多いのが、「料理店」のプロフェッショナルで約二六%、「料理学校・割烹女学校」の校長や教員が約一四%となっている。

「美容」記事にも、「名士夫人」は約一二%登場するが、もっとも多いのは「美容院」のプロフェッショナルによる記事であり、全体の約半数を占めている。

「家庭医療（妊娠出産含む）」記事に関しては、しかるべき傾向として「医学博士・医学士」による記事が全体の約五四%におよぶが、読者の体験記事の投稿も全体の三分の一を占めていることが目を引く。

大正末期から昭和初期にかけて、「裁縫」記事のほとんどはプロの手を借りて作成されるようになっていた。そのきっかけの一つは、長谷川清（子）による並木伊三郎の「発見」であったとされる。長谷川が、往来の途中で並木伊三郎の主宰する「婦人子供服研究所」という看板をみつけ、とびこみで並木と知り合い、石川に引き合わせた。また、同じ頃に、アメリカで洋裁を学んで帰国した杉野芳子を登用し、並木と杉野によって、『主婦之友』が扱う洋服の種類の幅は広がっていった。当初裁縫といえば、和裁かごく簡単な直線裁ちの子ども服洋裁しか扱っていなかった段階から、大人の女性向けの簡単服（簡易服）やエプロン、ハウスドレスへ、また、子ども服についても「可愛らしさ」を追求した装飾的な洋服へと、取り上げられるスタイルは多様になっていった。

その後まもなく、杉野はドレスメーカースクール（後にドレスメーカー女学院）を、並木は文化服装学院を創設し、洋裁師の養成と洋裁技術の全国的な普及に貢献する二大人物となっていく。『主婦之友』の裁縫記事においても、並木・杉野本人はもちろん、文化服装学院とドレスメーカースクール関係者などのプロフェッショナルの執筆が増えていくのだが、その場合も、まずは「しろうと」である編集者が直接に習った上で記事をつくるという手順を踏むことによって、読者にとってのわかりやすさを維持していた。文化服装学院での並木の弟子である原田茂は、一九三〇（昭和五）年頃から子供服の生地を『主婦之友』に掲載しているが、「そのとき、編集者は洋裁にはしろうとで、その人たちが型紙を作り、ぬって、着せてみて、これならよいと納得してから原稿を書くのです、と知らされて感心しました」（主婦の友社―一九六七：七四）と述べている。一九三一（昭和六）年に実物大の型紙を付録としてつけるようになり、雑誌を買うだけで「しろうと」でも洋裁ができるという、婦人雑誌による宣伝文句がさらに現実的なものとなっていった。

毛糸編物は目新しい服飾文化であり、大正期に流行しはじめたといわれる。『主婦之友』が「編物」記事を掲載し始めた頃の指導者は、日本女子大学の高木美代子や江藤春代など数少なかったが、昭和期にはいると、上述のような「研究会」や「奨励会」などの編物技能を伝え合う活動がさかんになり、編物記事は多彩な執筆者によって担われるようになった。また、編物の場合は、雑誌で記事にしただけではなく、一九二四（大正一三）年から毎年編物講習会や読者から広く作品を募る展覧会が開催され、編物文化の活性化がはかられたが、そうした展覧会の入選者からも新たな指導者が誕生した。毛糸編物講習会や展覧会は毎年、東京だけでなく全国各地で開催され、多くの応募者と観覧者を動員した（表12）。

裁縫・編物以外の手工芸について、大きな役割を果たした人物は工芸家の藤井達吉である。藤井は石川の依頼を受けて一九二一（大正一〇）年から『主婦之友』に、主婦向けの手工芸の記事を連載するようになり、一九二三（大正一二）年から数年間は「家庭手芸品展覧会」として自身の作品展示もおこなっている（表13）。その後、公募による「家庭手芸品展覧会」が始まった後も、審査員として活躍している。藤井は日本の近代工芸史に名を残す美術家であるが、自身の作品に関しても生活との結びつきを大切にすることを信条としていたとされる。『主婦之友』に寄稿した手工芸記

表12　主婦之友社主催の読者向け行事（編物関係）

1924年10月4日～18日	毛糸編講習展覧会	函館、小樽、札幌、旭川
1925年11月22日～28日	第一回毛糸編物展覧会(五大展覧会①)	新社屋講堂
1926年10月23日～29日	第二回毛糸編物展覧会	新社屋講堂
1926年10月30日～11月28日	毛糸編物講習会	新社屋講堂
1926年11月3日～7日	毛糸編物展	大阪
1927年10月22日～26日	第三回毛糸編物展覧会	新社屋講堂
1927年11月1日～6日	編物展	大阪
1928年10月24日～28日	第四回毛糸編物展覧会	新社屋講堂
1928年11月2日～12月7日	編物展	大阪、岡山、高知、広島、徳島、下関、福岡、高松、長崎など16ヶ所
1929年10月17日～21日	第五回毛糸編物展覧会	新社屋講堂
1929年10月27日～11月12日	編物展	京都、大阪、名古屋
1930年10月17日～21日	第六回毛糸編物展覧会	新社屋講堂
1930年10月23日～11月30日	編物展	京都、大阪、札幌、小樽、旭川、函館
1931年1月24日	中村氏毛糸織講習会	静岡
1931年10月15日～19日	第七回毛糸編物展覧会	新社屋講堂
1931年10月20日～11月13日	朝鮮満州巡回の編物展と講習会	大連、奉天、平壌、京城、大邱、釜山
1931年10月21日～11月13日	編物展	神戸、大阪、京都、福岡
1932年10月16日～20日	第八回毛糸編物展覧会	新社屋講堂
1932年10月22日～11月27日	編物展	京都、神戸、大阪、広島、呉、岡山、福岡、名古屋
1933年9月21日～27日	第九回毛糸編物展覧会	日本橋・高島屋
1933年10月1日～21日	編物展	大阪、京都、神戸、名古屋
1933年10月15日～11月10日	和服向き編物展	神戸、名古屋、主婦之友社売店
1934年9月20日～25日	第十回毛糸編物展覧会	日本橋・高島屋
1934年9月27日～10月19日	編物展	用途、神戸、大阪、広島
1935年9月19日～10月23日	第十一回毛糸編物展覧会	日本橋・高島屋
1935年9月25日～10月17日	編物展	京都、神戸、大阪
1936年9月19日～23日	第十二回毛糸編物展覧会	日本橋・高島屋
1936年9月26日～10月31日	編物展	京都、大阪、神戸、広島、福岡、名古屋
1937年9月16日～21日	第十三回毛糸編物展覧会	日本橋・高島屋
1937年9月26日～10月31日	編物展	京都、大阪、神戸、広島、福岡、名古屋
1938年9月23日	第十四回毛糸編物展覧会	本社展覧会場（地方巡業は中止）
1939年10月10日～14日	第十五回毛糸編物展覧会	展覧会場
1940年6月17日～21日	レース編展	展覧会場
1940年10月15日～19日	第十六回毛糸編物展覧会	展覧会場
1941年10月21日～25日	第十七回毛糸編とレース編展覧会	展覧会場
1942年11月17日～21日	毛糸編物と防寒物の展覧会	展覧会場
1943年10月19日～23日	毛糸・真綿その他の防寒物展、更正衣類展	展覧会場

表13　主婦之友社主催の読者向け行事（手芸関係）

1919年6月14日～18日	洗濯と絞染の講習会	お茶の水女高師作楽館
1922年3月22日～24日	描更紗講習会	お茶の水女高師作楽館
1922年5月4日～6日	家庭手芸品講習会	お茶の水女高師作楽館
1923年3月22日～26日	家庭手芸品展覧会（藤井達吉氏作品展示）	東京・白木屋
1923年5月5日～9日	家庭手芸品展覧会（藤井達吉氏作品展示）	名古屋・いとう呉服店
1923年10月19日～23日	家庭手芸品展覧会（藤井達吉氏作品展示）	東京・白木屋
1924年4月20日～26日	第一回家庭手芸品展覧会（公募作品による）	東京・松坂屋
1924年5月6日～11日	手芸展	静岡・商品陳列所
1924年8月2日～11日	手芸展（北海道巡回）	函館・大妻、小樽・今井、札幌・商品陳列所
1924年11月21日～30日	関西手芸品展覧会	京都・大丸、大阪・白木屋
1924年11月23日	手芸展と婦人講演会	前橋高女、前橋市役所
1925年3月1日～5日	手芸品展	名古屋・伊藤銀行
1925年4月1日～7日	第二回家庭手芸品展覧会	東京・松坂屋銀座店
1925年4月24日～28日	九州一周手芸展、講演会	福岡・紙与呉服店
1925年5月2日～17日	九州一周手芸展	長崎、熊本、鹿児島、別府
1925年7月21日～8月15日	手芸展	神戸、岡山、広島、呉、松江、鳥取
1926年3月20日～26日	第三回家庭手芸品展覧会	新社屋講堂
1927年3月30日～4月5日	第四回家庭手芸品展覧会	新社屋講堂
1927年4月17日～21日	手芸展	大阪
1928年3月21日～27日	第五回家庭手芸品展覧会	新社屋講堂
1929年3月20日～24日	第六回家庭手芸品展覧会（家庭手芸品展覧会としては最終）	新社屋講堂
1939年5月17日～21日	染色手芸品と夏の婦人子供服展覧会	新社屋講堂
1940年4月22日～26日	染色と刺繍展	展覧会場

事には、「芸術を取り入れた生活」「家庭芸術」の重要性が常に謳われ、飾って奉るものではなく生活の中で身近に使うものとしての手芸・工芸作品の作成を主婦にうながしている[1]。昭和期にはいると、編物と同じく各種の「奨励会」や「研究会」をはじめとして、手芸品店や雛人形作家など、執筆者の幅は広がっていく。表12や表13にみられるように、編物や手芸に関しては、読者からの作品を公募し、優秀な作品には賞金や展示の栄誉を与える機会がさかんに設けられた。専門家から技能を学ぶだけでなく、自らの技能を公表し評価してもらえる場を、公募や展覧会という形で婦人雑誌が用意していたことは、「主婦」という孤立したライフスタイルを送っている読者たちにとって非常に意味のあることだっただろう（第Ⅱ部第一章参照）。

美容に関しては、女優や名士夫人以外には、複数の美容室からのプロの記事が目立つ。日本で最初の美容院（髪結いではなく）が始められたのは、一九二二（大正一一）年にアメリカ帰りの山野千枝子が設立した丸ノ内美容院だとされるが、その後、山野愛子など後続の美容院開業が相次ぎ、一九三一（昭和六）年の段階では『主婦之友』誌上にも、「ハリウッド美容室」「カーソン美容院」「マリールイズ化粧院」など美容室に所属するプロの書き手が並ぶ。化粧法・髪型・全身美容・流行ファッションの紹介まで、あなたもセンスのよい「美人」へと誘う文章記事が、挿入写真やグラビアとセットになって華やかに誌面を飾っている。

医療については医学博士、子どもの教育については学校関係者、料理については料理店主やコックといったプロが専門知識を解説する記事が実用記事の中心となっているが、いずれのカテゴリーでも名士夫人を集めての座談会などで、彼女たちが「知恵」や「秘訣」を披露する記事もみられる。大学教授夫人、医学博士夫人、作家夫人、実業家夫人、弁護士夫人などのずらりと並ぶ肩書きをみると、名士夫人たちは、一種の「セミプロ」といった位置づけをもとめられていたのかもしれない。

出産・妊娠に関する記事に関して特に記しておきたいのは、産児調節に関する記事が相当数掲載されていたことである。(2) 書き手は医学博士の場合と、読者の経験投稿に分かれる。避妊法に関わる記述になると伏せ字だらけになり、具体的な方法を伝える実用記事としては不十分なものであるが、時勢を考えれば産児調節・産児制限についての記事掲載自体、ハードルが高いことだっただろう。しかし、読者のニーズを優先した結果と考えられる。

さて、ここで、『婦人倶楽部』と『主婦之友』との間で「付録合戦」「付録競争」とも言われる言葉を生み出すことになった付録の内容についてもみてみよう。両者の付録はおおよそ似通っており、裁縫（これは原寸大の型紙附きものが人気であったと言われる）や編物、料理、出産や子育て、家庭医学など、本誌誌面でも多くの頁を割いている実用テーマについて、より事例を増やしたり多面的に構成するなどの工夫を加えて総合的にまとめた形式がほとんどであった。

「婦人雑誌の付録競争が、その極点に達した」（主婦の友社―一九六七）と言われる一九三四（昭和九）年には、両誌ともに趣向をこらし、手紙文例集、占い集、子ども向け冊子、大判の絵図、漫画読本など、さまざまなタイプの付録が生まれた。しかし、付録の中心はやはり実用ものだったといえよう。その代表的なものが、家事全般を網羅した事典風の冊子である。

『主婦之友』の最初の本格的な付録は、一九一九（大正八）年一月号に新年号特別付録「奥様重宝記」と題した小型冊子であるが、その内容は、実用記事のあれこれを一年間役立つようにまとめたものであり、「家庭重宝記」（大正九年、大正一〇年）、「家庭百科婦人重宝辞典」（大正一二年）、「家庭重宝辞典」（大正一三年）、「家庭重宝年鑑」（大正一五年）など、少しずつ名前を変えつつ、『主婦之友』新年号付録として恒例のものとなった。ちなみに、一九三五（昭和一〇）年の新年特別付録「奥様百科宝典」の内容をみてみよう。まずは、口絵として「一年の家事」「一ヶ月の家事」「一週間の家事」「一日の家事」と、時間の管理を基本に美麗なグラビアが合計四八頁にわたってつづいている。「一年の家事」では田中絹代、「一ヶ月の家事」では山路ふみ子、「一週間の家事」では千葉早智子など、当時の人気女優をモデルに、束髪和服姿の主婦姿をさせて、美しい若妻がにこやかにたち働く姿を図像化している。その後、毎日必要な食料品一切の心得にはじまり、洗濯、装身具、交際、借家、消毒、和洋楽器の手入れ、衣類の手入れ、掃除、家庭装飾、瓦斯・電気・水道、臭気防止、家具や家屋の修繕、薬物、什器・宝物の取扱い、火事など災害時の心得、台所の心得、仏事祭祀、暖房、寝室と寝具まで、家政一切について時に図解や写真入りでていねいな説明がつづく。全四六四頁の分厚い、まさに家政の百科全書といってよかろう。巻末には、名士夫人、各分野のプロフェッショナルなど一〇〇名近く名前が並び、「これらのご経験深い方々の御指導によって」書かれたと記されている。その多くが、普段の誌面にも登場する人々であり、内容的には毎号の記事との重複もあり得るだろうが、全体として記者が取材を基に、恒常的に活用できる「事典」形式で要領よくとりまとめてある一冊だ。主婦の生活が時間的にも領域的にも網羅されており、まさに、「重宝辞典」「宝典」として、各家庭で活用されたであろうことが推測できる。

先述したように昭和期に入り、実用記事の執筆は各ジャンルのプロフェッショナルによって担われるようになっていく。[3] 産業化の進展とともに、これらの実用記事執筆を担う技能集団が成立・拡大し、各ジャンルのプロから「しろうと」として主婦業をおこなう読者に技術が伝達されていくという流れが確立していく。その流れには、大きく分けて二つある。第一は、裁縫や美容などのサービス業が成長し商品化がすすんでいく分野では、市場で商品を購入するかわりに、プロによる商品製作の技能を、主婦が学習するという流れ。第二は、良妻賢母主義の高等女学校や実科高等女学校、あるいは高等女学校以上に専門的に裁縫や家政学などの実学を授ける各種学校や専門学校の発達を背景に、それらの学校に入学するかわりに、教育のプロによる指南を主婦が受けるという流れ。この二つの流れが示すのは、産業化を背景に家事労働は急速に高度化と「和洋折衷」の多様化をもとめられ、同時に家事労働の商品化が（とりわけ都市部においで）すすめられる中、高等女学校教育だけでは（まして尋常・高等小学校教育のみでは）「主婦」業の習得を保証し得なかったことである。学校教育だけでは保証し得ない「主婦」の技能を指南するために、婦人雑誌に登場する女子教育の「プロ」という図式は、一見奇妙でもある。次節ではこの点をさらに追ってみよう。

三　発展する女子教育からの環流

山川菊栄は、一九二八（昭和三）年の『中央公論』で、当時の婦人雑誌に「性欲記事」が多いことを批判する延長線上で、婦人雑誌の「低級さ」は、女子教育の「低級さ」に対応していると論をすすめている。山川は、「家政、育児、結婚、これが今日の女子教育の全内容であり、中心的な題目である。ただ、女子教育家は、これに道徳的な仮面を被せ、従ってお上品な、退屈なものにしているのにひきかえ、婦人雑誌経営者は、より露骨に、しかし一層巧みな、婦人の心を捉えやすい方法で、同じことを行っているにすぎない」「婦人雑誌の内容は、女子教育と同じ立場に立って、その足らざるを補いこそすれ、根本的に異なる立場に立つものではない」（「婦人雑誌と性欲記事―コマーシャリズムの一表現」『中央公論』一九二八年三月号）と述べる。山川のエッセイは、女子教育と婦人雑誌ともども「低級」であることに論旨の中心がおかれているが、山川の言うとおり、女子教育における良妻賢母主義や家事・裁縫教育の発達は、婦人雑誌の実用記事拡大の背景の一つとなっている。

裁縫や料理などの家事に関することがらは、従来、家庭生活の中で母親・祖母・姉など身近な女性から教わるものであった。裁縫については、少し高度な技能を身につけたい場合は、裁縫師匠の私塾に通うということも一般的であった。近代学校教育の出発とともに、裁縫科が学校で女子向けの教科として位置づけられるようになり、徐々に学校教育制度内部で発展していく。

全国的に統一的なカリキュラムを提示した一八八一（明治一四）年の「小学校教則綱領」では、小学校の中等科では女子のみ「裁縫」が、高等科では女子のみ「裁縫」と「家事経済」が必須科目とされ、その後も裁縫および家事教育は女子教育の要となっていく。女子向けの中等教育機関であった高等女学校に関しても、一八九九（明治三二）年の高等女学校令が発布されるとともに、女子教育の目標は「良妻賢母」の育成にあることがさかんに強調された。同年の「高等女学校ノ学科及其程度ニ関スル規則」にて、「家事」と「裁縫」が必須科目、「手芸」が随意科目として明示されるとともに、「修身」に関しては「貞淑ノ徳ヲ」養うことがもとめられ、男子の中学校とは異なる良妻賢母主義教育のためのカリキュラムが構築された。(4) その後さらに、一九一〇（明治四三）年の高等女学校令の改正によって、技芸専修科の規定が改まり、「高等女学校ニ於テハ主トシテ家政ニ関スル学科目ヲ修メムトスル者ノ為ニ実科ヲ置キ又ハ実科ノミヲ置クコトヲ得、実科ノミヲ置ク高等女学校ノ名称ニハ実科ノ文字ヲ冠スヘシ」とさだめられた。この改正により、実科高等女学校が登場し、翌一九一一（明治四四）年には、公立四三、私立六の実科高等女学校が新設され、さらに翌年の一九一二（明治四五）年には公立三五、私立六の実科高等女学校が新設されるなど、裁縫に関する実用教育を重視した実科高等女学校は全国的に普及していく。

そうした小学校や高等女学校での「裁縫」「家事」教育の発展は、女子教育を担う女性教員育成のための最高機関である東京女子高等師範学校が牽引していくことになる。女子高等師範学校は、一八九七（明治三〇）年には文科と理科を分割したが、一八九九（明治三二）年には文科・理科と鼎立するものとして技芸科を新設した。文科・理科と鼎立して技芸科を設立したことは女子教育上注目すべきことであったが（桜井―一九四三、復刻一九八二）、当初は単に裁縫を教授するにとどまるような不十分なレベルであったため、教員の後閑菊野《ごかんきくの》を医科大学に派遣して看護法を研究させたり、卒業生宮川スミ（大江スミ）をイギリスに留学派遣して家事科を研究せしめるなど、家事科の教育内容の充実をめざした（桜井―一九四三、復刻一九八二）。

女子高等師範学校のようなエリート教育とは別に、私塾から女学校やさらには専門学校に昇格して、家事・裁縫教育の質の向上と拡大をめざす動きも見逃せない。明治後期には、裁縫塾から女学校へ転換していく学校が多くあらわれた。たとえば、和洋裁・礼法・点茶・生花・造花・刺繡の六教科をカリキュラムとしていた和洋裁縫伝習所は、一八九六（明治二九）年東京裁縫女学校と改称。後に婦人雑誌で活躍する大妻コタカの場合も、まずは裁縫や手芸を教える私塾を開き、評判となったことから、一九一六（大正五）年大妻技芸伝習所を設立、一九一七（大正六）年には私立大妻技芸学校開校、さらに一九一九（大正八）年に大妻高等女学校に発展させている。

一九〇三（明治三六）年に出された「専門学校令」は、専門学校を「高等の学術技芸を教授する学校」と定め、明治末までに専門学校として認可された女子向け専門学校は「文学・語学」「美術」「体育」「音楽」「医学」「宗教」などに限られ、学校数も約四〇〜六〇の間を増減している状態だった。桜井（一九四三、復刻一九八一）によれば、明治末時点における女子専門学校で、家事・家政・手芸に関する教育をしている学校はなかったという。しかし、大正年間に増設された女子専門学校では、家政学や裁縫家事を教える学校もうまれた。一九二〇年以降急速に女子専門学校が増加し、宗教系、文学系、家政系、さらには専門的職業教育を施す学校まで、教育目的は幅広く展開したという（佐々木―二〇〇二）。

一九三五（昭和一〇）年には五〇にのぼる学校が女子専門学校として認可されていたが、佐々木啓子は、これらの中には、「教養系」と「実学系」の二つのタイプの学校があったとする（佐々木―二〇〇八）。「教養系」には、「日本的教養」を重視し、「良妻賢母」を教育理念として掲げ、修身・裁縫・割烹、女子の作法・礼法などを教授する学校と、「西洋的教養」を重視し、音楽、西洋手芸、代数幾何や世界地理などの英語での授業がおこなわれる学校の二種類にさらに分類される。前者の代表的な例としては帝国女子専門学校、実践女子専門学校、千代田女子専門学校など、後者の代表的な例としては海岸女学校（後、青山女学校）、神戸女学院、同志社女学校、活水女学院などのミッションスクールが挙げられる。一方の「実学系」とは、医師・歯科医・薬剤師・計理士・弁護士といった専門的職業人の養成をめざした学校を指す。医歯学系では、東京女子医学専門学校、東洋女子歯科医学専門学校、帝国女子薬学専門学校など、裁縫や技芸など家政に関わる教育を中心とした専門学校には、東京女子・共立女子・東京家政・和洋女子・椙山女子・安城女子・大妻女子などがあった。これらの多くは、各種学校や中等レベルの実業学校としての位置づけであった裁縫女学校を母体としていた（佐々木―二〇〇二）。

こうした家政科や家事・裁縫教育の発展が婦人雑誌の実用記事にも反映されていることを示す端的な証左として、実用記事の書き手に女子教育関係者が多いということが挙げられる。

戦前に学校教育の家事科・裁縫教育に尽力し、家事・裁縫の教科書を執筆した人物の多くが、『主婦之友』の誌面に登場している。たとえばイギリスをはじめ欧米において洋裁を学んだ後東京女子高等師範学校裁縫担当教授となり戦前の裁縫教育の中心人物の一人であった成田順（子）、同じく東京女子高等師範学校家政科教授であり高等女学校用の家事科教科書（後閑菊野『高等女学校用家事教科書』上下　目黒書店　大正五年、大江スミ『家事応用教科書』上下　寶文館　大正七年など）を執筆している、先述の後閑菊野や大江スミ（子）／寿美子など、明治から大正期にかけて戦前日本の家事科教育の基礎を築いた大立て者の多くが、婦人雑誌の誌面において「女学校の家事科の先生から女学校出の若奥様へ」（『主婦之友』大正六年一〇月号：後閑菊野）、「中流家庭に必要な実際的家政の執り方」（『主婦之友』大正一三年一〜三月、六月：大江スミ）などの記事を執筆している。他にも、アメリカで家政学および社会学を学んで帰国し日本女子大学校教授となり多数の教科書や著書を著して家政学の普及につとめた井上秀子や、東京女子高等師範学校教諭・淑徳高等女学校教頭・青山女学院教頭などを歴任するとともに高等女学校用の教科書数種を執筆した塚本ハマ／はま子など、学校における家事裁縫や家政学の教育に尽力した人々で、婦人雑誌に「主婦」「主婦予備軍」の読者たち向けの記事を提供した女性は数多い。彼女たちは、「家庭の実務問題研究会」（『主婦之友』大正一四年一・二月号：塚本はま、井上秀子）のように家事に直接関わる記事だけでなく、「離婚問題を解決する良法は無きか　最後の手段の前にもう一度自己を反省せよ」（『主婦之友』大正一四年九月号：塚本はま）、「男子から見た婦人の貞操・婦人から見た男子の貞操　男子の貞操は国家的に無視されている」（『主婦之友』大正一五年八月号：塚本はま）、「妻が社会的に偉くなった場合良人は果して幸福か？」（『主婦之友』大正一四年一〇月号：井上秀子）のような、結婚や女性の生き方に関する評論記事や座談会などにも登場している。

女子高等師範学校系列の執筆者だけでなく、大妻コタカ（大妻技芸女学校長）、吉田壽代（和洋裁縫女学校講師）、大内重一（青山女子技芸学校長）、上述の並木伊三郎（文化裁縫女学校長）など、各種の職業学校系の女子教育機関関係者が実用記事の執筆者として多く起用されている。

以上のように、「家事」「裁縫」を基本とする良妻賢母主義教育は、女子の教育内容を男子とは異なる形で限定しようとするものであったが、女子教育の「中枢」に居た人々は、「家事」「裁縫」にとどまらない「家政学」を打ち立て、その教育内容をより科学的で近代的なものに発展させるべく努力し、その努力の成果を婦人雑誌にも提供しようとしていた。また、医歯学・薬学・商学・法学から裁縫・割烹・理美容など、女性の職業人を生み出すべく職業専門教育を発展させようとした人々は、各ジャンルに関して知識・技能の一部を婦人雑誌読者に披露することにも積極的であった。つまり、良妻賢母主義を掲げながらも、家政学を他の学問に匹敵するレベルにまで高めたいという女子高等師範学校中心の動きと、女子に適した職業について本格的な専門教育を行い、職業人を養成したいという職業専門教育系の学校の動きはいずれも、婦人雑誌の実用記事の増加、主婦に必要とされる技能と知識の膨張とパラレルなものであったことが、実用記事の執筆者構成にはっきりとあらわれている。

四　実用記事のエートス

一挙両得主義と無償労働

実用記事が扱う事柄は多岐にわたるが、それらに共通する考え方はなかったのだろうか。記事のタイトルにみられるキーワードを抜き出し、頻繁に扱われるキーワードが示す実用記事のエートスとでも呼ぶべきものを抽出してみよ

表14　『主婦之友』目次にみる実用記事のキーワード

キーワード	1921年	1931年
簡単な／雑作なく出来る／手軽な／手軽に出来る／速成／簡易な／道具いらずに出来る／即席に出来る／十分で出来る／手数いらず	18	19
素人／素人に出来る／素人にわかる／素人製作の／家庭で出来る／誰にも出来る	11	3
経済的／金のかからぬ／安価で／割のよい／三十銭前後で出来る／一円内外で出来る／五十銭で出来る／経済的に出来る／一人当たりが五銭で出来る／安い	5	27
新発明／発明／新研究／新工夫の／新案の／新式の／新型／新考案の／最新型／新方法／実験	15	24
秘訣／秘伝／秘密	2	15
季節向き／季節の／春先にふさわしい／初夏にふさわしい／夏向きの／春向き／秋の／冬の	11	24
美味しい／食欲をそそる／風味のよい／食欲のすすむ	4	21
珍しい／変わった／気のきいた	2	3
栄養本位／栄養／滋養になる	0	5
子供さんが大好きな／赤ちゃんが喜んで食べる／子供を楽しませる／坊ちゃん方がお喜びの／子ども本位の	1	8
有合せの	1	3
最も有効なる／有効な／効験／特効／効能	9	1
確実な／有利な／利益の多い	3	6
上手な	0	14
便利な／便利のよい	6	4
今年流行の／流行の／新流行の／流行型の／東京で最新流行の／東京で流行る	11	6
格好がよくて／格好よい／スマートな／軽快な	7	4
可愛らしい	2	1
廃物利用の	0	5
芸術味ゆたかな／自分の趣味に生きる高雅な／芸術的／風雅な／趣味深い／風流な／上品な／美しい／優美な	11	6
室内装飾・装飾	6	1
実用／実用を本位とした／丈夫で	4	0
和洋折衷／和洋の長所を集めた／和洋両用	6	3
理想的	1	6
中流／中流向き	1	3
新時代／近代的な／モダン／文化生活	2	6
家庭的の／家庭向け	0	6

う。一九二一（大正一〇）年と一九三一（昭和六）年の『主婦之友』の目次から実用記事のタイトルの中で頻繁にあるいは特徴的に使われた言葉を数え上げたものが表14である。

まず、実用記事のほぼすべてのカテゴリーにおいて頻繁に使用されていたのは、「簡単な／手軽な」「素人に出来る／誰にも出来る」といった、作業遂行や技能習得の容易さを謳った言葉である。『主婦之友』の実用記事の編集方針で重視されていた「わかりやすさ」が強調され、当該の実用記事をひとまず気楽に読んでみようかと、読者を誘い込むために有効と思われる。

次に「経済的／安価」といった言葉が多く用いられる。これも、裁縫から料理、住宅、生活改善（交際）などさまざまなカテゴリーで見られる。経済的な安さを強調する言葉の中でも、「三十銭前後で出来る」といった具体的な金額が示されているのは、料理か裁縫関係の記事が多い。

「新発明／新案の」といった、新しい技能やアイデアであることを示す言葉や、「秘訣／秘伝」といった、専門家や特定のすぐれた人だけが知っている貴重な情報であることを示す言葉も、さまざまなカテゴリーで使われている。

それぞれのカテゴリーに特有のキーワードもある。「料理」記事に多いのは、「季節向き」や「美味しい／食欲をそそる」「珍しい／気のきいた」といった言葉群。一九三一（昭和六）年になると「栄養」という言葉が登場し、「子供が大好きな」といった子供向きのお菓子や子供のための行事料理の紹介につけられる言葉も増える。「流行の／流行型」や「格好がよい」などの言葉は、「裁縫」と「美容」記事に多い。「可愛らしい」は、「裁縫」の子供服に関して使われている。「手工芸」記事に多いのは、「芸術味ゆたかな／風雅な」といった言葉である。

一九三一年に「手芸」全般で「廃物利用」という言葉が使われるようになるのは、時代的な特徴であろう。と同時に、「理想的」「中流向き」「新時代／モダン」などの、家庭生活全般の発展を示唆するような言葉も増えている点が目を引く。

以上、実用記事のタイトルに使用されるキーワードを概観したが、これらの言葉は単独で用いられるだけでなく、二つもしくは三つの言葉が連なって用いられることが多い。実は、複数のキーワードを組み合わせた表現にこそ、婦人雑誌の実用記事エートスの神髄をみてとることができる。

たとえば、「簡単に縫えて格好のよい」「雑作なくできて可愛らしい」「実用と装飾を兼ねた」「便利で経済な」「丈夫で美しい」（以上、裁縫記事）、「有合せで御馳走」「一人前五十銭で出来る美味しい」「安くて美味しい」「美味しくて滋養になる」「手軽で美味しい」（以上、料理記事）、「素人に出来る風雅な」「趣味と実用を兼ねた」「素人製作の上品な」（以上、手工芸記事）、「金のかからぬ上品な」「費用と手数いらずの」（以上、美容記事）などの、「〇〇であり、かつ△△」と、メリットが二つ重なるような表現が特徴的に用いられている。メリットが二つ並べられるだけでなく、「〇〇」と「△△」の組み合わせは一見両立がむずかしいように見えるものが多い。「素人でも出来るほど簡単」であったり「安価」であったりするにもかかわらず、「格好がよい」「美味しい」「風雅」とすばらしい出来映えを獲得し得るといった、読者にとって大変「都合のよい」結果を示す殺し文句となる。「一人前五十銭で出来る簡単で美味しい季節のお客様料理」のように、「経済的」で「簡単」なのに「美味しい」「お客さまにも出せる」と四つものメリットが組み合わされる強欲な例もある。

こうしたキャッチフレーズが体現しているのは、「一挙両得主義」とでも名づけたくなる、実用記事に通底するエートスである。一挙両得主義は、一種の功利主義であり、モダニズムの精神を反映してもいる。読者が行動をおこすためには、メリットが示されなければならない、しかも、そのメリットは万人に開かれているものとして提示される。婦人雑誌の実用記事は、美味しい料理や出来映えのよい衣類をつくるために辛い修行が必要であるとは「言わない」。貧富や貴賤や生まれつきの才能の違いによって断念せねばならないものがあるとは「言わない」。「家（イエ）」の運営には伝統的なしきたりや秩序を守ることが重要だとは「言わない」。むしろ進取の気鋭を鼓舞する。

実用記事は技能や知識を提供するとともに、そうしたモダニズムの精神を家事労働に吹き込む機能を果たしていた。ただし、ここで扱う家事労働に関わるモダニズムは、性分業という近代的なジェンダー秩序を前提としている。実用記事の一挙両得主義が読者に伝えていたのは、市場で商品を購入したりサービス業を利用したりするのではなく、家庭の主婦がみずから無償労働でおこなえば「安価」で「質のよい」成果を得ることが可能になるというメッセージである。「アマチュア」の主婦でも、ある程度の労働量を投下さえすれば、「プロ」に近い、あるいは「プロ」と同等の、質の高い生産物がつくれる。「アマチュア」の主婦の仕事、つまりは無償労働であるからこそ、経済的な投資は最小限におさえることができる。一挙両得を実現するための主婦の無償労働を、婦人雑誌はサポートしてくれるのである。

五　「プロ」に学ぶ「永遠のアマチュア」としての主婦

裁縫、編物、手工芸、料理、家庭医療、掃除・洗濯、住宅、家計、冠婚葬祭、交際などなど、「主婦」が、「プロフェッショナル」ではないが〈家事労働専従者〉として、一家の家政を運営するために必要な知識や技能は、毎号の分厚い婦人雑誌の最も多くの頁を費やして、展示され、図解され、文字化され、大量の情報となって、読者のニーズを満たす。近代学校教育システムは、良妻賢母主義という教育方針をとり、女子教育の要を主婦養成と考えた。しかし、学校教育だけでは、性別役割分業の基本を教えるにとどまる。通常の職業が、学校教育で学んだことだけでこなしていくことが不可能であるように、だからこそ、働きながら実地で学んでいくことの方が多いと言われるように、主婦労働もまた、実際に労働生活に従事してからのＯＪＴが必要である。どのような夫と結婚するのか、その家族構成や経済状態、親族関係などの個別性に応じて、主婦に求められることも変わってくるだろう。また、社会の変化に応じた技術革新や、自分が属する「家庭」のライフサイクル・そこでのイベント（出産、子どもの入学・進学、夫の昇進や転職、家族の病気、子どもの就職、子どもの結婚などなど）に沿った新しい任務にも生涯を通じて逐次対応していかねばならないだろう。

孤立した労働である主婦労働に対して、婦人雑誌は、常に寄り添う姉や母のように、実用的な知識や技能を伝達してくれる。一九三〇年代になると、主婦技能の集積は加速度的に進展し、あふれんばかりにふくらんだ情報が読者に届けられるようになる。しかし当時は、今日ほど多様なメディアに囲まれているわけではなく、活字といっても何冊もの雑誌や本を買える世帯はめずらしかった。多くの女性読者にとって毎月一冊の婦人雑誌が貴重な情報源であったと考えられる。あふれんばかりといっても、過去との比較での過剰である。その過剰は、一冊が提供する情報の中に、せめて選択の余地を生み出したいとする欲望ともいえる。昭和初期には、自分の好みや家族の状況で選ぶことができるだけの「余剰」を含んだ情報を提供するようになったといえよう。

近代化によって、かつてない規模の産業構造の変化と分業化が生じ、さまざまな新しい職業が誕生した。近代以前では、衣食住や医療、妊娠出産、子育てに至るまで、家族内や村落共同体内での「自給自足」体制を可能にしていた生活技術が、近代化とともに「イエ」や「ムラ」から市場へと外部化されていき、医師や産婆・助産師、教師など資格を身につけた「プロ」、職業学校や専門学校で専門的な技術教育を受けた上で自営業や賃労働などをおこなう「プロ」が、担うようになっていく。近代家族は、分業化によって新たに誕生した商品や「プロ」のサービスを貨幣で購入する方法と、分業化された「プロ」の労働内容を「主婦」の仕事としてあらためて取り込む方法の、二つの方法で分業化のプロセスに対応することになる。婦人雑誌は、主として広告や購買意欲に結びつく慰安記事（連載小説やグラビアなど）によって前者を、主として実用記事によって後者を促した。もちろん実用記事もまた、服飾や美容の流行、新しい医療品などの紹介によって、商品やサービスの購入意欲を喚起する側面も持っていただろうが、実用記事の第一の目的は「プロ」の指南による主婦自身の技能向上だった。

分業化によって生まれた各ジャンルの「プロ」の指導を通じて、主婦の労働が構成されていく。これは、近代がもとめる「公／私」の分離、生活領域の「職場／家庭」の二分化を背景とした、一つのパラドクスである。「私」領域とされた「家庭」を担当する「主婦」は、「アマチュア」であり、「公」領域ですすむ家事労働の商品化に直接関わらない。しかしながら、「主婦」が、つぎつぎと進行していく産業化に対応し、近代家族にもとめられる新しい生活様式を実現するためには、種々の「プロ」からの手ほどきを受けることが必要となる。「イエ」「ムラ」から外部化して市場に細分化されながら拡大していった生活技術を、マスメディアを通じて、ひとりの「アマチュア」に過ぎない「主婦」として再度自分の家庭内にかき集めて集積させることが要求される。「主婦」は、あくまでも「アマ」でありながら、各ジャンルの「プロ」の指導を受けて、「プロ」並の技能を期待されるのだ。しかも、オールラウンドに。お客があれば有名割烹顔負けの料理を用意し、子どもや自分の洋服・編物が必要ならば見事に自作し、趣味の高い手工芸で家庭を飾りつつ、家族の病気には有能な医師や看護師になり、子どもの教育に際しては的確な判断をする教師となる。社会に増えた職業や専門家の数だけ、主婦の業務も拡大していく。主婦は、近代になって発達した各種の職業を網羅的に兼業する。すべての領域に秀でた「アマチュア」、それが「主婦」にもとめられた姿だ。「プロ」並のすぐれた生産物やサービスを生みだすことをもとめられようとも（そしてそれを実現しようとも）、主婦は家族という「私的領域」で「愛の労働」（すなわち無償労働）をおこなう「アマチュア」でなければならないのだ。婦人雑誌による実用記事の充実は、「主婦」にもとめられる矛盾したニーズに応えるものといえる。だが、累々と集積されていく実用記事は、その集積の膨大さによって、「アマ」でありつつオールラウンドの「プロ」という非現実的な主婦の理想像を扇動するプロパガンダの役割をも果たしていたのではないだろうか。

註

（1）近代日本の家庭文化における手芸の位置づけについて、また、手芸奨励の文脈での藤井達吉の役割については、山崎（二〇〇五）にくわしい。

（2）主婦の友社の社史（主婦の友社―一九六七）によれば、産児制限の記事を日本で初めて取り上げたのは『主婦之友』で、一九一九（大正八）年の十一月号に海外に居た加納久能が「世界改造と新らしき日本婦人の覚悟」という記事を寄せ、そこで産児制限の思想を伝えたという（主婦の友社―一九六七：七九）。その後、一九二一（大正一〇）年一二月号「斯ういう婦人は妊娠を避けたがよい」（避妊法記載）、一九二二（大正一一）年一月一日号「産児制限の合理的必要性」、一九二二年四月号「マーガレット・サンガー夫人との米国での会見記」、一九二三（大正一二）年二月号「避妊術をうけた婦人の実験」（読者の体験記）、一九二五（大正一四）年一月号「産児調節を実行した婦人の経験」、一九二五年一月号「人工妊娠術で子宝を得た実験」、一九二六（大正一五）年八月号「妻の心得べき妊娠中絶、避妊、人工妊娠」、一九二七（昭和二）年二月号「産児調節に成功した経験」、一九二七年十二月号「誰にもわかる妊娠する日と妊娠せぬ日の判別法」（荻野式紹介）、一九二七年七月号「産児調節に成功した良人の経験」、一九二九（昭和四）年六月号「自分で妊娠調節法を発見する迄の苦心」、一九三三（昭和八）年四月号「妊娠日と不妊娠日の新しい発見」（荻野式紹介）と、断続的に産児調節に関する記事を掲載している。『主婦之友』における産児調節記事と時代状況については、米田（一九九二）にくわしい。

（3）大原社会問題研究所が一九一九（大正八）年六月に実施した、高等女学校（大阪府立清水谷高等女学校）の四年生八〇名を対象に実施した、婦人職業に関する興味深い調査結果がある（大原社会問題研究所―一九一九）。女学生に二一の職業を提示し、「各自が選択せんとする場合には何れを第一として何れを最後とするか其の順序を記入」させた結果、人気が高かった職業は、第一位より順に、女音楽家、保母、タイピスト、女画師、女教師、女医、女記者、看護師、裁縫師、女事務員といったものであった。これらの職業は、婦人雑誌の実用記事において、指南役を務める著名人もしくは専門家の顔ぶれに近い。女記者は、雑誌において取材して記事をまとめる裏方であるが、婦人雑誌の実用記事では署名記事が出ることも多く、女性の知識と技能を生かせる仕事として好感をもたれていたことがわかる。

（4）学校教育制度上、一八九五（明治二八）年高等女学校規程が制定されるまでは、『手芸』という教科は『裁縫や手芸』の一切を包括する広義の内容の教科であった。しかるに一九〇一（明治三四）年高等女学校令施行規則によって『手芸』は編物・組糸・嚢物・

造花等を内容とすることになり、裁縫と並ぶ科目となった。すなわち『手芸』の内容は以前よりも狭い教科となって二つに分離したのである（常見一九七二：一〇九）。

第三章　主婦の規範〈修養の章〉

一　婦人雑誌における「賞賛される女性」の物語

本章では、読者と婦人雑誌を結ぶ三つのキーワードのうち「修養」を取り上げる。読者は雑誌の提供する記事の中から、自らの「修養」に役立つ情報を吸収していた。それは、女性としての正しい生き方、すばらしい生き方とは何かを伝えるものである。女性の生き方の理想や模範を示すものとして、第I部第三章でもふれた『主婦之友』誌面に頻繁に登場する「賞賛される女性」に関する記事をくわしく見ていこう。

『主婦之友』では、「古今名婦鑑」「当世模範夫婦」「女名人伝」「日本名婦伝」「〇〇立志伝」などのタイトルで、「賞賛されるべき」模範的・理想的な女性の生き方を紹介する記事が一つのパターンとして確立され、毎号のように掲載されている。それらは実在の女性の半生記や人物批評の形をとっており、そこで取り上げられる女性は、過去・現在の有名女性にはじまって、当時話題となった事件に関わる女性、一般の市井の女性まで様々である。

『主婦之友』において、「賞賛されるべき女性」として取り上げられた女性は、どのような女性だったのか。どのような生き方が、理想とされたのか。以下、そうした「賞賛すべき女性」として扱われる、女性の一代記や半生記の記事を集めて、その中にあらわれた女性の「修養」に関わるメッセージを析出する。

対象とする「賞賛されるべき女性」に関する記事は、一九一七（大正六）年の創刊年から、第二次世界大戦敗戦の一

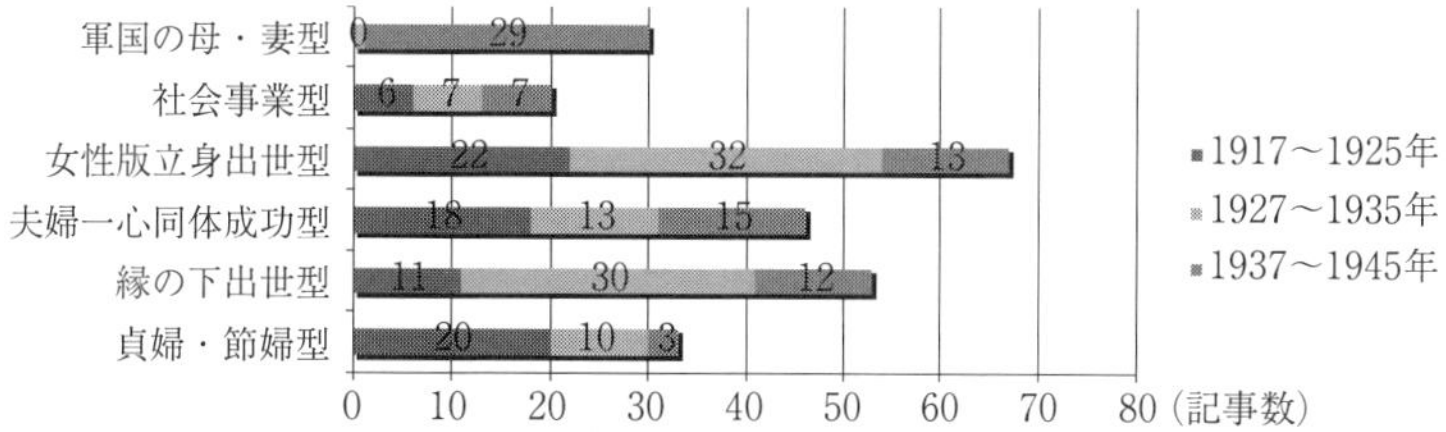

図12『主婦之友』における「賞賛される女性像」記事数（各時代奇数年のみ計測）

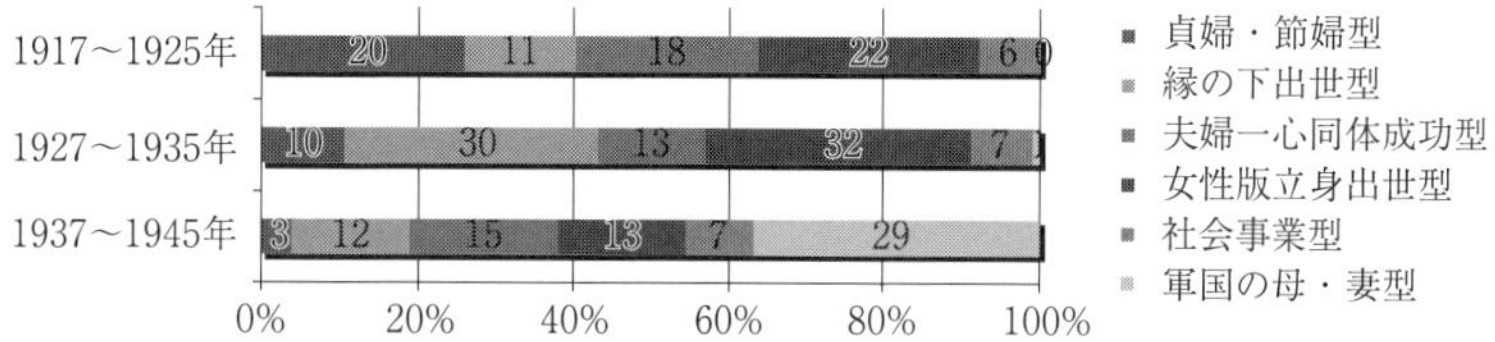

図13『主婦之友』における「賞賛される女性像」記事数の時期別分布（各時代奇数年のみ計測）

九四五（昭和二〇）年までの約三〇年間のうち、西暦奇数年（元号偶数年）の一五年分（一二×一四＋七＝一七五冊）に登場する二五一記事である（章末の表15参照。引用した資料については、旧字体や旧かなづかいを現代文の形に改めている）。

「賞賛されるべき女性」として取り上げられている女性は、大きく分けて以下の六タイプに分類される。

A　夫への貞節や親への孝行、主君への忠義など儒教道徳を実践する女性、〈家〉や家族のために自己犠牲する女性：「貞婦・節婦型」
B　夫や息子の立身出世を支える女性：「縁の下出世（代理出世）型」
C　夫とともに商売や事業に成功する女性：「夫婦一心同体成功型」
D　自分自身が立身出世する女性：「女性版立身出世型」
E　何らかの社会事業・福祉事業に尽くす女性：「社会事業型」
F　夫や息子を戦争に捧げる女性：「軍国の母・妻型」

今回対象にした一五年分の誌面において、「賞賛される女性」として最も頻繁に登場したタイプは「女性版立身出世型」であり、ついで「縁の下出世型」、「夫婦一心同体成功型」、「貞婦・節婦型」、「軍国の母・妻型」、「社会事業型」と続く（図12）。

三〇年間を大正期の一九一七（大正六）～一九二五（大正一四）年、昭和初期の一九二七（昭和二）～一九三五（昭和一〇）年、昭和一〇年代の一九三七（昭和一二）～一九四五（昭和二〇）年の三つの時期にわけて、上記のタイプ分けの時期ごとの分布をみると（図13）、大正期には「貞婦・節婦型」が比較的多く、約二割を占めていたが、年を追うごとに減少し、昭和一〇年代にはほとんど姿を消す。「縁の下出世型」は大正期には一割強であったが、昭和初期には約三倍近い比率を占めるようになる。「女性版立身出世型」もまた、大正期の二二％以上から昭和初期の三二％と比率を増やしている。「夫婦一心同体成功型」は大正期の一八％から昭和初期には一三％と比率を減らすが、昭和一〇年代には一五％と若干ながらふたたび盛り返す。「貞婦・節婦型」「縁の下出世型」「女性版立身出世型」がぐっと比率を減らす昭和一〇年代には、戦争拡大を背景に、「軍国の母・軍国の妻型」の記事がふえ、全体の三割近くを占めるようになる。一九三〇年代後半から隆盛した「軍国の母・妻型」は、ファシズム期の「貞婦・節婦型」と換言することもできよう。

では、以下それぞれのタイプをくわしくみていこう。

二　貞婦・節婦型

「貞婦・節婦型」とは、家（イエ）や夫のために自己犠牲的に献身するという、封建的な婦人道徳に忠実であったという点で賞賛されているタイプである。その性格上、歴史的人物がとりあげられていることが多い。

1　忠義や孝行に尽くした歴史的人物

大正期に多くみられた「貞婦・節婦型」の記事には、一九一七（大正六）年の「古今名婦鑑」というタイトルでの連載や、一九二一（大正一〇）年の「実話物語」などによって、歴史上の人物がよく取り上げられている。これらの記事で扱われたのは、忠臣蔵の陰で尽くした大石良雄夫人や堀部順女、将軍への忠義を尽くした春日局、幕末動乱の中で自己犠牲を耐えた和宮、忠臣の鑑とされた大楠公（楠木正成）への内助の功で称えられた大楠公夫人（久子）など、将軍や天皇をはじめとする「上位」者への忠義や大義のために献身した女性、あるいは献身する夫に大いなる内助の功をなした女性達である。彼女たち歴史上の人物は、封建社会にあって、君主への忠義という点で直接・間接の貢献をおこなったことが賞賛の対象となっている。

封建道徳の中でも、忠義と対になって語られることの多い孝行という点で、賞賛されている女性たちもいる。幕末には「大成金」としてよく知られた商家銭屋がある事件から没落し、家財もすべて失い、父喜太郎は牢につながれたままという苦境の中での、娘千賀女による孝心のおこないが二回にわたって記述されたのが「実説物語　孝心によって家名を再興した銭屋五兵衛の孫千賀女」（一覧表番号53、54）である。父の身代わりになりたいと奉行所に駆け込み願いをし、かなわぬとわかると川に身を投げて願いを遂げようとした可憐な千賀への世間の同情が高まり、父は恩赦を受けて、再度銭屋が復興するという話である。

2　夫への貞節に尽くす妻

忠義・孝行と並んで賞賛されるのが、夫への貞節を全うした女性たちである。放火傷害致死という重罪を犯して二

○年の刑を言い渡された夫を、結婚後まもない当時十九歳の妻が、出所までの一四年間待ち続けた実話物語では、妻が周囲や夫から離婚をすすめられても首を縦にふらず、司法保護団体の助けを借りつつ、一人で暮らしを立てて夫への面会を欠かさなかった年月が語られる（243「良人の出獄を待って十四年・妻の純愛実話」）。

酒や浮気で妻を悲しませる夫たち（45「酒と女に身を持ち崩した夫が目覚めるまで」、46「結婚早々から浮気遊びをした夫を改悛させた」、153「酒豪の良人を禁酒させた妻の真情」）、さらには「飲む、打つ、買うの道楽を持つ無頼の徒」（81「盲目の夫に仕えて家を興した節婦訪問記」）であった夫や犯罪を重ねる夫（121「大罪人の良人に仕えた貞婦美談」、159「前科十三犯の良人を以て更正させた妻」）にさえ、あくまでも良妻として貞節を尽くして、ついに改悛させることができた女性たちもまた大いに賞賛される。彼女たちは、最初は夫を責めたり、一人思い悩んだりするのだが、自分を省みるという転機を迎えることで事態を打開していく。「良人の素行の治らぬのは自分の身のいたらぬから、自分の心の行き届かぬところから、良人に十分の家庭的満足を与えることが出来ないため今日に至った」「要するにこれは私の罪である。私がなした仕業である」（45前掲）と反省して、ひたすら「真心」をこめて夫に仕えることによって、ついに夫は悔悟し、幸せな家庭が復活する。いかに苦労させられても「一度嫁した以上は、自分の住むべき家は此処よりない。そして自分の仕えるべき人はこの人よりないのだ」「自分の愛で、この人を善人にするのが自分のとるべき道だ」（81前掲）との新しい決心に希望を見出し、毎日身を粉にして働く一方、夫を心から愛しいたわることによって、結局は夫も改心し家業も繁盛するようになる。

3 封建的婦人道徳の現代版

今回の「賞賛される女性」のリストには挙がってこないが、こうした封建的婦徳に従う貞婦・節婦型の大正・昭和初期アレンジ版として、妻や母として家庭の困難を克服した経験談の特集記事についてもここで紹介しておこう。一九一九（大正八）年一〇月号の「逆境に勝った妻の思出」という読者の経験談特集では、二つ事例が掲載されているが、いずれも事業に失敗・失職した夫を内職や会社勤めで助けて家庭をやりくりし、夫の再起を促した美談である。同じく一九一九年一〇月号に掲載された「再婚して成功した婦人の告白」、一九一九年四月号の「悲しい境遇を切り抜けて幸福な家庭の妻となった経験」、一九二七（昭和二）年一一月号「連れ子で再婚に成功した未亡人の経験」などの特集では、初婚の際に病気で離縁になったり、夫が亡くなったりといった不幸に泣いたものの、再婚では初婚の時にかなわなかった努力をすることで幸福をつかんだ経験談や、結婚初期にはむずかしい舅姑小姑との関係や夫との不和に悩んだが、十年近くその辛苦を必死で耐えたがために今は幸福をつかんでいるという経験談がいくつも掲載されている。有名人の話題では、一九三三（昭和八）年一〇月号に掲載されている「十三年目に夫は遂に帰る!! 勝利の妻・石原純博士夫人と語る」といった記事もある。歌人原阿佐緒との恋愛で一時は妻子を捨てた石原博士の事件は、その当時も婦人雑誌の記事を賑わせたが、十数年の末、石原博士が辛苦を耐え忍んだ妻子の元に返ったという結末についても注目が集まった。

読者の経験談にせよ、有名人のスキャンダルにせよ、妻や母が家庭の幸福を護り得たエピソードにおいて強調されているのは、「今の幸福も努力と忍耐のたまもの」という教訓である。舅姑が頑迷な人であろうと、夫が不道徳で無頼の輩であろうと、良妻賢母はひたすら真心を尽くして、孝行と内助の功を忘れず、家事のみならず家計のための賃金労働もいとわない努力が必要とされる。これらの記事には、封建時代や幕末の「歴史物語」の貞婦・節婦のみならず、大正・昭和の「現代」に生きる主婦たちに対しても、いったん苦労がふりかかれば、婦徳を貫く良妻賢母たるべし、それだけが家庭と我が身の幸福を実現するとの規範が満ちている。

次に、より積極的に男性の「立身出世」を支えた存在として賞賛される「縁の下出世型」の女性像をみてみよう。

三　縁の下出世型

「縁の下出世（代理出世）型」の女性は、夫や息子（ごくまれに娘）の立身出世を、精神的・経済的・肉体的に支える役割を果たした女性である。このタイプの記事を代表するものが、一九三一（昭和六）年から三年間にわたって断続的に連載された「母の立志伝」シリーズである。このシリーズは、政界を始めとして各界の有名人男性の母親を取り上げ、母親が息子の立身出世にどのように貢献したかが描かれている（立身出世した娘の事例は二例のみである）。

そのシリーズ名に明らかなように、このタイプの場合、男性の出世を陰で支えることがすなわち、女性自身の出世であるという考え方が色濃く流れている。ここで描かれている女性の姿には、どのような特徴があるだろう。

1　息子に対する立身出世動機のインプット

まず、息子の立身出世を支えた母親の記事の場合、立身出世への原初的な動機付けを行っている。「偉くなれよ、津山に平沼ありと言われるように偉くなれよ」（203「平沼新総理大臣を育てた母の苦心」）、「えらい人になっておくれ」（128「母の立志伝―牧野元次郎の母」）「お前たちが立派になってくれさえすれば、それで皆なよくなるのだよ」（190「皇軍の父香月司令官母堂の苦闘の生涯」）と、息子たちは幼い頃から折にふれ繰り返し母親から聞かされ続けている。母親たちは、立身出世へのアスピレーションを息子たちに植え付けることに非常に熱心である。

それが、祖先や家名と結びつけて説かれる場合も少なくない。「お前の祖父様といふ方は、商人ではあるが、偉い方だったのですよ。また叔父様のうちにも、それはそれは偉い方がいなすったのですよ。お前も、今に、祖父様のような、叔父様のような、偉い人にならなくてはなりません」（129「母の立志伝―伊東深水画伯の母」）、祖先の武勲話を夜毎聴かせては「だから、お前たちは、他の百姓の子とは違います。大きくなったらご先祖様のようなえらい人にならなくてはなりません」（125「母の立志伝―宇垣朝鮮総督の母」）、戦死した夫の武勇談とともに「立派な古荘の家を立てねばならんに」（222「未亡人の手で愛児を大将にした古荘大将の母堂」）と、母親たちは祖先や家を理由として立身出世の正当性と必要性を説いた。「未亡人」の場合は、家の再興を悲願としてそれを息子に託すのである。

作田啓一は立身出世主義を日本社会における何らかの適応ないしは同調の形態としてとらえる（作田―一九七二）。つまり、立身出世の動機は、他者より卓越したいという個人的な野心だけでなく、家族などの第一次集団の社会的期待や、より広い共同生活秩序に同調しようとする意識を源としているのではないか。それを裏付けるものとして、家名や家運の回復が立志の動機として頻繁に（とりわけ明治前半期）登場することが挙げられている。作田が指摘するところの、家名を背負う形の立身出世観を、男性の意識に注入することにおいて、母親は大きな役割を果たしてきたこと、あるいは果たさねばならないとする規範が読み取れる。

2　男性の立身出世のための自己犠牲

第二に共通する特徴は、動機付けるだけでなく、夫や息子の立身出世こそを自分の生きがいとして、彼らのために身を粉にして働き献身する点である。

夫の内助をする妻の場合、夫のために「うんと働き、うんと助け、うんと仕える」（136「陸海軍に百万円を献金した国防の母三谷てい子未亡人の内助美談」）、夫に「決して内顧の憂えをかけまい、それには常に家内の平和ということに心掛けよう」(105「内助の功を積んだ模範的奥様」)と、夫の成功のための影の働きを自らの至上課題としている。

息子を支える母の場合は、さらに情熱的である。「元二郎や、お前は立派な人になっておくれ、私はお前のためならどんな仕事でもしますからね」(128「母の立志伝：牧野元次郎の母」)と、息子の学資のために懸命に働いて爪に火を灯すようにして貯え、東京で勉学中の息子に心づくしの着物や食べ物を送り、病気や試験の時には願をかけて好物の食べ物を絶ち、日々神仏を拝む。

そうした母の献身が、息子たちをして出世に駆り立てる重要な牽引力となる。夜遅くまで内職の刺繍をしている母の痩せた背中を見つめながら、「今に見ろ、おれはきっとえらい人になって、お母さんに安心させるんだ、きっと、きっと、きっと！」(118「母の立志伝：永井柳太郎の母」)と心に叫び、学資のために故郷で一人懸命に働く母を思って「夜半ふと釣床の中で目覚めて、故里の母の方に手を合わせ」(183「米内海相母堂の苦闘秘話」)て、母親を喜ばすために誘惑を退け努力を重ねる。「僕は母を喜ばせ、母を満足させるためならば、どんな辛いことでも忍べると思う」(183前掲)というほど、母親は息子にとって自己の出世で報いるべき絶対的な存在になっていく。特に母が「未亡人」の女手一つで苦労して育ててくれた場合は、必ずといっていいほど、それが激しい発奮の動機となる。この場合、息子が母親の恩に報いようとする気持ちは、母親の嘗めた辛酸に同一化してのルサンチマン(怨恨)をともなっていると考えられる。

竹内洋は、近代日本人の出世観の特質を、①出世主義的平等主義、②カチ・マケ的立身出世主義、③マジック・ビュー的立身出世主義、④ルサンチマン的立身出世主義、⑤ささやかな立身出世主義の五種類に整理しているが(竹内洋―一九七八)、「縁の下出世型」タイプの記述では、竹内の言うところのルサンチマン的立身出世主義の要素が色濃くみられる。また、ここで描かれる息子たちにとっての「母」なるものの位置づけは、山村賢明が定義したところの〈動機の中の母〉といえよう(山村―一九七一)。母親は、個人の成功を家族や故郷の成功と同一視することによる脅迫的動機付けを息子に与える。母親の辛苦が強調されればされるほど、その息子たちの出世のための努力は母（母が示唆する「家」）のルサンチマンに呼応する色合いを帯びてくるのである。

3　夫・息子の転機における英断

「縁の下出世型」の女性たちは、ひたむきな献身・自己犠牲をするばかりではない。特に母親の場合、息子の立身出世にとって重要な判断や援助をしていることも多い。武道ばかり勧める父とは反対に、「これからの世の中は、本が読めなくては駄目だから…」（86「私を今日あらしめた母の教訓」）と読書を勧めるなど、今後の社会における教育の必要性に関し先見の明をもっていた母は多い。小学校の高等科への進学を不必要と考える夫を説得して、息子を進学させる母（122「母の立志伝：若槻礼次郎の母」）、母子家庭の苦しい家計にもかかわらず「家の方はどうにでもなりますから、行って一生懸命に勉強していらっしゃい」（144「母の立志伝：菱刈大将の母」）と上京させる母、夫の死後膨大な借金を抱えつつ「家の事情はお前も知っての通りだが、学問をして、立身しようというのに、誰に遠慮気兼ねが要るものか。この母がついている、お前は安心して勉強おし」（183「米内海相母堂の苦闘秘話」）と海軍兵学校への入学を励ます母、親戚の反対も押し切って「この頑迷な九州の僻村で、子供たちの生涯を終わらせることは、第一に亡夫に対して不忠実であり、あたら子供の才能を埋もれさすものであると考えて」（190「皇軍の父香月司令官母堂の苦闘の生涯」）上京を決意する「未亡人」など、息子の上京や進学に際して時代の先を読む判断を、時には夫や親戚の反対を押し切って、母親がおこなっているのである。

母親の「雄々しさ」や「負けじ魂」が強調されることも多い。「男のような強い気性の母君」（149「母の立志伝：広田外務大臣の母」）、「からだもがっしりしていたし、気象《ママ》もしっかりした、男まさりの女丈夫」（125「母の立志伝：宇垣朝鮮総督の母」)、「男のように気の勝った、ハキハキした気性」(122「母の立志伝：若槻礼次郎の母」)など、母親の「男らしい」性格が息子たちに良い影響を与えたとする記事は数多い。

こうした母親像は、ただただ夫や息子を信じて、彼らが望む通りに献身、忍耐する受動的な女性像ではなく、男性に劣らず主体的に息子の出世に貢献する。そこには、女性は、自らの才能や才覚、情熱などを夫や息子を通して発現させていく姿が読み取れる。自分自身では立身出世することがかなわない女性は、自分の身代わりとして男性家族員を立身出世させることによって(代理出世)、社会的達成感を得ることができるというメッセージがこめられている。

このタイプは、男性に対する立身出世主義を裏面から補完する女性役割を体現したものである。男性自身の立身出世を鼓舞するイデオロギーと、女性の内助の功を賞賛する良妻賢母イデオロギーは、言わば写真のポジとネガのように、二つそろって初めて効果的に機能する。

四　夫婦一心同体成功型

次に「夫婦一心同体成功型」をみてみよう。このタイプは、夫婦で協力して商売や事業に成功する話である。表題の多くが「○○から××への成功美談」といった形をとっている。スタート時点では、「無一文」「無資産」「裸一貫」「貧乏」の「職工」「水呑百姓」「小僧」「行商」夫婦であったものが、ゴールでは「○○万長者」「日本一」の「資産家」「工場主」「○○王」となっている。

1　結婚は成功への契機

登場する夫婦たちは互いの結婚を契機として、夫婦共稼ぎにより商売や事業を推進していく場合が多い。「この結婚を一つの契機として、二人が一つになってこの商売を守り（ママ）立てようと、商売を始める早々、家内は店に立ちました」（151「一皿五銭の亀の甲焼で十万円の資産を作った夫婦共稼」）というように、結婚の翌日からすぐに働き始めるエピソードが多くの記事にみられる。

「若い良人とその妻はただ二人の協心協力のみを頼りに新しい生涯の出発点（スタート）に立った」（223「小僧から日本一の洋装店を築き上げた夫妻奮闘記」）。婚礼の夜に、夫が妻に対して立身出世の志を語り、今後二人で力を合わせてがんばっていきたいという希望を宣言する場面も多い。夫婦で神田に万年筆屋を開業した話では、結婚した夜に夫が「万年筆屋というと、まことに聞こえはよいが、やっと行商や夜店を出して暮らしている身だ。これからお前と一緒に、一生懸命働いて、せめて横丁でなく、通りへお店を持ちたい。そして、その通りの吾が店に、祭日のときは、日章旗を高々と掲げたいのだ。（中略）そのつもりで、貧乏を我慢して働いてくれ」（141「無経験の行商から夫婦協力万年筆屋開業の苦心」）と妻に申し渡して、夫婦は四年後にその悲願を実現させている。菓子店経営に成功した夫婦美談でも、結婚初夜に夫が「今からの世は、夫婦共稼ぎで行かねばならぬ。幸い私を見込んでくれたお前だ。これからは、二人で飽くまで奮闘しよう。新婚旅行はそう急いでする必要はない。十年後、或いは十数年後に、成功した暁のことだ。そのときこそ、天下晴れての旅行ができるのだ。それまで苦しかろうが働いてくれ」（124「一杯一銭のアイスクリーム屋から数十万の資産をつくった若き夫婦」）と告げる場面がある。

そして「仕事は、このとき（結婚）から、だんだん勢いづいていった」（165「行商人から身を起こして横浜一流の洋品店となった夫婦の苦闘」）と、共稼ぎで二倍になった馬力が事業を盛り立てていく点が強調されている。

2　妻も夫と対等な共同事業者

このタイプの記事にも、夫が主導で妻がその補佐（内助の功）という役割分担が見られ、「縁の下出世型」と一見似ているものがある。しかし、夫のみが商売や事業を担い妻は家庭内の仕事のみに専念するという、完全な性分業の形をとっている記事は数例にすぎない。妻も夫と共に店や工場で働き、事業に貢献する事例が多い。

夫と妻で別の事業を経営して「さあ、どっちが成績がよいか、俺とお前の競争だ」（223「小僧から日本一の洋装店を築き上げた夫妻奮闘記」）と互いに励まし合う例、夫が外回り妻が料理店を切り盛りする例（171「酒屋の小僧から一流の料理店を開いた夫婦」）、夫がふいごを吹き妻が背中に子どもを背負って鉄を打つ製鉄所夫婦（35「妻の内助で無一物から大鉄工場主となった実話」）など、ほとんどの妻と夫は事業の協業・分業をしている。それらは「夫と妻と飯（仕事内容―筆者注）の三部合奏（トリオ）だ」（219「大阪の製鉄王中山悦治夫妻の成功談」）のように、美談として描かれている。

さらには、妻が夫に劣らぬ、時には夫をしのぐ才覚を発揮する例もある。掛け値売りを廃止して正札売りを他店に先駆けて実施した古本屋の妻（156「夫婦奮闘して日本一の古本屋を築くまで」）や、事業にいきづまった夫を叱咤激励して自ら商館に注文をとって歩く貸し自動車屋の妻（75「三円の資本から日本一の輸出車製造業に成功した夫婦」）、「味などといふものは、時代と共に変わっていかねばならぬ」（151「一皿五銭の亀の甲焼で十万円の資産を作った夫婦共稼」）という持論をもって餡の工夫に余念がない鯛焼き屋の妻など、妻の力が事業の重要な機動力になっている例はいくつもみられる。夫が徴兵されて電球工場を一人で経営せざるを得なかった妻が新しい型の電球を考案したり、同業者に先駆けて輸出用の製品を生産して成功をおさめたりと、夫が留守の間に妻がまったく独力で事業を行う例もある。この話では、最初のうちは職工たちに馬鹿にされていた妻が「これというのも、私に工場の実際の仕事ができないからだ」(197「職工と女工の若い夫婦が年産三十万円の電球工場主となった苦心」)と考え、夜中に自分で勉強して電球を作れるようになり、職工たちの尊敬を勝ち得たというエピソードが、彼女の事業成功の第一歩として描かれている。多くの記事で、妻の役割は夫の内助には止まらず、妻も実質的な成功者と言ってよいものになっている。

3　手段的役割と表出的役割

共に事業に関わっていても、事業経営において夫とは異なる役割を妻が果たしていることを強調し、賞賛する記事も多い。それは、従業員を雇っている場合に、従業員の管理という点であらわれてくる。つまり、夫は仕事の能率や利潤を志向した、T・パーソンズが言うところの手段的役割(instrumental role)を果たすのに対して、妻は従業員の労務管理の面ですぐれて表出的な役割(expressive role)を果たしているのである。

「良人が事務的一面に偏るとき、夫人は働く人達の身辺を気遣い、生活に困っている者はなかろうか、病気に苦しむ者はあるまいかと、常に人事係と連絡して、良人の部下を看ること吾子の如く、実に至れり尽くせりの、それこそ親身も及ばぬ世話をやかれる」(150「瓦斯器具の行商から身を起こして資産三百万の大工場主に出世した美談」)、「工場内の多くの職工らの間に入って、主人の気づかぬ彼らの働き振りに注意し、其の勤勉な者に対しては、それぞれ賞を与えたりして労り」、夫に叱られた職工には「其の折毎に、後から他のところへ其の職工を呼び寄せて、(中略)『あれは決して心から怒っているのではなく、つまり仕事に忠実なあまりに、つい言葉が荒くなっているのだから、どうかその積もりで気を悪くしないでいてくださいい』」(34「無資産から年額一千万円の製糸工場主となった奮闘の家庭」)と慰めるといった、従業員への心配りをまめに行っているのは妻である。その結果、「仕事熱心の主人の厳格さは、勿論店員に対しても同様で、中には激しい反抗心さえ抱くものすらあった。そうした人たちの唯一の慰めは、やさしい夫人の母のような心情であった。『私はご主人だけなら、おそらくとっくにお暇を頂いていたでしょう。今日まで辛抱できたのは、奥様がついていてくださったからです』と秘かに洩らす店員もあった」（223前掲）、「社員が悉く家内の方に懐」く（150前掲）など、従業員の心をまとめる役割を妻が担っていた。こうした事例が多いことは、日本の企業経営が家族主義的な特色を発展させる過程で、中小自営業世帯の主婦の果たした役割が大きかった可能性を示唆しているとも言えよう。

4　対等な貢献と夫婦愛の強調

すべての記事に共通しているのは、夫婦が共に協力したからこそ成し遂げられた成功であり、貢献度では夫婦平等であることが強調される点である。これは「夫婦一心同体成功型」が自営業分野に多いことからうまれる特殊性でもある。

「私は家内と五分五分の働きで、今日の結果を得たものと信じています」（186「日給七十五銭の職工から世界の製帽王となった堀抜義太郎氏夫妻の苦闘」）、「わしの幸運は、この家内を貰ったときから、始まるのだ」（145「夫婦共稼ぎで数百万の財産を積んだ勤労の家」）、「私の今日有り得たのは妻に負うところ非常に多いのです。妻は私の半身であります」（96「夫婦愛の力で百万長者となった幸福な家庭」）など、記事の最後の方には妻の働きに感謝する夫の言葉が並び、記事の書き手も「共稼ぎに始まり、共稼ぎに終る、木村製薬の歩みの跡こそ、一家繁栄の礎でなければなりますまい」（145前掲）、「伊藤家の今日は、まき子夫人という尊い半身（ベターハーフ）によって築かれたものであります」（75前掲）、「下田鉄鋼所の堅固な礎に、確乎《ママ》としてゆるがぬ基を作ったのも、夫人の賜なのであります」（35前掲）と、妻の果たした役割を強調している。

夫婦で成功の必須条件として賞賛されるのが、「一心同体の夫婦愛」である。記事の冒頭もしくは最後には、たとえば、「『肉と肉、骨と骨と一つになった』二つの人格」（96前掲）、「夫婦が理屈抜きの一心同体」（96前掲）等の表現がちりばめられ、「良人は妻を理解し、妻は良人を理解」（145前掲）すること、「打てば響くような夫婦の共感」（186前掲）を実現することが、事業の成功には必要だと繰り返し説かれている。「成功の鍵は夫婦愛」（197前掲）なのである。これらの記事にあらわれている成功イメージは、夫婦が共に協力して事業を成功させる、共稼ぎ・共同事業型の立身出世である。

五　女性版立身出世型

第四の「女性版立身出世型」とは、女性自身が志をもって自力で立身出世する人生を誉め称えたものである。このタイプは、男性における立身出世主義がほぼそのまま女性に適応されたものと言え、「疑似男性立身出世型」と名づけることもできる。ただし、後にみるように、女性向けの立身出世主義は、家族制度イデオロギーと性役割観によって修正されている面がある。

1　女性向きの成功分野

立身出世の内容として多いものは、まず教育界での成功である。女学校設立、経営の立志伝が目立つ。又、小学校、女学校の教師になることも立派な出世物語として扱われている。これには通常苦学の体験が伴う。次に挙げられるのは、医師、薬剤師などの専門職になることである。これも苦学が伴い、恵まれない環境で努力する道程が強調される。第三には、商売や事業での成功である。商店、旅館、工場などを経営する女性社長が取り上げられる。第四は、画家・

義太夫・お花などの芸事の分野での成功である。

これらを、「縁の下出世型」に登場する、女性のサポートで出世した男性の職業分野と比較すると、明確な差異が読み取れる。後述するように、女性の場合、教育など「女性向き」の分野が好んで取り上げられている。だが、男性の立身出世の代表的職業である政治家や軍人に女性がなることは、当時の社会制度上あり得ないことだった。立身出世の結果到達した職業や地位にみられる男女の違いは、まずは、現実に男女の社会的立場や就業実態が異なっていたことの反映と考えるべきだろう。

2　男性と同様の立身出世奨励

このタイプの記事がどのような位置付けで紹介されていたのかをあらわす、記者による表題の解説文をいくつかみていこう。これらの解説には、女性も男性と同じく立身出世を目指すことを鼓舞する傾向がはっきりとみられる。

「苦学によって成功せんとすることは、男子に於いても非常に困難なことであります。まして、男子よりも更に不利なる境遇にあって、苦学して成功せんとする婦人の困難さは、容易ならないものであります。それだけに、万人の難しとするところを打ち克って、誉れの栄冠をかち得た方こそは、実に尊敬すべきであります。（中略）この記事を発奮の動機として、さらに多くの成功者が出づるように祈りつつご紹介申し上げます（記者）」（82「独学の少女が文検に合格する迄」、83「新聞売り子から女学校教員となる迄」）、「如何なる鉄門も必ず開く、如何なる難関も必ず開く、開かないのは確信がないからだ。叩きようが弱いからだ。叩け。叩け。赤誠の拳もて一門の扉は必ず開く。あなたの力を疑うのは止めてください。必ず『あなた自身のみ持つ』尊い何かがある筈です。今年はそれを存分に生かしましょう（記者）」（112「女苦学生が女学校校長となった奮闘記：大妻コタカ」）、「『求めよ然らば與えられん。』―ああ、その言葉は古くとも、その真理は常に新しきことを私共は知らねばなりませぬ。確固たる信念を以て勇往まい進し、あらゆる困難を忍び一切の試練に打ち克つとき、たとえ身は、かよわき女性であろうとも、すべての難事業を完成し得ることを私共は学ばねばなりませぬ」（103「女中から身を興し独力で女学校を創立した女史：前田若尾」）など、女性が社会での成功を目指すことを肯定し、男性よりも不利な状況にあるからこそ、その成功は尊いと賞賛している。

しかし、これは男性の場合の立身出世主義と全く同じものであるかといえば、そうではない。実は、立身出世した女性たちの場合、ある共通の背景がある。女性に対しては、立身出世を目指す条件のようなものが存在しているのである。

3 立身出世を目指す条件

立身出世女性の多くに共通するのは、女性が経済的自立をせざるを得なかった事情の存在である。それは、家庭生活における不幸なできごとから生じる。未婚女性の場合は、父の死・病気・放蕩、孤児、生家の窮乏など、既婚女性の場合は、夫の死・病気・放蕩、離婚、婚家の窮乏など、家庭生活の不幸がその背景にあることが多い。

女性自身の立身出世では、「自分一人のために」という動機だけでなく、「家のために」「子どものために」という、他律的で、家族制度の規範にしたがった動機も多い。すなわち、幸福に結婚して夫の収入を基盤に主婦の務めを果たすという、女性のライフスタイルの基本形から、何らかの理由ではずれざるを得なかった場合である。女性が立身出世を志す決意をする場面では、以下のようなせりふがよくみられる。

「それはもう、女の考えではいけない。男になった気持ちで一人前働こう」（214「良人に死なれた妻が家業を繁昌させた苦心」）、「よし今から男になろう」（107「女中から発奮して名代の料理店主となる迄の苦心」）、「私男になりましょう。姿は女でも心は男になった気で兄の後を継ぎましょう」（58「怨みと感激に絵筆を捨てて女仲買人となった私」）。女性が経済的な自立、職業上の成功を目指すためには、自らを擬似男性として設定しなおさねばならない。また、立身を目指した未婚女性や「未亡人」が、結婚・再婚をあえて拒否する例も多い。「女の生き方」は捨てて、「擬似男性の生き方」を選んだということなのである。女性に対する立身出世主義は、こうした家族制度の枠内の女性役割規範による制約を受け、その制約と矛盾しないように男性版立身出世主義を修正したものとなる。

その他の背景として、経済的あるいは社会的威信上劣位の仕事についている女性（たとえば、女工、女中、芸者、「女郎屋」の娘）が発奮して、というパターンもある。このパターンでは、無学であることや「不道徳」な仕事だという理由によって、周囲から屈辱や軽蔑を受けたことがきっかけで、発奮して今の境遇からの脱出を志す。竹内のいうルサンチマン的立身出世主義である。

ルサンチマンを持つ場合、男性にはみられない女性独自のパターンは、女性として経験する抑圧から生じる例である。その典型的なものが、結婚に失敗した女性の場合である。離婚した女性は、伝統的な結婚形態に対する痛烈な批判意識を持ち、それをばねとして職業に打ちこむことが多い。

「私の方では自分が奴隷だとしか思はれないのです。こんなに圧迫されてまで生きておらねばならないかと思うと、切なさに胸は煮える思いでした。（中略）『今に見ていらっしゃい。』という気持ちで、私も仕事を始めた訳でした」（69「薄幸の家庭の妻から奮起した女社長の現在」）、「相当の年配の方々は、きっと私が、鈴木と折合って仲よく暮らせば感心な婦人だという、でなければ女の価値が一文もないようにいい、不幸な人だと言われますが、私共は幸福という名の下に、厭だと思っても心の離れた夫婦が一緒におらねばならぬ法はないと思います」（69前掲）、「彼女は友達の誰彼が、つくづやかましい姑小姑の機嫌とりに身も痩せ細り、日陰にしぼむ朝顔の如き、ある甲斐のない生活を見るにつけ、つくづく女の弱さ果敢（はかな）さを思わずにはいられなかった。その暴虐から逃れるには、女ながらも独立の生活を営み得る力を養わねば嘘である」（57「現代女名人伝（名人女髪結：佐藤あき女）」）、「今まで、ゆっくり会ったことも、話したこともなかった人と、一度の見合いだけで結婚したためだと、はつ子さんは、今更口惜涙にかき暮れましたが、既にどうにもならぬことでした」（132「女郎屋の娘から女学校校長になった婦人の美談」）など、親の言いなりの結婚の問題点や、夫に経済的に依存して生きる不安定さが、自らの経験から指摘されている。

4　例外としての立身出世

結婚に失敗することは女性として不幸なことであるが、それをきっかけにやむなく始めた職業や事業であっても、かえって価値のある人生となり得るというメッセージもある。

「私にしても、もし結婚に破れることがなかったなら、反省の機会もなく、発奮の決心もつかず、平凡な女の一生を送っていたことでしょう。（中略）不仕合せも、心も持ち方一つで切り脱ける道がございます」（170「結婚に失敗した若き母親が歯科医として成功するまでの苦心」）、「結婚生活こそ人の本来の道でございます。併し、それが唯一のものではありません。一つの理想を目指して自分の最善を尽くしていれば、そこに限りなき幸福が生まれるのだと思います」（170前掲）、「一旦結婚した女性が離婚すべきではないが、不幸にして離婚となった婦人でも、努力の如何に依って開かれるべき生涯のあることは、女史の経歴がそれを証拠しうるのであります」（100「日本名婦伝（矯風会会長：矢島ちか子）」）など、女性の本来の道は結婚して家庭の主婦となることだという、性別分業観が原則として貫かれていることがわかる。不幸にして、その道から逸脱せざるを得ない場合の例外として、社会での成功を目指す生き方が賞賛されるのである。

女性向きの職業分野が主とはいえ、男性とは無関係に女性自身が自分の力で成功を治めていく。男性の立身出世主義に最も似通ったパターンがみられる。しかし、男性の場合と異なるのは、家庭の主婦になるという女性本来の生き方が何らかの理由で困難な場合に奨励される傾向が強いということだ。性別分業が原則であるが、「家庭を守る」ライフスタイルはすべての女性にとって選択可能なものではない。例外的に「擬似男性」としての立身出世を鼓舞することは、性別分業体制を補完する機能を果たすのである。

六　社会事業型

世俗的な成功よりも、社会的・道徳的に意義の高い活動をしたことで称えられる女性たちもいる。第五のタイプ、「社会事業型」である。

1　「弱者」救済に献身するというオルタナティブ

女性が成し遂げる社会事業の代表的なものは、「弱者」救済である。「社会事業型」の女性達は、孤児達のために施設をつくったり（47「町芸者から救霊の戦士となった炭谷女史の一生」、72「母なき幼児達の母となって働く未亡人の事業」）、「癩病」患者のための収容所を経営したり（241「蘭印の救癩の天使　宮平京子さんの聖愛物語」）、貧民街で利益を度外視した治療活動を行うなど（227「東京貧民窟の天使：池永女医の献身物語」）、社会で不利な立場にある「弱者」救済のための社会福祉事業に献身したことで称えられる。直接事業を運営することはなくとも、自らの労働で貯えた財産を社会事業のために寄付した女性たちの人生も、尊い「奮闘物語」として同様に賞賛されている（110「粒粒辛苦して貯えた全財産二十五万円を寄付した婦人を訪う」）。夫である牧師とともに中国農村の孤児たちを援助し、やがて北京に貧民の娘たちのための学校を建設した清水美穂子夫人は、「弱者」救済に加えて、日本と中国の親善に貢献した「日本の誇りとすべき女性」と称揚されている（217「日支親善の礎石となった清水美穂子夫人の苦闘物語」）。

そして、それらの偉業を成し遂げた女性達のほとんどが、何らかの信仰に支えられており、そのことは多くの記事の中で強調されているところである。とりわけ「芸妓」や「芸者」という立場にあった女性が信仰に目覚めて、「正しい道」を歩むようになるという非常に似通ったストーリーの記事も目立つ（47前掲、74「芸妓から信仰に目覚めて新しい生活の第一歩」、182「信仰に奉仕する尼僧となった芸者」など）。「主婦」となるという「通常」の女性のライフスタイルからはずれざるを得なかった女性たちにとっての、オルタナティブな生き方として提示されている点は、「女性版立身出世型」と共通性がある。

2　信仰と「女性性／母性」の拡大

仏教やキリスト教の信仰に裏打ちされた信念が、記事の中で彼女たち自身の言葉として紹介される。「明治の初め、日本がまだ封建の夢から覚めない頃、西洋の若い婦人伝道師達が遙々海を越えて、日本の女子教育のために貴い生涯を捧げてくだすったことを考えますと、こんどは私共日本婦人が、支那の女子教育のために献身する番でないかと存じます」（217前掲）。「私はこの世にあって苦しんでおられる人々をお救いせねばなりません。力の及ぶ限りは、そのために尽くさなくてはなりません、これが仏陀に対する、社会に対する、せめてもの報恩であろうと思います」（110前掲）。

こうした決意を語り社会事業に貢献した彼女たちは、「近世のマグダラのマリア」（47前掲）、「天使」（227前掲、241前掲）、「観音の化身」（207「観音の化身と騒がれる白衣の天使の従軍散華物語」）、「守護天使」（217前掲）など、この世のものならぬ女神のような存在として表象される。また、「救世軍の母」（185「身を燃して世を照らした山室悦子」）、「建設の母／（支那民衆にとっての）慈母」（217前掲）など、個別の母親であることを超えて、社会的母性ともいうべきものを体現する存在とみなされるのである。

「社会事業型」の「賞賛される女性」たちの活躍は、子どもや弱者へのいたわり、優しさといった、女性にもとめられる「女らしさ」や「母性」を柱とし、それを社会的に拡大したものとして描かれている。

七　軍国の母・軍国の妻型

最後の「軍国の母・軍国の妻型」は、一九三〇年代後半から増え、一九四〇年代には「賞賛される女性」記事のほとんどを占めるようになる。これらの記事は、日中戦争から太平洋戦争へと戦況が拡大かつ悪化するとともに、誌面を席巻していったファシズム・イデオロギーの重要な一翼を担っていた。

1　ファシズム期における「縁の下立身出世型」の変形

これらの記事は、息子を立派な軍人に育て上げた母（193「我が子を大将と中将に育てた松井軍司令官の母堂の苦心」、195「一度は死を決した母が息子を海軍航空士官に育てるまで」、222「未亡人の手で愛児を大将にした古荘大将の母堂」）、愛する息子や夫を戦場に送り出し、「名誉の戦死」を遂げさせるに至った母や妻を、「誉れの母」や「戦死軍人の妻」と誉め称えるものである（192「帰らぬ空爆の勇士山内中尉の母堂の忠誠」、218「母一人子一人の愛児を御国に捧げた誉れの母」、226「良人と遺児を御国に捧げた軍国誉れの母御弔問」、194・195「戦士軍人の妻が遺児を立派に育てた苦心」、209・210・211「遺児を抱えて生活建設に苦心する戦死軍人の妻」、231「『大空の遺書』の若き海鷲未亡人の熱涙手記」など）。司令官や大将クラスの母となると、その記事は、息子の立身出世を支えた「縁の下出世型」と非常に似通ったものになる。しかし、戦況が厳しくなるにつれ、息子や夫の戦死に直面する女性達が多くなっていく。そうした女性達に対して、息子や夫の戦死は「究極の立身出世」といってもよい偉業であり、それを陰で支えたことが賞賛に値するのだと説得することが、一九四〇年代の「軍国の母・妻型」記事の役割であっただろう。

「軍国の母・妻」への賞賛は、実に情熱的に表現される。「小次郎の霊よ大陸に留まって戦えと雄々しき大尉母堂！ああ、母は泣かずとも万人悉く泣く日本の母の至誠至忠！」（202「昭和の軍神西住戦車長の母堂訪問記」）。「父子二代の尽忠と、いや高き誉れの陰に、その母がたたえし涙の淵の、いかばかり深きことでありましょう。しかもすべては大君のため、み国のためと、涙深く秘して家業に励み、愛児の遺せし孫の養育に力を注がれる母―これぞ軍国日本の誉れであります」（226前掲）。これらはドラマティックでありながら、どこか紋切り型の言葉を切り貼りしたかのようにも見える。これらの軍国主義を扇動する言葉は、一九三〇年代末以降「賞賛される女性」の記事のみならず、誌面のあらゆるジャンルの記事で過剰に反復されるようになっていく。

2 軍国花嫁

戦地から傷を負って帰還した傷痍兵と結婚した女性たちにもスポットライトがあたる。御国のために闘って名誉の負傷をした「白衣の勇士」たちと結婚して幸せな家庭を建設している事例が特集され（215「白衣の勇士と結婚した軍国花嫁の新家庭訪問―隻腕、失明、下顎骨折の三勇士の明朗新家庭譜」）、一九四〇年代には、「傷痍軍人の妻」を表彰する企画がおこなわれるなど、頻繁に傷痍軍人の妻が取り上げられる。それらの記事は、戦争によって隻脚や隻腕となった夫の帰郷を迎え、あるいは、あらたにそうした傷痍軍人の妻となり、障害をもつ夫たちを献身的に助ける生活を「美談」（239「傷痍軍人の妻表彰発表」）として描き出す。これらの記事には「妻の献身日記」（236「愛の家庭建設に成功した傷痍軍人の妻の献身日記」）、「純愛手記」（238「産業戦士として奮起した傷痍軍人の妻の純愛手記」）、「純愛物語」（244「傷痍軍人の処女妻となって三十五年純愛物語」）などの言葉が使われ、傷痍軍人の花嫁候補である未婚の女性読者を意識してか、ややロマンティックな味付けがなされている。

御国のための戦争への貢献が至上命題であった当時、女性にもとめられた規範は、第一に、男性が後顧の憂いなく戦死できるよう、銃後の守りを固めること、第二に、未亡人となった後は、泣き言恨み言とは無縁に、遺された子どもや親の養育に専念することであった。女性にもとめられた規範の第三が、軍国花嫁を称揚する中で語られている。戦争によって、傷を追い、または病気になって帰ってきた男性たちを、心身両面からケアしつつ、家を支えることも、戦時期に期待された女性の務めだったのである。

八　二つの規範原理　良妻賢母主義と立身出世主義

以上、『主婦之友』における「賞賛される女性」に関する記事をタイプ分けしながら検討してきたが、これらの言説の中には、良妻賢母主義と立身出世主義という、近代日本における二大イデオロギーが見え隠れしている。前者は女性向け、後者は男性向けの意味体系であるが、主婦向け雑誌によって女性読者に伝達される規範は、その両者が交錯したものとなっている。

良妻賢母主義はすでに何度か述べたように、戦前の女子教育の基本原理とされたものであり、一言で言えば、女性の本来的な役割は「良妻賢母」として内助の功を尽くすことだという考え方である。それは、「男は仕事／女は家庭」

かつ「男は公／女は私」という性別役割分担と、封建的な男尊女卑の近代バージョンである男性優位の性差別主義が合体したイデオロギーである（第Ⅰ部第三章参照）。ただし、学校教育のみならずマスメディアなど言論の世界で重視され盛んに論じられた「良妻賢母主義」は、男女は役割が異なってはいるが平等であるという考え方と、男女は能力や特性が生来的に異なっているため平等ではないという考え方の間を揺れ動いていた。その揺れは、「賞賛されるべき女性」の記事が提示する、女性向けの規範の中にもみられる。女性は家や男性に仕え自己犠牲すべきというメッセージが強調されるかと思えば、女性であっても男性と同じく立身出世を目指したり、男性とともに実業界で成功したりすることができるというメッセージもあちこちにちりばめられている。近代化という属性主義から業績主義へと社会原理の根本的な変化の中にあって、男性の立身出世主義の隆盛をサポートしたマスメディアは、女性に対しても彼女たちを業績主義の渦に巻き込むような価値観を提示していたのではないだろうか。

立身出世主義は、戦前の社会において日本人の人生観を支配していた主要なイデオロギーの一つとされている。明治維新によって身分制度が廃止され、庶民の自由な社会移動が原則的に可能になって以降、立身出世という言葉が人々の心をとらえていったのである。立身出世主義は初め上からの唱導によって、まず士族層の子弟を中心に浸透したが、明治後期以降はマスメディアの発達を背景に、次第に庶民の間にも広がっていったと言われる（竹内洋―一九七八：一一―一七）。こうした戦前の立身出世主義は、現在の日本人の出世観や社会観にも何らかの影響を残していると考えられる。一時は「成功ブーム」（竹内洋―一九七八：一〇六）と呼ばれるほどの社会現象をも生み出した立身出世主義について、分析を加えた研究は数多い（見田―一九七一、作田―一九七二）。日本の立身出世主義が西欧の成功観とは異なる特徴を有していたということは、複数の研究者が共通に指摘している点である。そうした特徴は、日本の近代化過程の独自性によって規定されたものであり、日本的な立身出世主義が国民の意識に働きかけることによって、近代化の推進を容易なものにしたと言えるだろう。

立身出世主義は近代化に国民を動員する重要な鍵となっていたわけだが、これらの研究のほとんどが、立身出世主義は男性にのみ関わる問題という前提に基づいているように思われる。立身出世の主体は男性であり、女性にはまったく関係の無い現象なのであろうか。社会の構成員の半数を占め、男性と共に家庭生活や労働生活を担っていた女性に対しても、立身出世主義は何らかの影響をおよぼしていたに違いない。立身出世を説いた読本として、『西国立志編』をはじめとして多くの書物が出版されているが、その中には『近世女子立志編』（一八八〇）、『皇朝女子立志編』（一八八三）など、女性を対象としたものも見られる。実際、大衆婦人雑誌においても、女性の立志もの記事はコンスタントに誌面をかざっているのである。本章であつかった「女性版立身出世型」や「夫婦一心同体成功型」はまさに女性もまた立身出世の主人公でありうることを示すものであった。立身出世という概念が男性にとってもつ意味と、女性にとっての意味は異なっていたとしても、女性も立身出世主義と無縁ではなかったといえよう。

本章であつかった「賞賛される女性」の六つのタイプについて、良妻賢母主義と立身出世主義という二つの原理からみた位置づけをあらためて整理しよう。

まず、「貞婦・節婦型」「縁の下出世型」「軍国の母・妻型」の三タイプは、男性は立身出世、女性は良妻賢母という性別分担に沿ったものとしてグルーピングできる。第一の「貞婦・節婦型」は、上述した良妻賢母主義の揺れの中でも封建道徳に強く傾いた規範を伝達している記事である。君主への忠義、親への孝行、夫への貞節と、女性は常に自分以外の権威や他者に従属しなければならない。親や夫に落ち度があろうとも、自己犠牲の精神で堪え忍び尽くすことが、結局は女性としての幸福をもたらすとの、当時としてもやや古めかしく感じられたのではないかと思われる規範が提示されている。第二の「縁の下出世型」は、女性は良妻賢母主義、男性は立身出世主義という性別分担に対応したものとなっている。女性自身は社会的成功に直接関わることはなく、あくまで家庭での内助と男性の成功に必要な資金を稼ぎ出すための労働によって、成功に近づくのである。この場合、男性に対する立身出世主義と女性に対する良妻賢母主義は互いに補強しあう関係にある。女性が「良妻賢母」として「縁の下」でおこなう努力に関しては、我欲は殺して夫や息子に献身することが強調されており、その点は「貞婦・節婦型」と共通している。さらに、戦時期に突出して登場した「軍国の母・軍国の妻型」は、良妻賢母主義の封建的側面をもっとも強調したものといえよう。「御国」のために夫や息子の命を喜んで捧げることが女性の役割だとする論理には、すでに「堪え忍んだ末の女性としての幸福」という未来の報酬すらない。与えられるのは「誉れ」だけである。

　これらの記事が提示していた規範は、立身出世主義を背景とした男性の労働を家庭において側面から支える役割、精神的にも男性の立身出世アスピレーションの源泉となる役割を果たすべきというものだった。これらの規範を読者たちが受け入れるならば、男性を労働者として、そして兵士としてフル稼働させることができるとともに、女性を市場にあらわれないシャドウワークの担い手として最大限利用できるのである。

　一方、「夫婦一心同体型」「女性版立身出世型」「社会事業型」の三タイプは、男性向けの立身出世主義と女性向け良妻賢母主義が、部分的に修正され共存しているグループである。まず、「夫婦一心同体型」は「縁の下出世型」よりも良妻賢母主義が内包する性分業をゆるやかに解釈したものだと考えられる。「夫婦一心同体成功型」では、妻も夫と共に成功のための社会的労働に直接参加し、共同で事業をすすめていくことが肯定されている。妻と夫の守備範囲の境界が比較的あいまいになっている。しかし、この場合もやはり夫が事業の第一のリーダーであり、妻はサブリーダーという位置付けが一般的であり、夫が仕事に専念する一方、家事育児は妻の責任になっている。又、事業において、夫は手段的役割、妻は表出的役割という特徴的な役割分担もみられる。「夫婦一心同体成功型」においても、ある程度良妻賢母主義的規範が作用している。「女性版立身出世型」の場合は、一見良妻賢母主義を完全に否定しているようにみえる。女性も男性と同じく社会的成功を目指そうと鼓舞する、この考え方は、社会的活動を男性の領域とする性分業の規範からは逸脱している。しかし、上述したように、「女性版立身出世」はしょせん「擬似男性」としての生き方である。女性の「通常」の生き方が困難な状況に陥った場合に、第二の道として奨励される傾向が強い。女性にとっての原則としての良妻賢母主義を否定しきってはいないのである。とはいえ、このタイプが女性自身の社会的成功や経済的独立をたたえ、女性と男性の人間としての同一性を認めている点は重要である。「社会事業型」もまた、男性も及ばない立派な事業をおこなっている点で、良妻賢母主義から逸脱している。しかし、このタイプも、「通常」の「女の幸せ」がのぞめない女性のオルタナティブとして描かれていることが多い点、また社会事業の内容が「女らしさ」や母性を社会的領域にまで拡大したものとして記述される点で、良妻賢母主義の枠内に回収される傾向があるとみなすことができよう。

これらの記事が示す、立身出世主義を女性に部分的に適用する規範は、家父長的家族制度、固定的な性分業による女性差別の矛盾を隠蔽する機能ももつ。たとえば「縁の下出世型」の場合、家父長的な家族制度の下での女性の男性への経済的従属や社会的な劣位に対する不満を、夫や息子の成功はすなわちそれを影で支えた女性の成功であるというイデオロギーによってそらすことが可能である。実際に自分自身が社会的地位や職業的成功をおさめていなくとも、男性家族員がそれらを手中にすることで、自らも報われたと感じさせるのである。しかし、それも「立派」な男性と結婚し幸せな結婚生活を送っていて初めて可能となる。ゆえに、結婚はしたが、夫が放埓な生活を送る人であった場合や死別・離別した場合には、「擬似男性」としての職業的成功の道が残されている。例外として、そうした可能性を残し、そちらにエネルギーを向かわせることによって、家父長的な家族制度への不満を蓄積させることなく、効果的に発散させ得るといえよう。

良妻賢母主義を基本としつつも、男性向けの立身出世主義の影響がみてとれる「賞賛される女性」の記事は、「修養」をもとめる読者に、時に矛盾する規範を提示していただろう。「女としての」自己犠牲や服従、忍耐が強調されるかと思えば、「雄々しい」決意や知恵や志が強調される。両者はいずれも欠かせない規範として提示されているものの、男性が主役である業績主義の本流からは本来排除されていることを示唆するメッセージが常に巧妙に配置されていることを忘れてはならない。

最終的にすべてのタイプに共通するものとして印象に残るのは、「苦闘」「奮闘」「奮起」といった息苦しさを感じさせる言葉の波である。主婦として幸福な生活を送りたいのであれば、とにかく「がんばれ」「努力せよ」と呼びかける。結婚に際して、夫の病気に際して、息子の将来に関わって、商売の失敗に際してと、実にさまざまな場面設定を用意して、それぞれ女性達がいかに事態を打開したかが語られる。そこで重要なのは、善い心がけをもつこととひたすら努力することである。いずれも自分の気持ち一つで「できる」ことであるかのように見える。他者や状況のせいにすることなく、自己の心がけをふりかえれ、そして、できるかぎりの「奮闘」をせよ。読者が婦人雑誌にもとめた「修養」の内容は、いつでも誰でも努力すれば成功するという希望の喚起と、いつでも誰でも努力しなければならないという抑圧的な規範が、表裏一体となったものだったといえよう。

表15　『主婦之友』・「賞賛されるべき女性」記事一覧表（1917年より奇数年のみ）

タイプ：「貞婦・節婦型」＝A、「縁の下出世型」＝B、「夫婦一心同体成功型」＝C、「女性版立身出世型」＝D、「社会事業型」＝E、「軍国の母・妻型」＝F

掲載号	型	記事名	人物名	番号
1917/3	B	三人の子供を博士とした未亡人の苦心		1
1917/3	A	表彰された節婦なみ女を訪ふ		2
1917/3	A	古今名婦鑑	小川直子	3
1917/4	A	苦から苦の生涯を辿った京子さん		4
1917/5	B	当世模範夫婦	福島大将夫妻	5
1917/5	A	古今名婦鑑	玉月姫	6
1917/6	A	古今名婦鑑（将軍を育て忠義をつくす）	春日局	7
1917/7	D	独力で三十万の資産を作った叔母の奮闘		8
1917/7	B	当世模範夫婦	目賀田男爵夫妻	9
1917/8	A	古今名婦鑑	堀部順女	10
1917/8	C	当世模範夫婦	山脇玄・房子夫妻	11
1917/9	C	貧民学校の小使いをして千円貯めた感心な夫婦		12
1917/9	A	古今名婦鑑	堀部妙海尼	13
1917/9	B	当世模範夫婦	阿部磯雄夫妻	14
1917/10	C	妻の内職で一旦没落せし家運を挽回		15
1917/10	B	古今名婦鑑（内助の功で夫の出世）	小松姫	16
1917/11	C	失敗の果てから大繁盛の菓子屋となる		17
1917/12	A	古今名婦鑑	和宮	18
1919/1		逆境の中より築き挙げたる一家繁盛の歴史		
1919/1	C	・裸一貫から村内第二の資産家となるまでの努力		19
1919/1	C	・水呑百姓から二十万の資産を作るまでの勤倹生活		20
1919/1	C	・行商人から一日三百円の利益ある機業家となる		21
1919/1	C	・無一文から屈指の商人となるまでの血と汗の働き		22
1919/1	C	・夫婦共稼ぎで家運を挽回した五十年間の奮闘記		23
1919/1	D	・寡婦の努力によって築き上げたる我が家の歴史		24
1919/1		・（男性の例）		
1919/1	A	まだ見ぬ夫のために操を通した婦人		25
1919/2	D	自ら家運を開いた感心な婦人		26
1919/5	E	猛火の中にあって任務をまっとうした勇猛健気な電話交換手		27
1919/5		様々な困難と闘って職業に成功した婦人の経験		
1919/5	D	・外人相手の編物店を経営している私の十年間		28
1919/5	D	・女事務員となりて病夫と愛児とを養ふ私の経験		29
1919/5	D	・女学校教師として働きながら主婦と母の務め		30
1919/5	D	・産婆稼業によって一家の礎を築いた私の経験		31
1919/5	D	・婦人タイピストとして働いた四年間の経験		32
1919/5	C	・失敗の挙げ句に餅屋となって成功した私共の経験		33
1919/7	C	無資産から年額一千万円の製糸工場主となった奮闘の家庭		34
1919/7	C	妻の内助で無一物から大鉄工場主となった実話		35
1919/9	B	貧苦の中に5人の男児を育てた千万長者の母（1）		36

1919/10	B	貧苦の中に5人の男児を育てた千万長者の母（2）		37
1919/11	B	貧苦の中に5人の男児を育てた千万長者の母（3）		38
1919/12	B	貧苦の中に5人の男児を育てた千万長者の母（4）		39
1921/1	A	実話物語・大石良雄夫人（上）	大石良雄夫人	40
1921/1		家業に成功した夫婦奮闘物語		
1921/1	C	・田舎から出た若夫婦が帝都一流の商人となる迄の奮闘物語		41
1921/1	C	・貧乏所帯から百万円の会社になるまでの七転八倒の奮闘記		42
1921/1	C	・夫婦二人で炭坑坑夫となって家運を挽回した奮闘の思い出		43
1921/2	A	実話物語・大石良雄夫人（中）	大石良雄夫人	44
1921/2		夫の放蕩を改めた妻の苦心		
1921/2	A	・酒と女に身を持ち崩した夫が目覚めるまで		45
1921/2	A	・結婚早々から浮気遊びをした良人を改悛させた		46
1921/2	E	町芸者から救霊の戦士となった炭谷女史の一生		47
1921/3	A	実話物語・大石良雄夫人（下）	大石良雄夫人	48
1921/3	D	二人の幼児を抱えて女学校を経営した未亡人奮闘		49
1921/4	A	実話物語・大楠公夫人（上）	大楠公夫人	50
1921/5	A	実話物語・大楠公夫人（下）	大楠公夫人	51
1921/6	D	女名人伝（女義太夫の名手）	豊竹呂昇	52
1921/6	A	孝心によって家名再興の銭屋五兵衛の孫千賀女（上）	銭屋千賀	53
1921/7	A	孝心によって家名再興の銭屋五兵衛の孫千賀女（下）	銭屋千賀	54
1921/7	D	現代女名人伝（ピアニスト）	久野久子	55
1921/8	D	現代女名人伝（画家）	島成園	56
1921/9	D	現代女名人伝（名人女髪結）	佐藤あき女	57
1921/9	D	怨みと感激に絵筆を捨てて女仲買人となった私		58
1923/1		夫婦共稼ぎで成功した家庭物語		
1923/1	B	・浅学から奮起して良人は学士に私は幸福な家庭の主婦となる迄		59
1923/1	C	・其の日稼の職工から身を起こした私共が現在は小鉄工場の経営者		60
1923/1	C	・父親の死後を承けて没落した一家の悲運を挽回した私共の苦心		61
1923/1	D	女将として成功した女学校の先生		62
1923/9		苦学して成功した若き婦人		
1923/9	D	・無学の女工から小学校教師に		63
1923/9	D	・苦学して文検に合格する迄		64
1923/9	D	・薬局生から苦学して薬剤師に		65
1925/1		不遇の中から新運命を拓いた婦人の美談		
1925/1	D	・女工から日本一の玉糸工場主となった婦人		66
1925/1	E	・社会救済事業の先駆をなした老尼僧の生涯		67
1925/1	D	・六人の遺児を抱え女学校を設立した未亡人		68
1925/1	D	・薄幸の家庭の妻から奮起した女社長の現在		69
1925/1		屈辱の境涯から発奮して成功した男女の物語		
1925/1	D	・芸者から女学校教諭になった私の発奮		70
1925/1		・(男性の例)		

1925/2	A	十年間苦しんだ挙げ句無罪となった彼と其の妻の貞節		71
1925/4	E	母なき幼児達の母となって働く未亡人の事業		72
1925/5	A	銀婚の佳節に表彰を申請された節婦山室訓導		73
1925/5	E	芸妓から信仰に目覚めて新しい生活の第一歩		74
1925/7	C	三円の資本から日本一の輸出車製造業に成功した夫婦		75
1925/11	B	夫を貴族院へ送るまでの山崎津村両夫人の生涯	山崎夫人・津村夫人	76
1925/12	E	私の感激した信仰の人		77
1927/1	A	日本名婦伝	細川ガラシャ	78
1927/1	B	四人の博士を一家に持つ幸運の熊谷家	熊谷夫妻	79
1927/1	その他	十五人の子宝を恵まれた幸運な家庭		80
1927/1	A	盲目の夫に仕えて家を興した節婦訪問記		81
1927/1	／	貧乏と闘いながら苦学して成功した婦人		／
1927/1	D	・独学の少女が文検に合格する迄		82
1927/1	D	・新聞売り子から女学校教員となる迄		83
1927/1	B	夫に死に別れた母が身を犠牲にして私を教育した尊き生涯		84
1927/2	D	日本名婦伝（女流詩人）	江馬細香	85
1927/2	B	私を今日あらしめた母の教訓		86
1927/2	D	信仰で家運を挽回した星野るい子刀自一族の繁栄	星野るい子	87
1927/3	B	日本名婦伝	北政所	88
1927/4	D	日本名婦伝（女流作家）	紫式部	89
1927/4	D	離婚されて発奮成功した婦人の涙の物語		90
1927/5	E	日本名婦伝	野村望東尼	91
1927/6	D	日本名婦伝	平政子（北条政子）	92
1927/6	E	蕃人に嫁して神の道を説く婦人		93
1927/6	D	我国最初の女博士保井この子女史を訪う記	保井この子	94
1927/7	E	日本名婦伝（歌人：人と仏に奉仕）	太田垣蓮月	95
1927/7	C	夫婦愛の力で百万長者となった幸福な家庭		96
1927/8	D	女学校の先生から年収七千円の婦人外交員		97
1927/8	A	日本名婦伝（小野寺十内の妻）	小野寺丹	98
1927/9	D	十六年間血と汗の生活から一万六千円を貯蓄した女工の苦心		99
1927/9	E	日本名婦伝（矯風会会長）	矢島ちか子	100
1927/10	E	日本名婦伝（阿部景器の妻：夫とともに尊皇志士として貢献）	阿部イキ子	101
1927/11	B	日本名婦伝（乃木大将の妻）	乃木静子	102
1927/11	D	女中から身を興し独力で女学校を設立した女史	前田若尾	103
1927/12	A	日本名婦伝	和宮	104
1927/12	B	内助の功を積んだ模範的奥様：三話	大臣夫人たち	105
1929/1	B	航空界の父と呼ばれる幸運者徳川新男爵夫人訪う	徳川男爵夫人	106
1929/1	D	女中から発奮して名代の料理店主となる迄の苦心		107
1929/2	D	お花で成功した婦人の立志伝		108
1929/6	その	私が感激した若き婦人の愛の生涯		109

	他			
1929/9	E	粒粒辛苦して貯えた全財産二十五万円を寄付した婦人を訪う		110
1931/1	B	母の立志伝	本間俊平の母	111
1931/1	D	女苦学生が女学校校長となった奮闘記	大妻コタカ	112
1931/1	D	櫛一枚から美容院を建てた私の苦心		113
1931/1	D	日本で最初の婦人医学博士		114
1931/1	A	幸福な家庭生活を築き上げた婦人美談		115
1931/2	B	母の立志伝	吉岡弥生の母	116
1931/2	D	模範的職業婦人の働き盛り		117
1931/3	B	母の立志伝	永井柳太郎の母	118
1931/3	A	継子九人の家庭を円満にした感心な婦人		119
1931/4	D	無名の一少女から世界的歌姫となった出世物語	宮川美子	120
1931/6	A	（この人を見よ）大罪人の良人に仕えた貞婦美談		121
1931/6	B	母の立志伝	若槻礼次郎の母	122
1931/7	B	母の立志伝	南次郎大将の母	123
1931/7	C	一杯一銭のアイスクリーム屋から数十万の資産を作った若き夫婦		124
1931/8	B	母の立志伝	宇垣朝鮮総督の母	125
1931/8	B	（この人を見よ）両手片足のない不具の子に大学を卒業させた母の愛		126
1931/9	B	母の立志伝	松竹社長達の母	127
1931/10	B	母の立志伝	牧野元次郎	128
1931/11	B	母の立志伝	伊藤深水画伯の母	129
1931/12	B	母の立志伝	吉沢謙吉大使の母	130
1933/1	B	母の立志伝	尾上菊五郎の母	131
1933/1	D	女郎屋の娘から女学校校長になった婦人の美談		132
1933/2	B	母の立志伝	三土忠造大臣の母	133
1933/2	D	日本美容界の開拓者マリー・ルイーズ女史三十年の苦闘の物語	マリー・ルイーズ	134
1933/2	D	女給生活十年を経て独立する迄		135
1933/4	F	陸海軍に百万円を献金した国防の母三谷てい子未亡人の内助美談	三谷てい子	136
1933/5	B	母の立志伝	東郷元帥の母	137
1933/5	B	聾唖児を完全に救った母の涙の物語		138
1933/6	D	結婚に失敗して発明に成功した女社長の苦心の半生		139
1933/7	D	一万円を貯蓄した女工さんを訪う		140
1933/7	C	無経験の行商から夫婦協力万年筆屋開業の苦心		141
1933/8	D	無実の罪で泣かされてから発奮した竹内茂代女史が博士になる迄	竹内茂代	142
1933/8	D	満州で大ホテルの女主人となって成功した遠藤初子女史の苦闘史	遠藤初子	143
1933/9	B	母の立志伝	菱刈大将の母	144
1933/9	C	夫婦共稼ぎで数百万円の財産を積んだ勤労の家		145
1933/10	C	ぼろ屑買いから百万長者となった夫婦奮闘繁盛記		146
1933/10	C	切花の行商から十余万の財産をつくった夫婦の苦心		147
1933/11	C	日当一円五十銭の石工から六百万長者となった夫婦の		148

		出世美談		
1933/11	B	母の立志伝	広田外務大臣の母	149
1933/12	C	瓦斯器具の行商から身を起こして資産三百万の大工場主に出世した美談		150
1933/12	C	一皿五銭の亀の甲焼で十万円の資産を作った夫婦共稼		151
1935/2	／	真の日本婦人此処に在り		／
1935/2	E	・シベリアの野で感激した婦人の祖国愛		152
1935/2	A	・酒豪の良人を禁酒させた妻の真情		153
1935/2	B	・我が子の成業を神かけて祈る尊い母心		154
1935/2	B	・柳沢三兄弟を今日あらしめた母の一念		155
1935/2	C	夫婦奮闘して日本一の古本屋を築くまで		156
1935/2	D	病床八年療養七年の体験から病人料理で身を立てた私の経験		157
1935/4	D	窮乏の農村を日本一の苺村にした婦人の奮闘		158
1935/5	A	前科十三犯の良人を以て更正させた妻		159
1935/6	B	日米貿易開拓者村井保固翁と母堂を語る	村井保固の母	160
1935/7	D	二夫婦四博士で有名な竹内先生御一家の家庭座談	竹内夫妻	161
1935/8	A	（修養講話）四人の弟妹の母となって働く十七才の女学生		162
1935/8	B	東郷元帥夫人テツ子刀自を憶う	東郷テツ子	163
1935/8	C	村を更正させた海保氏一家を訪う		164
1935/9	C	行商人から身を起こして横浜一流の洋品店となった夫婦の苦闘		165
1935/10	B	理想の妻としての東郷元帥夫人を語る	東郷テツ子	166
1935/10	D	苦学して成功した婦人の経験	安川八重	167
1935/10	D	苦難の母親が涙の中に調味料味の母を作り出す迄の苦心		168
1935/11	D	一旦衰えた家業を再び繁昌に盛り返した苦心		169
1935/11	D	結婚に失敗した若き母親が歯科医として成功するまでの苦心		170
1935/11	C	酒屋の小僧から一流の料理店を開いた夫婦		171
1935/12	B	東郷元帥夫人の内助の功	東郷テツ子	172
1937/1	B	栄光の百武新侍従長三兄弟とその母		173
1937/1	／	男も及ばぬ華々しい活動をしている婦人の成功談		／
1937/1	D	・樺太産業界の女丈夫		174
1937/1	D	・東京きっての一流料理店の女将		175
1937/1	D	・一年に百円の実績を上げた生命保険員		176
1937/2	D	未亡人の身で六十万円の大校舎を新築落成した大妻学校長の涙の奮闘物語	大妻コタカ	177
1937/2	B	母上様あなたに私は助けられたのでございます		178
1937/2	D	娘ながら日本一の腕を持つ人々を訪う		179
1937/3	／	生活戦線に奮闘する未亡人の雄々しき体験		／
1937/3	B	・女行商人となって5人の子を育てる高等船員夫人の苦闘物語		180
1937/3	B	・素人下宿で4児の教育費を生み出す弁護士未亡人の奮闘物語		181
1937/3	E	信仰に奉仕する尼僧となった芸者		182
1937/4	B	米内海相母堂の苦闘秘話	米内中将の母	183

1937/4	D	働きながら勉強して博士になった安川八重さんの勉強ぶり	安川八重	184
1937/4	E	（亡き妻を語る）身を燃して世を照らした山室悦子	山室悦子	185
1937/6	C	日給七十五銭の職工から世界の制帽王となった堀抜義太郎氏夫妻の苦闘		186
1937/7	B	唖仕の娘に幸福な結婚をさせた母の苦心		187
1937/8	D	結婚に破れて美容界の女王となった山上クニ女史の苦闘物語	山上クニ	188
1937/8	B	不具の子を一人前に育て上げた母の涙物語		189
1937/9	F	皇軍の父香月司令官母堂の苦闘の生涯	香月司令官の母	190
1937/9	E	ナイチンゲール記章を授けられた赤十字の看護婦さんの愛国美談		191
1937/10	F	帰らぬ空爆の勇士山内中尉の母堂の忠誠	山内中尉の母	192
1937/11	F	我が子を大将と中将に育てた松井軍司令官の母堂の苦心	松井司令官の母	193
1937/12	／	戦士軍人の妻が遺児を立派に育てた苦心		／
1937/12	F	・時計の修繕工となって二児を立派に育て上げた母の苦闘		194
1937/12	F	・一度は死を決した母が息子を海軍航空士官に育てるまで		195
1937/12	B	亡き良人に捧げて我が最愛の三人の児に与う		196
1939/1	／	若い夫婦が協力して事業に成功した奮闘美談		／
1939/1	C	・職工と女工の若い夫婦が年産三十万円の電球工場主となった苦心		197
1939/1	C	・月給四十五円の中学教師夫婦が特許権百万円の大発明を完成した苦心		198
1939/1	A	中年から迷いだした良人を更正させた妻の苦心		199
1939/1	A	日本新名婦伝	安井息軒の妻	200
1939/1	F	遺児二人を立派に育て上げた軍国の母の苦闘物語		201
1939/2	F	昭和の軍神西住戦車長の母堂訪問記	西住戦車長の母	202
1939/2	B	平沼新総理大臣を育てた母の苦心	平沼総理の母	203
1939/2	C	農聖山崎先生を感激させた篤農家夫婦の奮闘物語		204
1939/2	C	同士百五十万修養団蓮沼門造氏夫妻の苦闘物語		205
1939/3	F	軍神西住戦車長の母堂を囲んで	西住戦車長の母	206
1939/3	E	観音の化身と騒がれる白衣の天使の従軍散華物語		207
1939/3	D	医学博士となるまでの十七年間の苦闘		208
1939/3	／	遺児を抱えて生活建設に苦心する戦死軍人の妻		／
1939/3	F	・再婚を断って二児のために洋裁研究所を開業		209
1939/3	F	・五人の遺児を育てながら八百屋を繁昌		210
1939/3	F	・仕立物をして遺児を護りつつ文房具店開業準備		211
1939/3	C	日本一の大農場経営に成功した篤農家夫婦の奮闘		212
1939/4	D	一代で成功した一流実業家の創業当時の苦闘物語		213
1939/4	D	良人に死なれた妻が家業を繁昌させた苦心		214
1939/4	F	白衣の勇士と結婚した軍国花嫁の新家庭訪問：三例		215
1939/5	C	村役場の少年給仕から大地主となった篤農家夫婦		216
1939/5	E	日支親善の礎石となった清水美穂子夫人苦闘物語	清水美穂子	217
1939/6	F	母一人子一人の愛児を御国に捧げた誉れの母		218
1939/6	C	大阪の製鉄王中山悦治夫妻の成功談	山中悦治夫妻	219

1939/7	C	単独拝謁と賜餐の光栄に良くした小作人夫妻の奮闘物語		220
1939/8	D	不具になって発奮成功した男女の経験		221
1939/8	F	未亡人の手で愛児を大将にした古荘大将の母堂	古荘大将の母	222
1939/8	C	小僧から日本一の洋装店を築き上げた夫妻奮闘記		223
1939/9	C	納税百五十万円・屑鉄王の立志物語		224
1939/9	B	10人の子宝を健康優良児に育てた母の苦心		225
1939/9	F	良人と遺児を御国に捧げた軍国誉れの母御弔問		226
1939/10	E	東京貧民窟の天使：池永女医の献身物語	池永女医	227
1939/10	D	愛児のために発奮して鉄工所長となった未亡人の奮闘		228
1939/10	B	わが子を総理大臣に育てた未亡人の母	阿部総理の母	229
1939/11	C	職工と女中の夫婦が協力して大鉄工場を設立した奮闘記		230
1941/1	F	『大空の遺書』の若き海鷲未亡人の熱涙手記		231
1941/1	C	世界的大発明をした松前重義博士夫妻苦闘建設物語	松前博士夫妻	232
1941/2	F	傷痍軍人の妻表彰		233
1941/3	C	大陸開拓の父と母・加藤完治夫妻の建設苦闘物語	加藤完治夫妻	234
1941/3	B	祖母西郷隆盛の妻の生涯	西郷隆盛の妻	235
1941/4	F	愛の家庭建設に成功した傷痍軍人の妻の献身手記		236
1941/5	D	若き靖国の未亡人が裁縫塾経営に成功した奮闘物語		237
1941/5	F	産業戦士として奮起した傷痍軍人の妻の純愛手記		238
1941/7	F	傷痍軍人の妻表彰発表		239
1941/8	F	男児二人を陸海軍将校に育て上げた傷痍軍人の妻苦闘		240
1941/9	E	蘭印の救癩の天使宮平京子さんの聖愛物語	宮平京子	241
1941/10	C	日本一の機械化農村を作った夫婦の苦闘		242
1941/11	A	良人の出獄を待って十四年・妻の純愛実話		243
1941/12	F	傷痍軍人の処女妻となって三十五年純愛物語		244
1943/1	F	表彰『軍国の母』の苦闘物語		245
1943/3	F	表彰軍国の母感激物語『大空の母』を訪ねて		246
1943/4	F	表彰軍国の母苦闘物語		247
1943/8	F	表彰軍国の母物語・台湾高砂族の烈母大山オピン	大山オピン	248
1943/8	F	貯蓄報国に邁進するつげさんの家庭愛国物語		249
1943/12	F	軍国の母感激物語		250
1945/1	F	軍国の母岩淵ゆり刀自を訪う	岩淵ゆり	251

第四章　主婦のファンタジー〈慰安の章〉

一　女の読む小説　婦人雑誌と連載小説

婦人雑誌は、夢の世界でもある。鮮やかな表紙、豊かな付録、持ち重りのする分厚さなど、手にとった時から婦人雑誌のありようは読者の心を魅了する。モノの生産が明るい未来を約束するものであった近代日本において、色彩、頁数、内容の種類など、あらゆる面で量的な豊かさには価値があった。むろんいかに豊かさを追求したとしても物質的量には限りがある。しかしながら、紙とインクでつくりあげられた雑誌の世界が提供するファンタジーの豊かさは、読者の想像力によって無限に拡大し得る。

現実の生活を超えた情報を与える婦人雑誌そのものが読者にとってファンタジックな存在であったはずだが、より直接的に情緒を刺激するファンタジー（ロマンの世界）の源泉として文芸記事が果たした役割は大きい。当時雑誌や新聞の人気を支える重要な柱の一つが、連載小説であった。大正期後半以降、婦人雑誌もまた競って人気作家の作品を掲載している。そこに連載されていた小説が描く物語は、現実に飽き足らない読者の欲望を掻きたて、日常の欠如をうめあわせる何かを与えていた。

一九三七（昭和一二）年に戸坂潤は、演劇・映画など近代資本主義的娯楽が、多数の大衆消費者を必要とするという点で「社会性」をもつことを重視した。だからこそ、「民衆に対する社会的支配の道具の一つ」ともなりうるが、「娯楽を入口とし娯楽を通路としない限り、幸福の社会的実現は事実不可能」であり、「娯楽を最も濫用しているものは事実有閑層であるが、娯楽を本当に要求し、従って本当に娯楽というものの価値を理解出来るものは一般勤労民衆でなければならぬ」（戸坂―一九三六＝一九六六）と述べ、近代社会において大衆文化が果たし得る機能について論じた。マスメディアによるイデオロギー操作の観点から「大衆各個人の夢想を代行（そして同時に援助）する。それは真の白昼夢である」（グラムシ―一九二九〜三五＝一九八六：一四二）として、大衆的な新聞小説の流行にいち早く注目していたグラムシは、「新聞小説にはたしかに俗物性（スノビズム）がある。しかし、その底には、いくつかの民主的な希求があるのであって、それは古典的な新聞小説に反映されている」（グラムシ―一九二九〜三五＝一九八六：一六三）と、そこに階級意識の組織化の可能性をみようとしている。マスメディアの発達を背景に多くの読者を獲得していた小説群は、人々に歓迎される理由をもっていたはずだ。女性に享受された大衆小説は、当時の女性の意識と深く関わっている。婦人雑誌などを主たる発表媒体とした女性向けの大衆小説が描いていた世界を探求することは、女性の「白昼夢」および「民主的希求」の何たるかにせまることになるだろう。

戦前大衆的な人気を博した小説については、尾崎秀樹に代表される大衆文学研究の流れがあるが（尾崎秀樹、鶴見俊輔など『思想の科学』グループ、池田浩士などが代表的な論者である）、それらは主として大佛次郎や白井喬二などの髷物とよばれる時代小説を扱っており、婦人雑誌に連載されていたような家庭小説や通俗小説はあまり取り上げていない。尾崎秀樹のように通俗小説を軽視する姿勢は、従来の大衆文学研究、大衆文化研究の中に広く浸透していた（大衆文学における通俗小説の位置については、木村涼子―二〇〇四参照）。前田愛が「大正後期通俗小説の展開―婦人雑誌の読者層」（前田―一九六八＝一九七三）において、女性読者層の拡大という社会現象とともに通俗小説について論じるまで、女性読者をターゲットとしていた家庭や恋愛をテーマとした現代小説（通俗小説）を扱う研究はほとんど存在しなかったし、前田論文以降にも本格的な通俗小説研究が蓄積されているとは言いがたい。例外的に時折取り上げられてきたのは、前田愛もとりあげた通俗小説の記念碑的作品である菊池寛の『真珠夫人』と、女性作家の第一人者としての吉屋信子の諸作品であろう。[1] 吉屋信子の場合は、主として女性研究者によって考察されてきた。それら以外の「通俗小説」は、大衆文学研究や大衆文化研究においても、ほとんどその存在を無視されてきたのである。

今やそのほとんどが忘れ去られている戦前の女性向け大衆小説ジャンルは、大量の作品群を生み出し、大量の読者を獲得していた。時代小説にまさるとも劣らないマーケットを形成した女性向け現代小説はいかなる魅力をもっていたのだろうか。それらを「時代の風俗をうつす」（尾崎秀樹―一九六五：一四六）のみだったとして退ける前に、その意味と機能について、婦人雑誌の世界に位置付けながら考察したい。

二　一九二〇～三〇年代「通俗小説」のキング&クイーンとジャックたち

目次に踊る「人気作家の評判小説」「一流大家の評判傑作小説」との謳い文句と太文字のタイトル一覧。頁をめくれば、よよと泣き崩れる人妻や見つめあう令嬢と紳士といった何やら扇情的な挿絵、「○○子の運命やいかに⁉」などのコピーが目を引く。婦人雑誌において、連載小説は発行部数を左右するほどの影響力をもっていた。

主として女性読者向けに家族や恋愛をテーマとして書かれた現代小説は、当時「通俗小説」と呼ばれた。戦後は「大衆小説」「大衆文学」を名のることすら禁じられて、文学史の表舞台から姿を消している。しかし、一九二〇年代から三〇年代当時、それらの小説は大衆文化としての力を確実に発揮していた。

私たちが抱く「女」「男」「恋愛」「家族」などにまつわる観念は、学校教育や法といった国家によって統制された制度的形態によってだけでなく、大衆文化という人々の欲望や願いを吸収しつつ成長する市場化された商品の形態によっても、つくりあげられてきた。近代化の過程で女性読者を対象に書かれた大衆小説はどのような欲望や願いを映し出しているのか、女性読者が愛した小説世界を読み解くことが本章の目的である。

「通俗小説」の代表的作家として、尾崎秀樹は久米正雄・菊池寛・吉屋信子・中村武羅夫・加藤武雄の五人を挙げているが（尾崎秀樹—一九八六）、婦人雑誌や『キング』などの大衆雑誌・新聞での発表作品数、その後の単行本化・全集化・映画化などの様子を調べると、彼らのうち菊池寛と吉屋信子は別格の人気を誇っていることがわかる。第二次世界大戦までに、菊池が発表した「通俗小説」は五〇作品以上にのぼり、そのほとんどが映画化されている。一方の吉屋も最初の新聞小説『地の果てまで』（『大阪朝日新聞』一九二〇〈大正九〉年）を発表後、少女小説から成人女性向けの「通俗小説」へと執筆活動の比重を移し、戦中に創作が途切れるまで四〇作品以上を新聞・雑誌に連載している。彼女の場合も長編作品のほとんどが映画化されている。婦人雑誌においては、二人とも座談会や評論記事・グラビアなどに頻繁に登場し、「菊池寛先生にきく△△△」「吉屋信子女史と語る×××」といった記事タイトルにもなる有名人であった。菊池寛と吉屋信子はセットで婦人雑誌上に登場することも多く、二人は女性向け「通俗小説」界では、あたかも「キング」と「クイーン」のごとき地位を確立していた。

その二人を中心として、加藤武雄・中村武羅夫・久米正雄・長田幹彦・三上於菟吉・牧逸馬（時代小説のペンネームは林不忘）などの人気作家がきら星のように活躍し、「通俗小説」の興隆をささえていた。彼らは常に連載をかかえ、単行本をつぎつぎと出版し、種々の文学全集・選集が発行されるときには独自の巻をあたえられる力をもっていた(2)。なかでも加藤武雄・中村武羅夫・三上於菟吉は、三人だけで新潮社から全二八巻もの『長編三人全集』（新潮社、一九三〇年）を出すことに成功している。加藤武雄はことに多作であり、筆者が調べた限りでは一九二〇～三〇年代に実に九〇作品を超える「通俗小説」を発表している。

今はその姿がかき消されているが、かつての「通俗小説」の流れは大河のように豊かな水量をほこっていた。その大河を再現するために、ここでは菊池寛・吉屋信子・加藤武雄の三人の作品をとりあげる。彼らが一九二〇～三〇年代に、大衆的な新聞雑誌において恋愛や家庭問題をテーマに連載した現代小説の主だった作品一覧が表16である。

菊池と吉屋については、前述のごとく「通俗小説」分野ではこれまで例外的に注目を集めてきた作家であり、年譜や経歴も知られている(3)。しかし、加藤武雄は、戦前の勢力的な活躍にもかかわらず、分析や批評の対象となったことはほとんどない。彼もまた菊池・吉屋と同じく、実に多くの人気作品を執筆している。新聞・雑誌への連載が単行本化され、その後全集ものに再録、映画化と、繰り返し商品化されている(4)。

加藤武雄は大正期末から昭和初期にかけて、大量の通俗小説を新聞・雑誌に発表し、当代を代表する流行作家であった。にもかかわらず、彼を文学批評の対象として取り上げた研究論文は極めて少なく、管見のかぎりでは、彼が初期に志した「農村文学」作品を取り上げているものがわずかにあるのみである（山本昇―一九九五、椋棒―一九九八など）。彼がどれだけの作品を発表したかについての正確な資料は存在しない。加藤武雄の業績や評伝については安西愈《あんざいまさる》や和田傳によって掘り起こされたものがあるが、それらは主として加藤の農村小説・郷土小説こそが評価されるべきものとしてまとめられている(5)（安西―一九七二、一九七九、和田―一九八二）。

旧名主農家であった実家の没落により中学校進学を断念した加藤は、小学校の教員となるものの、文学の志を捨てきれず一九一〇年に上京する。本人の希望は「農民文学」作家として身を立てることであったが、『婦人之友』から連載を依頼されて執筆した『久遠の像』が予想以上の好評を博し、それによって彼は「通俗作家への転向の第一歩」（安西―一九七九：一七三）を踏み出すこととなった。その後、『母』（一九二三年『報知新聞』）、『新生』（一九二四年『主婦之友』）

表16　菊池寛・吉屋信子・加藤武雄の代表的作品一覧（一九二〇～三〇年代）

発表年	タイトル	連載媒体	映画化
〈菊池寛〉			
一九二〇年	『真珠夫人』＊	東京日日・大阪毎日新聞	松竹蒲田・日活太秦
二一年	『毒の華』	婦人画報	
二二年	『火華』	東京日日・大阪毎日新聞	松竹蒲田
二三年	『新珠』＊	婦女界	
二四年	『陸の人魚』	東京日日・大阪毎日新聞	日活大将軍
二五年	『受難華』	婦女界	日活太秦
	『第二の接吻』	東京朝日新聞	
二七年	『結婚二重奏』＊	報知新聞	日活大将軍
	『赤い白鳥』	キング	帝国キネマ
二八年	『明眸禍』＊	婦女界	松竹蒲田
	『新女性鑑』	報知新聞	松竹蒲田
二九年	『不壊の白珠』	朝日新聞	松竹蒲田
三〇年	『父なれば』	婦人倶楽部	
	『姉妹』	婦人倶楽部	松竹蒲田
三一年	『勝敗』	朝日新聞	松竹蒲田
	『蝕める春』	婦人倶楽部	松竹蒲田
三二年	『花の東京』	報知新聞	日活太秦
	『良人ある人々』＊	婦人倶楽部	
三三年	『結婚街道』＊	読売新聞	

と次々に新聞雑誌に長編現代小説を発表して、流行作家の地位を確立していく。あちこちの新聞雑誌にひっぱりだこの売れっ子作家となった加藤武雄は、長編の「恋愛小説」「家庭小説」を毎年何作も生みだし、一般読者におなじみの有名人として婦人雑誌の座談会などにも登場するようになる。その一方で「農民文学」隆盛を支援する姿勢を保ちつづけるが、自ら発表する作品はもっぱら「通俗小説」の範疇にあるものであった。後年のエッセイなどでは「通俗小説家」に「転向」せざるを得なかったことに忸怩たる思いを抱いていたことを告白しているが、活躍当時は相応の意欲をもって取り組んでいたことが、同時期に著した小説論にあらわれている。彼は、家庭小説には「道徳性」「情緒的」「救い」が必要であると述べ（加藤武雄―一九三三）、「通俗小説は日常生活における一般大衆の精神食物であ

三四年	『三家庭』	朝日新聞	日活多摩川
	『明麗花』＊	婦人倶楽部	
	『無憂華夫人』	講談倶楽部	
三五年	『貞操問答』	東京日日・大阪毎日新聞	入江プロ
	『結婚の条件』＊	婦人倶楽部	松竹大船
	『街の姫君』	キング	新興東京
	『恋愛百道』	講談倶楽部	
三六年	『禍福』＊	主婦之友	P・C・L
三七年	『新家庭暦』	婦人倶楽部	松竹大船
三八年	『恋愛算術』	富士	
	『結婚天気図』＊	主婦之友	松竹大船
	『女性の戦い』＊	婦人倶楽部	松竹大船
	『愛憎の書』	キング	新興東京
三九年	『妻の天国』	婦人倶楽部	
四〇年	『女性本願』	東京日日・大阪毎日新聞	新興東京
四一年	『美しき職能』	婦人倶楽部	
〈吉屋信子〉			
一九二〇年	『地の果てまで』	大阪朝日新聞	
二一年	『海の極みまで』	東京朝日新聞	松竹蒲田
二四年	『薔薇の冠』	婦人之友	
二六年	『失楽の人々』	婦人倶楽部	
二七年	『空の彼方へ』＊	主婦之友	松竹蒲田・日活多摩川

る」からして「生活を堕落させたり、絶望させ頽廃させるやうなものであってはならぬ」（加藤武雄―一九四七：二七三）と、道徳性が重要であることを強調している。彼が女性読者を意識して作品を執筆する際、女性大衆にとって必要な「精神食物」の要素が何であるかを考えていたに違いない。

戦前に流行作家として名を馳せていたにもかかわらず、文学史にはさして名を残すことなく、その作品も古書流通の中で漂うだけになっている「忘れられた作家」は少なくない。通俗小説作家分野における「忘れられた作家」を代表するものとして加藤武雄を加えて、菊池・吉屋・加藤の三人の代表作から、女性を対象とした大衆小説の魅力がどこにあったのかを再評価しておきたい。

三〇年	『暴風雨の薔薇』＊	主婦之友	松竹蒲田
三一年	『彼女の道』	主婦之友	日活太秦
三三年	『理想の良人』＊	報知新聞	松竹蒲田
	『女の友情』＊	婦人倶楽部	新興東京
	『一つの貞操』＊	主婦之友	松竹蒲田
三四年	『追憶の薔薇』	講談倶楽部	日活多摩川
	『愛情の価値』	報知新聞	松竹蒲田
三五年	『双鏡』	キング	松竹大船
	『男の償い』＊	主婦之友	松竹大船
	『続女の友情』	婦人倶楽部	新興東京
三六年	『女の階段』	読売新聞	
	『良人の貞操』＊	東京日日・大阪毎日新聞	P・C・L
	『お嬢さん』	婦人公論	P・C・L
	『母の曲』	婦人倶楽部	東宝東京
	『女の階級』	読売新聞	日活多摩川
	『神秘な男』	週刊朝日	松竹大船
三七年	『妻の場合』＊	主婦之友	東宝東京
	『相寄る影』	日の出	
三八年	『家庭日記』	東京日日・大阪毎日新聞	松竹大船・東宝東京
三九年	『女の教室』	東京日日・大阪毎日新聞	東宝東京
	『未亡人』	主婦之友	東宝東京
四〇年	『花』	東京日日・大阪毎日新聞	松竹大船

三　「通俗小説」の物語構造

加藤武雄を人気通俗小説家に方向づけた『久遠の像』が発表されたのは、菊池寛による通俗小説の第一作『真珠夫人』と、人気少女小説家であった吉屋信子による成人向けの長編小説第一作『地の果てまで』が世に出た一九二〇（大正九）年のわずか二年後、一九二二（大正一一）年のことであった。彼等は、一九二〇年代の幕開けと同時に通俗小説の新しい地平を拓き、太平洋戦争が世情を変えていくまでの約二〇年間にわたって、数多くの作品を女性読者に提供しつづけていく。

菊池寛・吉屋信子・加藤武雄が婦人雑誌に連載し人気を呼んだ作品を中心に、その物語構造の特徴を明らかにしよう（ここで分析対象として取り上げる作品は表16の中で＊印を付したも

	『蔦』	サンデー毎日	東宝東京
四一年	『永遠の良人』＊	主婦之友	

〈加藤武雄〉

一九二二年	『久遠の像』＊	婦人之友	松竹蒲田
二三年	『母』	報知新聞	
二四年	『新生』	主婦之友	
	『珠を抛つ』＊	東京朝日新聞	松竹蒲田
二六年	『彼女の貞操』	読売新聞	
	『狂想曲』	婦人世界	
	『愛染草』	婦人倶楽部	
二七年	『華鬘』	講談倶楽部	
	『炬火』	国民新聞	日活太秦
	『昨日の薔薇』＊	婦人倶楽部	日本キネマ
二八年	『饗宴』	毎日新聞	日活太秦
	『銀の鞭』	講談倶楽部	
二九年	『春遠からず』	キング	帝国キネマ
	『白虹』	報知新聞	
三〇年	『銀河』	東京日日・大阪毎日新聞	
	『星の使者』＊	婦人倶楽部	
	『火の翼』	講談倶楽部	新興キネマ
	『愛の戦車』	富士	
三一年	『孔雀船』	報知新聞	松竹蒲田

のである）。

まず、物語のスタートでは、ヒロイン（女性主人公）の満ち足りた少女時代、ないしはヒロインとその相手役となる男性主人公による清らかな相思相愛の世界が描かれる。ヒロイン（もしくはヒロインたち）が単独で登場する場合も、あるいはすでに恋愛の対象としての男性を伴っている場合も、鍵となるのは、身体的かつ精神的な処女性、清らかさ、無垢、純真さである。例外的に『真珠夫人』の瑠璃子や『昨日の薔薇』（加藤作品、一九二七年）の弓子のようにヒロインがヴァンプ（妖婦）として登場する場合は、乙女時代の過去の経緯は回想的に語られる。ヒロインは、身心ともに「処女」としての幸福を享受している。結婚している場合も、恋愛にもとづき周囲に祝福されて結ばれた夫との「正当」な関係しか結んでおらず、女性の生き方としては「無傷」である。

	『不滅の像』	婦人倶楽部	
	『東京哀歌』	富士	
三三年	『三つの真珠』	講談倶楽部	日活多摩川
	『春の暴風』	日の出	
三四年	『華やかな戦車』	報知新聞	
	『珠は砕けず』	キング	
	『喘ぐ白鳥』＊	婦人倶楽部	新興東京
三六年	『合歓の並木』＊	婦人倶楽部	新興東京
	『夢みる都会』	富士	
	『呼子鳥』＊	キング	新興東京
	『愛の山河』	講談倶楽部	
三七年	『華やかな旋風』	講談倶楽部	
	『春雷』＊	婦人倶楽部	松竹大船
三八年	『燦めく星座』＊	日の出	新興東京
四〇年	『母よ歎くなかれ』＊	婦人倶楽部	新興東京

○上記一覧の映画化に関する情報は、個人作成の日本映画データベースに拠るところが大きい。http://www.jmdb.ne.jp/index.htm（二〇〇五年一二月一日参照）

そうしたヒロインの処女性と幸福を庇護する環境があやうくなるところから、物語は展開していく。

幸福であったヒロインに「試練」が襲いかかる。「試練」には、経済上の窮状、父の死、性暴力、恋人の心変わり、のぞまない結婚、夫の恋愛など、いくつかのパターンがある。いずれも、清らかな乙女が幸福な結婚へと歩んでいく順調な道程、あるいは貞淑な妻として享受している安定した家庭生活から、ヒロインをはじきだそうとする厄災である。恋愛の情熱に流されて、または「不道徳」な男性の策略や暴力によって、ヒロインが結婚前に「処女」を失い、結果として妊娠してしまうことも多い。その場合、物語は娘の物語から母の物語へと変化する。

ドラマティックな物語を成立させる柱となるものが「試練」である。「試練」によって、ヒロインは愛する人（男性・子ども）との別離を余儀なくされる。別離を強いられたヒロインはその運命をただ受け入れるわけではない。彼女たちは、それぞれのやりかたで運命と闘う。

「試練」に直面したヒロインが選択する道は、二つある。

第一は、純愛をつらぬくという道である。純愛をつらぬくための手段には、①身体的な貞操を守る、②身体的な貞操は犠牲にしても愛する人のために尽くす、③身体的な貞操は捨てても精神的貞操を守る、の三つのサブ・パターンがある。第二は、「試練」の原因をつくった人間（主として男性）に復讐を試みるという道である。いずれかの方法で努力するヒロインを、女性同士の友情や、改心した男性・情けある男性の良心がサポートする。

ヒロインはそれぞれの闘いの後、最終的に、愛する人と結ばれる、子どもとめぐりあうという「世俗的なハッピーエンド」か、死（出家を含む）によって救われるという「聖なるハッピーエンド」のいずれかを迎える。

「世俗的なハッピーエンド」の場合、「デメリット分担」のパターンとでもよぶべき結末がみられることが多い。主要登場人物が少しづつデメリットを分け合うことによって、最終的にはすべての人がメリットを得る。とりわけ女同士の友情が強調される物語には、女性登場人物間での「デメリット分担」が顕著にみられる。「デメリット分担」と異なる結末として、ヒロイン一人にデメリットが集中する「デメリット集約」パターンもある。この典型は「聖なるハッピーエンド」の場合である。ヒロイン一人がすべてのデメリットを背負うことによって、悲劇は終結する。ヒロインは、受難のキリスト・聖母となって、残された人々を幸福に導く。ヒロイン自身は死あるいは出家することによって、救われる（ことになっている）。

これらの物語世界は決して勧善懲悪の世界ではない。ヒロインはあくまで善良であり、ヒロインの幸福を妨げるものはすべて悪といった、単純な二項対立図式で割り切ることはできない。善良なるものと悪しきものとが対決するかのように見える場面は多々あるが、ある場面において悪役である人物は、後に深く改心したり、別の場面で善良さを表現する。多くの悪役が、一時的に「悪」を背負っているに過ぎない。物語の最初から最後まで、何ら良心を見せる

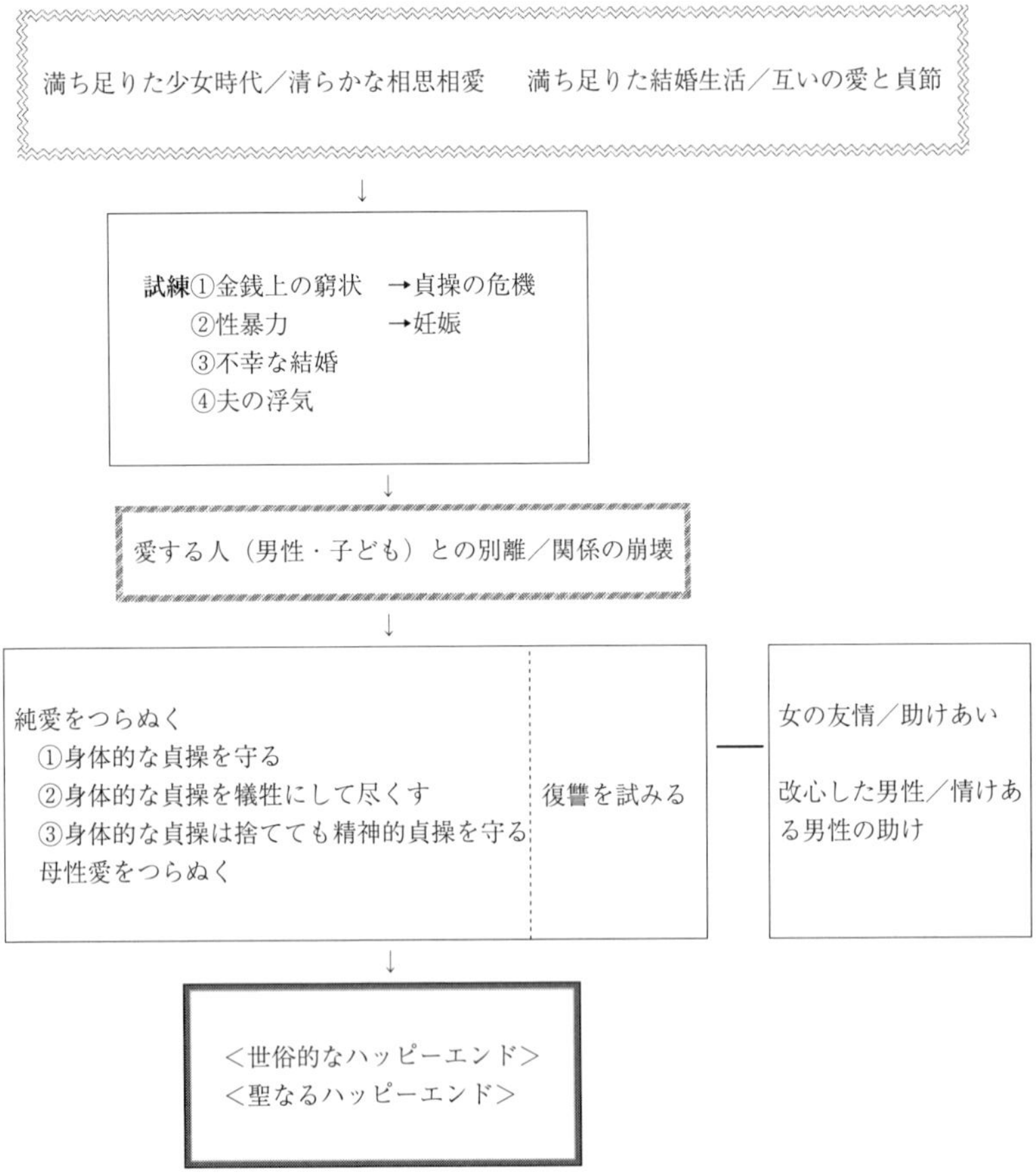

図14　通俗小説に共通する物語構造

ことのない完全なる悪役は、実は非常に少ない。愛すべきヒロインも、憎しみや情熱によって「不道徳」な、あるいは「愚かな」行動をとってしまい、別の人物の悲しみを引き起こす。もつれた人間関係を解き、誰かが抱えた悲しみを軽くするために、何をすべきか、どのような選択が正しいのかについて、ヒロインを中心として主要な登場人物全員が頭を悩ませる。善悪や道徳的な正しさの基準は、簡単にさだめることができない。それが女性読者が愛した通俗小説の世界観なのである。

　菊池寛が女性の純愛や高潔をあらわすモチーフとした〈真珠〉を用いて、二つのハッピーエンドを表現するならば、「世俗的なハッピーエンド」は、無垢の真珠が、試練の波にもまれて細かな瑕をその表面に受け止め、光を柔らかに反射する暖かい丸みに到達した結末であり、「聖なるハッピーエンド」は、一切の瑕を拒否して真珠を守りつづけた最後に、珠としては砕け散ることによって光のきらめきだけを残す結末である。前者は、試練によって磨かれた真珠、すなわちヒロインの女性としての円熟を示し、後者は、いかなる試練も疵つけることができない真珠、すなわちヒロインの女性としての気高さを示している。

四　掻き立てられる欲望
欲望をとおしてセッティングされるジェンダー秩序

1　自らの純潔に対する欲望

「試練」こそが物語を大きく展開させる。「試練」を「試練」たらしめている価値観は何なのだろうか。ヒロインが何を欲望しているのかがそこにあらわされる。

ヒロインが直面する「試練」は貞操に関わるものであることが多い。ヒロインを襲う「試練」の描写は、女性の貞操がいかに重要な価値をもっているかについてのメッセージに満ちている。

「通俗小説」の記念碑的作品である『真珠夫人』は、まさに貞操の物語といえよう。「真珠夫人」とは、心身の貞操を守ろうとした主人公瑠璃子の本質を最終的に表現するタイトルである。男爵令嬢瑠璃子は将来を誓った恋人がいたが、家の没落を救うために、船成金の荘田の後妻となり、先妻の子勝彦と美奈子の母親になる。瑠璃子は、経済力によって自分を手に入れようとした卑劣な荘田に復讐するとともに、恋人直也への純愛を貫くために、身体的な夫婦関係を拒みつづける。禁欲に耐えきれず暴力的に想いを遂げようとした荘田は、瑠璃子を慕う勝彦に殺される。未亡人となった瑠璃子は人柄が変わってしまったかのように、荘田の財力をつかってサロンをひらき、教養と美貌で多くの男性を虜にするヴァンプ（妖婦）となる。彼女のために自殺する者もあらわれ、ついには彼女自身が取り巻きの男性に刺されて死ぬ。死ぬ間際に、かつての恋人直也に義理の娘美奈子を託し、心のうちに直也に対する純愛をずっと守りとおしてきたことが明らかになる。その純愛こそが、瑠璃子の身内に秘められた真珠だったのである。

前田愛は、前半の「処女」を守ろうとする瑠璃子と、後半のヴァンプとして奔放にふるまう瑠璃子の間にあまりにも距離があり、それを『真珠夫人』の「プロット構成の誤算」と指摘するが（前田―一九七三）、女性を代表して男性に対する復讐をおこなうというヒロインの目的は一貫しており、それが荘田個人に対する反抗から、不特定多数の男性に対する非情へと移っていく契機としては、荘田を死に追いやることで瑠璃子自身が回復不可能な傷を心に負ってしまったという自覚についての描写で十分であろう。

『真珠夫人』における女性の魂の真珠というモチーフを、菊池はその後すぐに婦人雑誌に舞台を変えて『新珠』（一九二三年）と題する作品で再び取り上げている。三姉妹の物語が紡がれる『新珠』においては、瑠璃子の主張の変奏が何度か鳴り響く。瑠璃子は『真珠夫人』の後半で、自分のヴァンプ的行動は、女性の人格を軽視する社会風潮に抗するものであることを明言していた。「男性は女性を弄んでよいもの、女性は男性を弄んでは悪いもの、そんな間違った男性本位の道徳に、妾は一身を賭しても、反抗したいと思っていますの」（文藝春秋社版『菊池寛全集』一九九三、以下菊池全集と略記、菊池全集五巻：二一三）。『真珠夫人』前半は、勧善懲悪の悲劇性と性善的道徳性という点で『金色夜叉』のような従来の家庭小説と同様であり、大衆によって受け入れられたのはそうした封建的価値観に過ぎないとする見方もあるが（阿部寿行―一九九八）、『真珠夫人』の成功後婦人雑誌において人気を博した菊池作品の多くに、瑠璃子によって宣言されたフェミニズム的主張が繰り返し登場する。その事実は、近代的な女性の権利意識もまた共感をもって迎えられていたことを推測させる。

『真珠夫人』で女性の近代的人格の確立とともに描かれた純潔の問題は、三年後に発表した『新珠』において、ヒロインたち三姉妹のそれぞれのエピソードとして語られる。恋人からの性関係への強引な誘いを煩悶しつつも拒み通す長女・瞳の場合、彼女の中には「高貴な純潔な珠」「珊瑚の珠が、毒を嫌うように、凡ての悪を嫌う真珠のような心の珠」（菊池全集六巻：八三）があると描写される。同じ男性から誘惑されて処女を失った次女・都は、彼の関心が三女・爛子に移るのを感じて、「処女の身体からは、処女でなければ出ない後光がさしているのだ。云い知れぬ無量光がさしているのだ。それは、ヴィナスの神がしめている帯よりも、もっと貴い」とさとる。菊池寛は、そのことに気づいた彼女の苦悩を「嫉妬と悔恨の地獄の中でころげ廻った」（菊池全集六巻：一四七）とまで残酷に描写している。

吉屋信子の『空の彼方へ』（一九二七年）の初子もまた、性関係を拒んだことから恋人が遠ざかってしまうという悲しみを経験するが、その後彼がすでに処女ではない妹を無責任に扱ったことを知り、「茂さん、あなたは処女でない女性には、男は何をしてもいいとおっしゃるの？」（『吉屋信子全集』全一二巻、朝日新聞社、一九七六、以下吉屋全集と略記、吉屋全集二巻：二七五）ときびしく詰め寄る。

それほど大切な純潔を意思に反して奪われた場合、ヒロインたちは、尊厳ある人格として最大限の悲しみと怒りを吐露する。『珠を抛つ』（加藤作品、一九二四）の貞子は、長年の恋慕ゆえにレイプに及んだ柳太の弁明に対して、「憎んだのじゃない、愛しているからだと、あなたは云うのね？」「いいえ。あなたは何と仰っても、あなたは私を憎んでいらしたんです。だから、こんなことをなさるんです」と喝破し、「私はあなたを憎みます。あなたが私を憎んだように、私もあなたを憎みます！」（加藤武雄・中村武羅夫・三上於菟吉『長編三人全集』新潮社、一九三〇、以下加藤・三人全集と略記、加藤・三人全集七巻：二六〇）と宣言する。貞子は「私は弱い女です。けれども、そんな乱暴な力には、私の身体は負けても、私の心は負けません」と断言する一方で、「自分は既に純潔を失った女だ。自分の身体は既に汚されている！　そう思うと、彼女は、自分で、自分の身体をずたずたに裂き捨ててしまいたいような気がする。斯うして、おめおめと生きていられる身ではないという気がする」（加藤・三人全集七巻：二六七）と苦悶する。身体の貞操の蹂躙によって魂が傷つけられることはないという論理と、貞操を失ったからには生きている資格もないという論理の二つの狭間で、貞子は葛藤することになる。

純一という愛する人をもちながら悪意ある男性にだまされてレイプされた『呼子鳥』（加藤作品、一九二六年）のヒロイン志保子も、貞子と同様の煩悶に陥る。「処女性の喪失―それが女性の生涯にとってそれ程重大な意味を有つものであろうか？　唯、肉体の上でだけの、しかも、志保子の場合は、路傍で狂犬に噛まれたと同じ事の、謂わば一つの天災なのだ。そんなにまで苦にする必要が何処にあろうと、志保子も考えてみないではなかった。が、浄き衣は一塵の穢れをも厭う。身を白玉といつくしめば、微かな疵をも忍び得ない。偏に純一を思う志保子のあまりにも潔癖な性格は、そうした考えで自分を許すことが出来無かった。全か然らずんば無！　志保子は峻厳たる恋の理想主義であった」（『呼子鳥』単行本：六九）。

純潔を踏みにじられるという「試練」に直面する物語のうち少なからぬヒロインが、男性への復讐という道を選択する。『真珠夫人』で描かれた「真珠」を冒す男性の横暴への復讐という主題は、父の死後没落した三姉妹に経済的援助の形で近づき姉二人をもてあそんだ子爵を三女・爛子が翻弄しようとする『新珠』（菊池作品、一九二三年）、恋情を抑えがたく強姦におよんだ男性と復讐のために結婚する『結婚の条件』（菊池作品、一九三五年）、結婚を前提にした関係であったにもかかわらず父の意向を理由に他の女性と結婚した恋人の新婚家庭に彼との子どもを生んで乗り込む『禍福』（菊池作品、一九三六年）などに引き継がれている。

『新珠』の爛子は、「私、女性の尊さを無視し、人間の感情を弄ぶ悪魔に、私思い切った復讐がしてやりたいの」「女性全体から選ばれて、色魔的な男性を懲らす選手になったつもりでいますの。そう思うと、私勇気が出ますの」（菊池全集六巻：二二九）と決意する。彼女の決意は『真珠夫人』瑠璃子のそれと瓜二つである。

『結婚の条件』において、さほどの根拠もなく貞操を疑った恋人辰男と、失意の底にある光枝をレイプして強引に片想いを成就しようとした信三に対して、可憐なヒロイン光枝が誓った復讐の言葉はつぎのとおりである。「彼女は万事休したと思った刹那に、恐ろしい復讐の血が、彼女のあらゆる血管を激しい勢で、逆流し始めていたのである。この男に報いてやろう。成田にも報いてやろう。どんな手段でもいい。どんなあさましい手段でもいい、きっと思い知らせてやろう」（菊池全集一三巻：三一三）。そして、「身体の関係丈では、結婚の条件にならないということを思い知らせる為」（菊池全集一三巻：三五〇）に光枝はあえて信三と結婚する。結婚後、まったく身心を許そうとしない光枝の態度を非難した信三に、「私は貴君を愛していません。私は、暴力で貴君と結婚を強いられたのです。だから、結婚致しましても、貴君が暴力をお用いにならない限り、貴君の御自由にはなりませんよ」（菊池全集一三巻：三三二）という冷たい言葉を投げつける。

結婚を誓って一夜をともにした恋人が、よりのぞましい縁談のために自分を捨てようとしていることを知った豊美（『禍福』）は、すでに気づいていた妊娠の可能性を告げるのを潔しとせず、「ぎりぎりと殺意を感ずるほどの憤りに、頼むとか縋るとかそう云う気持ちは、全然無くなって」しまい、「触らないで頂戴！　しっかりしろですって！　しっかりしていますわ。貴君に、束の間でも憐れみを乞おうと考えた事など、私の一生の恥辱だったわ」「貴君は、教育のある狐だったのだわ。いいわ、いいわ、私、一生貴君を軽蔑してやるわ」（菊池全集一三巻：五六四）と叫ぶ。一九三七年に映画化（監督成瀬巳喜男、東宝）された際にも、この場面は前半の山場として原作のせりふを忠実に用いて描かれている。豊美を演じたのは入江たか子であるが、恋人の裏切りに気づくまで大和撫子然としていた彼女が「触らないで頂戴！」と男の手を振り払い、怒りで爛々と目を輝かせるシーンは印象的である。その後、妊娠が確定した時、彼女は自分ひとりで立派に育て、「その子を育てる事に依って、その父親の良心を責め苛んでやろう」と決意する。豊美の誓いの言葉も血を吐くようにはげしい。「皆川慎太郎よ。私は、貴君を呪ってやる。私一人でなく、もう一つの新しい生命を育てあげて、二人で貴君を憎んでやる。機会に恵まれれば、復讐もしてやる！」「人生の大事を、かくも軽軽しく取り扱った男には、どんな懲罰でも与えていいのだ。私は、どんな手段をも、厭わないで、きっと復讐して見せる」（菊池全集一三巻：五六七―五六八）。

彼女たちは、『真珠夫人』の瑠璃子の末裔である。彼女たちの多くは、基本的に慎ましく、おとなしい性格として描かれている。光枝や豊美は、「モダンガール」ではなく「大和撫子」タイプのヒロインである。彼女たちは、自己主張が強い開放的な女性人物と対照的に描かれている。これらの小説は、いかにしとやかな女性であっても、純潔という重要なものを汚されたときには、激しく反発することを記述してみせる。その反発は実に肯定的に描かれており、すべての女性は純潔の陵辱を許すべからずとの、啓蒙的あるいは脅迫的な規範を展開しているといえよう。だからこそ、自らの純潔を軽く扱う女性が何らかの「罰」をうけるエピソードもまた、これらの小説世界に同時に遍在している。

こうして、自らの貞操は女性にとって強い欲望の対象となる。恋愛が神聖で崇高なものであると思えば思うほど、貞操の重要さが増す回路が用意されている。それは、決して伝統的な婦人道徳観の枠内にとどまるものではない。近代において、貞操、処女の価値を高めるプロセスには、女性自身も関与していたことは、牟田和恵の指摘するとおりである（牟田一九九六b）。

純愛は、女性自身の生きる証であり、生きてきたしるしである。純潔を奪われたヒロインの憎しみ・怒りの大きさは、それだけ重要なものを意義ある相手に捧げたいという欲求の裏返しといえよう。誰にどのように捧げるのかは、人生の一大イベントとなる。純潔とは誰もが持ちうるものである。女性であれば必ず有することができる宝。誰もに平等に与えられている一回きりのチャンス。読者には、そうしたメッセージが届けられる。

女性の宝である純潔や、純潔が「生息」し得る唯一の土壌である純愛をおろそかにされる事態は、男性に正面から怒りや攻撃をぶつけることを女性に許す。純潔の蹂躙は、女性の自己主張を正当化するに足る十分な理由／条件であり、男性に対するもろもろの潜在的怒りを爆発させるきっかけとしても機能し得ただろう。それは、近代女性に与えられた新しい「権利」の一つだった。

2　男の純情に対する欲望

小説世界の中に登場するのは、女性の純潔や純愛をふみにじる男性ばかりではない。女性の純愛欲求に対応する男性の純情は、通俗小説の欠かせないモチーフである。

加藤武雄は、妻を深く愛する男の純情を『星の使者』（一九三〇年）や『喘ぐ白鳥』（一九三四年）において切々と描いてみせる。『星の使者』の節彌は、最愛の妻の死を絶望的なまでに悲しみ、妻のおもかげをきっかけとしてその妹波子を愛し始めた後は、波子に対して慎ましく献身的な愛を捧げる。ヒロイン波子は、姉の死を嘆き悲しむ義兄節彌に対して、当初は「女々しい愚かしい」と感じていたが、徐々にその姿に姉への深い愛情を見るようになる。亡き妻の写真を見ながら泣きつつ眠り込んだ義兄の姿を偶然見た波子は、「彼の悲しみは大海のように果てもなく底も知れなかった。彼の悲しみは益々強く激しくなりまさる様にさえ見えた。波子は、呆れて溜息を吐いた―だが、その一方では、知らず識らずの間に、波子はその余りにも激しい悲しみに圧倒されて行った。彼女は、だんだん笑ったり、嘲ったりすることが出来なくなった。―真の愛のいかに堅きことぞ！」（加藤・三人全集八巻：四〇）と、心を動かされていく。波子は、情熱的な恋を語り、誓いをたてながらも自分を捨てた初恋の男性と引き比べて、「世の中にはこんな真実な愛情もあるものか？　と、今更のように、義兄の、その悲しみの姿を見直さずにはいられなかった」（加藤・三人全集八巻：四〇）のである。

吉屋信子『一つの貞操』（一九三三年）と題された作品には、恋人への愛をつらぬこうとした男性が登場する。恩義ある親族のために意思に反した結婚をせざるを得なかった弘志は、結ばれなかった恋人紀美子を愛し続けて苦悩する。彼は家のために子どもをもうけた後、病に倒れ早世することになるが、死を前に紀美子と同じ墓に入れてくれと懇願する。紀美子との純愛を「イエ」のために犠牲にした弘志は、罪なき妻に申し訳ないと思いつつも、「紀美さん、たとえ妻はあっても、この僕が心からしんそこ愛せる女はあなたひとりだ。その僕の心は信じてください」（『主婦之友』昭和九年九月号：二五八）と、精神的な貞操を誓う。弘志が生涯守り抜いた「一つの貞操」は、女性ヒロインたちが大切にする心の「真珠」と同じものである。

菊池寛の『女性の戦い』（一九三八年）では、ヒロインなほみの高潔さを愛した秋田子爵の人格にスポットライトがあたる。求婚に際して子爵が「自分のことを知ってほしい」となほみに渡した日記は、「なほみに対する崇拝、賛美、感嘆！　さうしたものが、何の飾り気もなく書かれている。しかも、一語一句も、なほみに対する淫りがましい感情や、好色的な見方がなかった。どこまでも、真面目な賛美と好意の連続」（菊池全集一五巻：一〇四）というものだった。女性を性欲の対象としてではなく、敬愛、賛美の対象としてみる視線は、男性の純愛に欠かせない要素の一つである。

性規範のダブルスタンダードに対する批判も頻繁に登場する言説である。吉屋の『女の友情』（一九三三年）の慎之助や柳三郎、『永遠の良人』（一九四一年）の信吉、加藤の『呼子鳥』（一九三六年）の七尾男爵など、何人かの男性登場人物が、女性にだけ処女をもとめることを否定したり、女性が自分との結婚前に処女を失っていても問題ではないと明言する。性暴力によって処女を奪われた過去をもつことを承知でヒロイン志保子と結婚しようとする七尾男爵は、「どうも封建の余習とでも云いますが、今の日本の社会は、兎角女性を責め過ぎます。一寸した過失に対しても、男性にはルウズすぎるのに、女性には、ひどく苛酷だ。これはどうもよろしくないと思うのですよ」（『呼子鳥』単行本：一〇二）と彼女に語る。

女性の側からも、男性にも結婚までは童貞を、結婚後は貞節を守ってほしいという願いが提示されている。吉屋信子『空の彼方へ』の初子は、「君は馬鹿だね。僕をいつまで童貞だと思っているの」と言う恋人茂に対して、「私に触ってはいや、汚らわしい」（吉屋全集二巻：二四二―二四三）との拒否を示す。菊池寛『結婚街道』（一九三三年）の孝子の場合は、自分だけではなく男性にも、他の相手との接吻すらも許さない。「私の云うのは、貴女（親友ルイ子―筆者注）の云うそんな事（接吻―筆者注）を、一生伴侶になる人に、この一筋と取って置きたいのよ。だから、私は自分でちゃんと取っておく代りに、男の人にもそれを望んでいるのよ」（菊池全集一一巻：五〇一、物語の冒頭）。

『結婚街道』は、一九三二（昭和七）年に実際に起こった鳥潟博士令嬢の結婚解消事件を題材として取り入れている。見合いで結婚を前にした隆子は婚約者吉住に、これまでの交際経験をたずね、そうした経験はないという彼の答えに対して、お互いに結婚前に交際経験がないことを「うれしい」と素直に喜ぶ。しかし、吉住には交際経験はないが、かつて友人と旅行の際に「童貞を破り」性病に感染した過去があった。結婚初夜、新婦に病気を感染させまいと用意した避妊具を不審に思った隆子から問い詰められ、吉住は一度かぎりの買春と性病感染の経験を告白することになる。

「そんな事を、お隠しになって、私と結婚なさるのは、私を愛していると云ふことには、なりませんわね」（菊池全集一一巻：五四七）。そう言い放った隆子はその夜実家に帰り、結婚解消のニュースはメディアを賑わせることになるが、それらのいきさつは実際の出来事をあからさまに模している。

女性にばかり貞操がもとめられるが、果たして良人の貞操という概念は成立しうるのかという問題提起をそのままタイトルとした、吉屋信子の『良人の貞操』（一九三六年）もまた一大ブームを引き起こした。

『良人の貞操』『暴風雨の薔薇』（一九三〇年）などの吉屋作品では、良人と妻の貞操を同じ比重で扱おうとする姿勢が明確である。『良人の貞操』では、妻と妻の親友と良人の三角関係が描かれる。妻邦子を愛していながら、妻の親友加代に恋をしてしまった信也は、大きな苦悩を背負う。「結婚以来、彼の一種の潔癖から、売女に接する折もなく、男としては珍しいほど（良人の貞操）を守り得たその彼も、今日の今夜は、みごとな敗北者だった―それもひと夜の戯れに金で買った女というなら、まだしも、金では買えぬ、心で買う女を―と思うと、その妻への裏切りは百倍二百倍する気がした」（吉屋全集五巻：一二三）。貞操は破ったものの、それを当然と開き直ることなく、罪の意識を感じて苦しんでいる点で、信也は「愛すべき良人」なのである。妻の深い怒りと悲しみに接して、「信也は、まごころ籠めて、男の涙を浮かべて、まったく声涙降る態度で、今は男の体面も意地も、男性の伝統的の女性への支配感情や優越感のすべてを、素直に擲った」（吉屋全集五巻：一七〇）。しかし、平謝りする信也に対して、妻邦子は悲痛な様子で貞操の平等の地平へと議論をすすめる。

「『貴方―もし私がよその男の人と、そんな事になって、貴方を裏切ったとしたら、どうなさる？』邦子が、不意と質問した。『そ、それは、お前姦通罪になるよ』信也が虚をつかれたように、妻を見た。『それは知ってます―それよりも、その時の貴方の態度を伺いたいの？　貴方、私が平謝りにお詫びしたら、許して元通り一緒に暮らしてくださる？　そして、その相手の男の世話まで引き受けて始末して下さって？』『…そ、それは、その時の―事情次第だが―だが…だが…』信也は苦しげに、言葉を濁した。『私、貴方の一番仲のいいお友達と姦通してみます、そしたら事情次第になりましょう！』」（吉屋全集五巻：一七七）。女性にだけ姦通の罪が課されるという当時の法制度は、ここでは信也を助けてはくれない。邦子は、法制度はいかであれ、良人が妻である自分をいかに愛するかというパーソナルな地平で、信也と対峙しようとする。

良人がいかに苦悩しているとはいえ、妻も恋人も愛していると言い張る場合、ごく普通のつつましやかな妻たちは、その状態を受け入れようとはしない。『良人の貞操』の邦子は「もう愛もなくなった良人のそばに名ばかりの妻として、ただ食べさせて貰うという恥辱の生活は、一時間も私には我慢できません！」（吉屋全集五巻：一五五）と心情を吐露し、菊池作品『結婚天気図』（一九三八年）の由美子は、「良人の心を、他の女性と二人で共有する！　そんな事は、温和しい中にも、鋭い勝気を持っている由美子としては、考えられないことだった。自分が、良人の全部を持っているのでなければいやだった。全部を持ち得るのでなければ、潔く手離したい」（菊池全集一四巻：五四四）と思いつめるのである。

「御覧なさい！　世の中には、お女郎屋だとか待合だとかお茶屋だとか、男性が女性を公然と弄ぶ機関が存在しているのですもの。そういうものを国家が許し、法律が認めているのですもの。また、そういうものが存在している世の中に、住みながら、教育家とか思想家などという人達が、安然として手を拱いているのですもの。女性ばかりに、貞淑であれ！　節操を守れ！　男性を弄ぶな！　そんなことをいくら口を酸っぱくして説いても、妾はそれを男性の得手勝手だと思いますの」（『真珠夫人』菊池全集五巻：二一三）

『真珠夫人』において、試練を経て教養があり気位の高いサロンの女主人となった瑠璃子が一種の「魔女」としてこう言い放ったのは一九二〇年であり、先に引用した『良人の貞操』は一九三六年、『結婚天気図』は一九三八年の作品である。一九三〇年代の通俗小説では、「魔女」ならぬ、都市中間層の平凡な妻たちが性の二重規範に異議申し立てをするシーンが描かれるようになったのである。

3　甘い結婚生活への欲望　家庭内男女平等と消費生活との結合

男尊女卑的で、男性の横暴がまかりとおるような結婚生活。それは、小説の中で繰り返し批判の対象とされている。婦人雑誌の小説群には、「だめな良人」と「理想の良人」が対比的に描かれる。「だめな良人」の条件は、横暴、下品、性的な欲望をむきだしにする、妻の女友達を侮辱する、金銭に汚い、あるいは金銭にだらしない、家事の手伝いをしない、不品行、子育てを妻まかせにする、見栄っ張り、暴力をふるうなどなど。特に吉屋作品は「だめな良人」の念入りな描写の宝庫である。『女の友情』の豊造（綾乃の夫）、『暴風雨の薔薇』の賢二（澪子の夫）、『妻の場合』（吉屋作品、一九三七年）の俊吉（三千代の夫）、『男の償い』（吉屋作品、一九三五年）の滋、『良人の貞操』の加代の亡夫など、枚挙に暇がない。俊吉は「要するに妻は実用品だね」（『妻の場合』単行本：三五）と言い捨て、滋は「なあに、ハハハハ、恋愛とか結婚なんて、男に取っては、人生の一些事に過ぎませんよ」（吉屋全集四巻：九五）と笑う。加代が語る亡夫は、「あの人には妻なんてものは―御飯のお支度が出来て、そして…いつでも自分の好き勝手になる女なら誰でもよかったのよ、女は道具も道具、蹴ったり踏んだりしてかまわない玩具だったの」（吉屋全集五巻：六四）と考えるような男性である。

そうした「だめな良人」に対置される「理想の良人」の条件は、優しく、思いやりがあり、女性の人格を尊重し、貞操を守り、子煩悩で、家庭第一、趣味や教養も豊か、加えて美男。『暴風雨の薔薇』の守彦（不二子の夫）、『妻の場合』の遼一（三千代の夫の友人）、『良人の貞操』の信也、『久遠の像』の亮（玲子の姉の夫）などが、「良い良人」たちである。「だめな良人」と「理想の良人」は、ヒロインたちの前に比較可能な対象として登場し、結婚には成功と失敗があることが図式的に示される。

女性の純愛と対峙しうる真剣さをもった男性の純愛をもとめる気持ちは、夫婦生活においては対等なパートナーシップの希求へとつながる。妻を対等なパートナーとしてみとめる良人像。つづく第Ⅲ部第一章で取り上げるが、婦人雑誌の一般記事において理想とされる近代家族的な良人は、小説世界の中では盛り上がりのあるストーリーと具体的な描写によって造形されている。

女性を対等なパートナーとして求める良人像を物語の中心にすえた代表的な作品は、菊池寛の『良人ある人々』（一九三一年）だろう。『良人ある人々』には、ヒロインの一人である利美子との夫婦愛を確かなものにしようと努力する為雄の姿がくわしく描かれている。為雄の変化の中に、望ましい良人像が浮かび上がってくる。

利美子が為雄との新婚生活で感じていた不満は、彼の粗暴で思いやりのない態度であった。見合い結婚ながら結婚後利美子を愛するようになった為雄は、彼女が自分に不満をもっていることに気づき、乱暴で横柄な態度から、敬意と礼節をもった態度へと言葉使いやふるまいを変えていく。当初は、自分の気に入らないことがあるとすぐに怒り、肩を小突くといった暴力を振るうこともあったが、利美子が暴力に対して強い反発を示した後は、まず妻の言い分を聞き、寛大な対応をするようになる。妻への愛のあかしとしての贈り物、夕暮れの散歩や避暑での水泳など、妻と楽しむ時間を大切にしようともする。そして、妻を褒め、愛情を言葉であらわすようにもなる。

為雄の変化は、蚊帳の中に蛍を放して点滅する小さな光をながめながらの夫婦差し向かいの場面で決定的なものとして描かれる。為雄は妻にこう話しかける。「僕は結婚したときは、へんに威張っていた」、しかし今は「君を幸福にしようという考えで、いっぱいになっているんだよ」（菊池全集一一巻：二三五）。「理想の良人」の真骨頂は、利美子が結婚前の恋人との間で心が揺れていることを告白した際に、為雄が決して取り乱さず、妻の判断を尊重する姿勢を示したことにある。衝撃的な妻の告白に対して、「僕は君の手足をくくってでも、僕の傍においておきたいよ。しかし、僕はそんな事はしたくない。僕は君を自由にするよ」（菊池全集一一巻：二三八）と、潔い態度を見せた為雄は、最終的に利美子の愛を獲得するのである。妻が良人以外の男性に心を寄せるということは、「有夫の婦」にのみ姦通罪が科せられていた当時の常識からすれば決して許されないことである。しかし、通俗小説に登場する「理想の良人」はただ妻だけを責めることを潔しとしない。妻をそのような心持にさせてしまった良人としてのいたらなさを反省する。「良人万歳」がこの小説の最後の節タイトルである。

妻を敬愛しいつくしむ「理想の良人」との生活は、文化的で、豊かな消費を享受する生活だ。幸せな家庭が描かれる通俗小説の舞台のほとんどは「都会」である。小説世界では、銀座のパーラーや帝国ホテル、洋画にダンスホール、チョコレートやコーヒー、洋服とハイヒールなど、都市の華やかさをうかがわせるものがふんだんにちりばめられている。サラリーマンや実業家などの良人を持つ妻は、主婦として家計を預かり、衣食住をモダンで豊かなものとするための消費行動を担う。さらに、その経済力に応じて身の回りのものを整えて美しさを維持することに余念ない。良人は美しい妻をともなって、映画館やレストランに出かけて余暇生活を共有する。

これらの小説は、「男性は仕事、女性は家事育児」という性分業を基本とする近代家族の中に、「甘い結婚生活」が存在することを描き出していた。「甘い結婚生活」は、妻を対等なパートナーとして尊重する良人と豊かな消費生活の結合によって、小説世界の中に像を結ぶ。幸せな結婚生活の基礎は、良人の経済力である。しかし、うっとりするような甘美さを実現するためには、それだけでは不十分だ。その経済力を夫婦の楽しみのために、さらには妻自身の消費欲求のために用いるよう方向付ける、家庭内の新しい関係性―夫婦の「対等」な分業、家事領域における妻の「主権」の確立―が必要となる。逆に、この新しい関係性が実現されるためには、各種の商品、さまざまな消費文化が不可欠だったという法則も成り立つ。産業化の進展とともに年々豊富化する商品やレジャーの消費者として、近代家族の主婦は重要な位置を占めていたのである。

ロマンティック・ラブによって結ばれ、結婚後もその敬愛と情熱をうしなわず消費生活にも恵まれた「甘い生活」を維持するカップルとなること。これが女性にとっての完全無欠な「幸せ」のイメージであり、つまりは、女性の欲望の集大成である。

五　欲望を鎮魂する仕掛け　もう一つの欲望

美しいもの、すばらしいもの、価値あるものとして描かれる、ロマンティック・ラブとスイートホームのイメージは、読者の欲望を吸収するとともに、読者の欲望をかきたてていく。かきたてられた欲望はどこへゆくのだろうか。小説作品の主人公たちはすべてを得るわけではない。

恋慕から紆余曲折の末に辿りつく幸せな結婚生活、すなわち〈異性愛ロマンス成就〉が、物語が組み立てていく欲望の構図における世俗的なハッピーエンドである。しかし、ハッピーエンドの王道ばかりでは読者は飽きてしまうし、その嘘っぽさにしらける。登場人物がなにごとかを断念せねばならない結末をいかに工夫するかという点で、人気ある通俗小説はきらめきを見せる。

その際、読者にもっとも崇高かつ官能的な魅力をもつものとして提示された異性愛ロマンス成就の欲望を鎮魂する仕掛けが必要となる。第二節において通俗小説の結末には世俗的なハッピーエンドと聖なるハッピーエンドの二つのパターンがあると述べたが、前者は世俗レベルでのオルタナティブな欲望の提示、後者は死の活用によって欲望の昇華という形で、物語を牽引してきた異性愛ロマンスとスイートホームへの欲望を鎮魂する。

〈オルタナティブな欲望　その1　母性愛〉

まずは世俗レベルでのオルタナティブ・ハッピーエンドのパターンをみてみよう。異性愛ロマンス成就に対する欲望を鎮魂するためにヒロインに差し出されるオルタナティブの一つは、母性愛である。情熱を傾けて求め合う対象として「男」が得られない場合に、愛の結晶である（であったはずの）「子ども」にその情熱が振り向けられる。そもそも母性愛は近代家族を構成する不可欠の要素である。近代家族を成立させる二つの愛情関係は、夫婦間のロマンティックラブと母子間の本能にもとづく無償の愛である。前者が欠ける場合は、後者の充実でそれをおぎなうしかない。

「女としてのまことの喜びと幸いは心より相想う男によりて母となる仕合わせをおいて他にない」（吉屋全集三巻：一四五）。『女の友情』の綾乃は海外で修行の身の恋人には会えないまま一人で子どもを出産（その後まもなく死亡）、『久遠の像』の玲子は義兄亮と相愛になって宿した子を一人で女学校の音楽教師をしつつ育てる。『一つの貞操』の、ついに結ばれることのなかった恋に苦しんだヒロイン紀美子は、亡き恋人が妻との間につくった子どもをもらいうけ育てることで人生の生きがいを見出そうとする。「一つの貞操」は次の文語調の言葉で締めくくられる。「日陰の花のかくし妻―悲しく世をば忍ぶ身の―今はた君がかたみの子を抱き、その子の母と代わりしを、せめての幸と喜びつ、女の一生終らんと、良人ならぬ良人へ操をささげて渡る、この紀美子の悲しき「一つの貞操」を、世は人に、涙して賛え認め給わずや、いかに人々―（了）」（『主婦之友』昭和一〇年二月号：二七八）

愛の結晶である子どものみならず、不幸な性暴力によって生まれた子どもや、血のつながらない義理の子どもに対しても、女性は母としてこだわる。『良人の貞操』の邦子は良人と親友が自分を欺いてつくった子どもを引き取り、

『呼子鳥』の志保子は若き日に強姦の結果の出産であったため親の判断で生き別れとなっていた息子とめぐり合い、それぞれ子どもを育てることによって、自らの幸せを得ようとする。

幸せな結婚生活、男女のロマンティック・ラブが成立しなかった場合は、愛の結晶（ないしは恋愛の結果でない場合は、愛の結晶の代替物）である子どもを愛するという母性愛が、女の生きる支え、人生の意味を提供するものとなる。そこで、女の物語から、母の物語へと転換が起こる。

〈オルタナティブな欲望　その2　シスターフッド／女の友情〉

オルタナティブな欲望の第二は、女同士の友情による救いである。これらの作品の多くには、女性同士の関係（典型的な設定は女学校時代の友人）が描かれているが、単にヒロインをとりまく暖かい友人関係としてだけではなく、物語の主軸である男女の関係を立体化する第三の柱となっていることも多い。

『真珠夫人』には、男性の横暴に対する女性の挑戦というモチーフとともに、その影に隠れて目立たないが物語の結末で意味を強めるものとして、男性の横暴によって苦しむ女性同士の連帯というモチーフもふくまれている。瑠璃子は自分が翻弄していた男性を義理の娘美奈子がひそかに慕っていることを知り、こう煩悶する。「男性ばかりを踏み躙っているつもりで、得意になっていると、その男性に交じって、女性！　しかも妾には一番親しい女性を踏み躙っていたのです」（『真珠夫人』文春文庫：五三五）。瑠璃子のシスターフッドを重視しようとする姿勢は、結末で彼女を死に追いやることになる。

吉屋作品では、女性同士の友情と異性間の恋愛がからみあうストーリーが多い。『暴風雨の薔薇』（一九三〇年）は、不幸な結婚をした澪子が女学生時代の親友不二子の夫守彦と愛し合うようになり、三者三様に苦しむというストーリーである。女性の親友二人が一人の男性をはさんで愛憎に悩むという設定は、『女の友情』（一九三三年）、『良人の貞操』（一九三六年）において反復される。

『暴風雨の薔薇』において、無二の親友である不二子の夫と恋に落ちてしまった澪子は、「不二子様、澪子はいかなる不幸不運に会いましょうとも、友を裏切り女性が女性を裏切る醜い不真実な女でなかったことを信じてくださいまし」（吉屋全集三巻：五一二）と、心は惹かれても踏みとどまったことを訴え、不二子はその訴えに耳を貸し、物語は二人の友情で幕を閉じる。『良人の貞操』の加代もまた親友邦子の夫信也を愛してしまったことで苦悶、事実を知った邦子も苦悩し二人に対して悲憤した後、結局は、罪の意識から身を隠してしまった加代を探しだし彼女を許そうとする。「加代さん、私を信也の妻と思えば言い辛いでしょう――でも今日こうしてここへ貴女を訪ねて、昔を水に流して許す気で来たからには、私を信也の妻とは思わず――貴女のたったひとりの友達か、さもなくば、この世にひとり親身の姉さんが運よくいてくれたと思って――そう思って、なんでも打ち明けて頂戴」（吉屋全集五巻：一九二）。これは、邦子が加代の妊娠を気遣ってその苦しみを聞き出そうとする場面でのせりふである。

決して不道徳というわけではないが恋愛について女性ほどの真摯さをもっていない男性によって傷つけられた女性が、お互いに共感するという展開は頻繁に描かれる。『女の友情』の綾乃と由紀子、『男の償い』の寿美と瑠璃子、『禍福』の百合恵と豊美、『燦めく星座』の夏子と美代子・冬子、『妻の場合』の三千代と加奈子、『合歓の並木』（一九三六年）のお波と千代子・米子、『昨日の薔薇』の冨士子から弓子など、女性たちは互いに女としての苦労に共感しあい、助け合う。「ねえ、私だって、同じような経験があるのよ。まるで同じような身の上なのよ。死のうとした事幾度もあるのよ。（中略）思いとまって呉れたのね。私はこんな女だけど、でも、女は女同士よ、いくらか力になってあげられるかもしれないわ」（『合歓の並木』単行本：二七六―二七七）。

男性への復讐にかられて進退窮まるヒロインや男性たちに翻弄されて苦境にあるヒロインを、図式的には彼女のライバル役にあたる女性登場人物が救いの手を差し伸べるという結末は、吉屋のみならず、菊池や加藤の作品にもみられる。

菊池寛『禍福』の豊美は、自分を裏切った男の子どもを一人で生み、「運命のいたずら」から友人となった彼の新妻百合恵の好意に甘える形で、事実を隠して拠り所のない母子としてその新婚家庭に住み込むが、男を苦しめるという復讐を果たした後は、目的を失って途方に暮れてしまう。懊悩している良人の様子から事態を理解した百合恵は、一つの解決策として豊美が産んだ良人の娘を自分の子どもとして育てたいと良人や豊美に申し出る。自分が娘を愛しむことによって、豊美を復讐と女一人の子育てという重荷から、同時に良人を罪悪感と懺悔の苦しみから、解き放つことができるのではないかと考えたのである。豊美は「ああ、百合恵はみんな知っているのだ。知っていながら、良人を許し、自分を救おうとしているのだ」（菊池全集一三巻：六三二）と、百合恵の心を了解し、娘との別離に苦しむものの、その申し出を感謝とともに受け入れる。加藤武雄の『春雷』（一九三七年）では、志津子の恋愛成就をさまたげ続けてきた恋敵英子が、最後には自己犠牲をもって彼女の窮地を救おうとする。自分のわがままで世間知らずの行動が志津子と慎之助の仲を裂き、二人を不幸にしてしまったことを知った英子は、志津子の現在の不幸の源である別の男性を彼女から引き離そうと、彼を誘惑し命を落とす。「こうして引張り出した此の男を、もう決してあの志津子の許へ行かしてはならないのだ。何処までも自分の此の手から離してはならないのだ。そして、その人を、自由な身体にして上げなければ―。そして、あの慎之助の許に帰らせなければ―。」（単行本：二八九）。豊美も志津子も、自分を救おうとした「友」の志を胸に、新しい道を歩み始める。

異性愛ロマンスの価値と天秤にかけることができるほど、女の友情は尊い。恋はあきらめなければならなかったとしても、そのかわり、友を裏切るまい、ふみにじるまいとする気持ちは女性を失意から立ち上がらせる力を持つ。友も自分も、ともに恋を知り、恋に泣く女である。友を救うことは、自分を救うことでもある。これは、異性愛から横滑りをした女の物語である。

〈オルタナティブな欲望　その3　静かな夫婦愛〉

オルタナティブな世俗的ハッピーエンドをもたらす第三の仕掛けは、はかない純愛より持続する夫婦愛というテーゼである。

情熱的な恋愛、肉体も魂もほのおのごとくにその輝きと熱を増す経験。それは魅力的な経験であるが、やはり恋愛はこわれやすい、頼りないものでもある。恋愛に翻弄されて、女性は、悲痛を味わう。

魅力は大きいが危険もともなう情熱的な恋愛と対照的なものが、持続的な静かな夫婦愛である。平凡な日常を営む中ではぐくまれる愛着と信頼は、ゆるぎない確かなものである。こうした対比によって、恋愛が決して手のとどかない虹のように実現しなかった場合も、生活の中で醸成される夫婦愛は、それに勝るとも劣らない価値のあるものだというメッセージが発せられる。

菊池寛が一九三〇年代にくり返し扱った主題は、結婚生活の「実《ジツ》」ということだった。結婚前の恋人と見合いで結婚した良人との間で揺れるヒロインと、良人の放蕩に対抗して恋人をつくるヒロインを登場させ、二組の夫婦を描いた『良人ある人々』（一九三二年）、戯曲作家が堅実な結婚生活を営みつつ、かつての恋人との恋愛感情に振りまわされる『明麗花』（一九三三年）、家庭的な妻と円満な結婚生活を営んでいた青年医師がモダンな職業婦人と恋愛関係に陥り家庭の危機を迎える『結婚天気図』（一九三八年）などは、恋愛との対比によって結婚生活、夫婦関係の意義に焦点を当てようとしている。『結婚天気図』の義雄が、情熱的な恋愛対象であったかほるに別れを告げて、妻の元に帰る決心をした結末を、菊池寛はこう結ぶ。「家庭の平和から享くる喜びが、人間の生活に於て、至高至重のものであることを、彼は貴重な犠牲によって再び認識し得たのである」（菊池全集一四巻：六一四）。

愛していた男性と結ばれなかったヒロインたちは、「良人」が情熱的な恋の対象とはなりえなくとも善良さや誠実さをそなえている場合、最終的には現在の「良人」との安定した結婚生活を築き上げていくことのすばらしさに気づく。『結婚天気図』の第二のヒロイン雅代は、結婚前に交際していた木原をまだ愛していると自覚しながらも、「自分の恋愛的なものは、みんな木原のものかも知れない！　しかし、結婚に依って繋がれた人間同志の親愛、それはどんな激しい恋愛にも負けない力強さを持っているのではないか」（菊池全集一四巻：五六五）と思い至る。『男の償い』においては、家業の窮状から奉公人の喜之助と再婚した後も初恋の人だった前夫滋を想い続けていた老舗旅館の一人娘寿美が、喜之助の愛情の深さと献身に、「女が、いま良人の口から、ああまで妻を愛すまごころを説かれて、それで良人にしんから身も心も捧げようと決心するのが、なんで無理でしょう―これこそ自然です」（菊池全集四巻：二三五―二三六）と、滋をあきらめることを決意する。

「理想の良人」と「だめな良人」の対比が登場する作品では、良人の問題点がくわしく描かれたとしても、離婚に至ることはめずらしい。『暴風雨の薔薇』の澪子、『妻の場合』の三千代、『男の償い』の瑠璃子など、「だめな良人」と結婚してしまったヒロインたちは概して、不満はあっても良人との結婚生活をまっとうしようとする。

ヒロインたちは物語の中で必ず一度は、ロマンティック・ラブを経験する。そのロマンスが結婚として結実しない場合も、その歓びを胸に秘めることによって、目の前の平凡な生活を大切にすることができる。それは決して欲望の断念ではない。暮らしの中で生まれる夫婦としての情愛と信頼は、日常生活の中で自力で手繰り寄せることができる

（ように見える）「幸せ」である。その「幸せ」は、ロマンティック・ラブが何たるかを知っているからこそ（それが小説での感動を通じてであってもよい）、築き上げていくことができる。静かな安定した夫婦愛を優先するということは、まぎれもなく、女性のもう一つの欲望として位置づけられている。結婚生活の中で生まれる情愛は、ロマンティック・ラブの代替物というよりも、世俗においてロマンティック・ラブが流し込まれる最終的な回路だと理解する方が正しいのかもしれない。

〈聖的なレベルでのハッピーエンド　死によってあがなわれる何か〉

すべての世俗的な欲望が達成不可能な場合、「聖なるハッピーエンド」がヒロインを救う。「聖なるハッピーエンド」とは、欲望の鎮魂がヒロインの「死」によって実現される仕掛けを指す。『真珠夫人』の瑠璃子や『昨日の薔薇』の弓子のように男性への復讐にとらわれて妖婦と化したヒロインは、死に際して憎しみや激情から解放され、本来の純情な乙女の姿をとりもどす。『星の使者』の波子のように許されぬ恋に踏み込んだヒロインは、死によって「罪」をつぐない、安らぎを得る。

運命に翻弄されるままにロマンティック・ラブを断念するヒロインたちは、一様に「神」に近づく。『女の友情』の由紀子は、親友のために自分の恋をあきらめ、尼僧になる。妹のために恋人をあきらめるが、妹には知らさないでくれと言い残したまま震災で処女のまま死した『空の彼方へ』の初子は、「聖母マリア」に模して語られる。義兄と相愛の末に子を宿したことから彼から姿を隠し、生まれた子を音楽教師をしつつ一人で育てる『久遠の像』の玲子もまた、「マリアのように」と題された肖像画としてシンボル化される。

恋を知ったヒロインの情熱、悲しみ、苦しみ、喜びはすべて、死によってあがなわれる。死はかならずしも肉体的なものでなくともよい。世俗的な欲望から自己を解放することによって、気高さという価値を獲得する道が最後に残されているのである。

六　欲望と現実との架け橋

女性読者の熱

一九二〇〜三〇年代の婦人雑誌は、華やかな挿絵を豊富に添えた連載小説を毎号五本から八本ほど掲載し、多くのページをさいている。婦人雑誌の誌面は、テキストとしての小説を発表する場であるだけでなく、小説の演劇化・映画化などメディアミックスの広告媒体や、モデルとなる有名人に関わる情報源でもあった。また、人気作家を文化人として座談会や世事についてのご意見伺いの記事などに頻繁に登場させている。婦人雑誌の読者は、小説の世界を多角的に楽しむことが可能だった。実業之日本社で活躍したジャーナリスト戸倉義一は一九三一（昭和6）年に、大正後期から昭和初期にかけて「婦人雑誌が発達した有力な一原因」として、それが通俗文学の掲載に力を入れたことを挙げ、「有力な人気作家の小説によってその発売数を増減したといふやうな例がなくもない」（戸倉―一九三一：二六〇）と述べている。

連載小説のラインナップが雑誌の命脈を決定する重要な要素の一つであったことは、読者欄からもうかがえる。

「まあ素敵！　今年の小説は、佳い小説ばかりです。『暴風雨の薔薇』『赤穂の義士達』『鏡を拭うて』などは、言葉に表すことのできぬほど感激に打たれます」（『主婦之友』昭和六年二月号読者欄）

「『星の使者』、『子』、『歎きの都』の素晴らしさ、婦倶（筆者注、読者欄で用いられていた『婦人倶楽部』の略称）ならではの感を愈愈深めて参ります」（『婦人倶楽部』昭和五年三月号読者欄）

「殊に小説は『女の友情』を始め『月よりの使者』『明麗花』など何と云う感じの深い面白い小説なのでしょう。毎月の発売を待兼ね、姉と母と三人、夜の更けるのも忘れて読むのが常でございます」（一九三三年『婦人倶楽部』昭和八年一〇月号読者欄）

女性読者は、多大な共感を寄せてこれらの小説を読んでいた。婦人雑誌は、人気小説連載時には小説専用の投稿欄を設けて、読者が読後の「感激」を発散する場をつくり、作品と読者、読者相互の共感の輪を広げる戦略をとっている。

たとえば、『主婦之友』は一九二七（昭和二）年吉屋信子『空の彼方へ』連載中に「読者の声（投稿歓迎）」欄を特設し、「吉屋先生のお作『空の彼方へ』の初子様、あなたの苦しいお心の内、お察しいたします。然しあのお言葉（茂さん、あなたは処女でない女には何をしてもよいとおっしゃるのですの?）…何という立派なお言葉でしょう。どうぞあなたのため、不幸な妹さんのため強くあってください」（『主婦之友』昭和二年一〇月号）といった読者の声を取り上げている。『婦人倶楽部』においても、吉屋の『女の友情』と加藤の『喘ぐ白鳥』連載時には、「友情の集ひ（投書歓迎）」「白鳥の部屋（投書歓迎）」という投稿欄がそれぞれ設けられている。「吉屋先生のお作、ありがとうございます。女の心を知るはやはり女でなければ本当の心はわからないだろうと思います。『女の友情』を読んでいると自分の心を読まれているように思います。これも女は嫁いでしまえば友人等忘れてしまうと言われたことがあり、残念でなりませんから、嫁いでからもずっと交際しています。三年余りもなりますが、一生交情をつづけるつもりでいます。丁度お作のように三人同年です。やさしい綾乃さんや由紀子さんを幸福にしてあげてくださいませ」（『婦人倶楽部』昭和八年七月号）、「まあ、何と不思議な御縁でしょう。綾乃さんと余りにも似過ぎた私の境遇、心から綾乃さんへ御同情致します」（『婦人倶楽部』昭和八年三月号）といった、自分たちの境遇と重ね合わせつつ主人公たちの幸せを熱心に祈る手紙が毎号掲載されたのである。

『女の友情』は特に人気が高かったようで、連載中には、グラビア記事にて女性主人公たち三人の髪型を考案したものが有名女優を使って発表する特別企画が催され（「新考案『女の友情』ヒロイン巻」『婦人倶楽部』昭和八年一〇月号：上野松阪屋美容室の芝山みよか先生考案の髪型、千葉早智子・坪内美子など女優がモデル）、連載終了後も一九三五（昭和一〇）年一月号の『婦人倶楽部』では、その続編の連載開始に先だって「吉屋信子女史と野間社長夫妻の小説問答」という座談会を掲載している。「女の友情」の人気の絶大さによって企画された異例の座談会といえるが、そこで野間講談社社長は経営者として、社長夫人は熱心な読者代表として、吉屋作品の偉大さについて語っている。その座談会の司会をつとめた記者によって、「女の友情」の主たるヒロインであった綾乃が病死するシーンが発表された後、「読者から弔辞や弔電がたくさん来たのには、実に驚きました」とのエピソードを披露している。同年六月号では、新興キネマでの映画化とタイアップして、化粧品会社（明色化粧品本舗桃谷順天館）がスポンサーとなった各種企画（「女の友情記念晩餐会」明色化粧品愛用家をレインボーグリルに招待。志賀暁子、江川なほみ、高倉えみ子など映画出演五人の女優、「「女の友情」試写会」映画出演俳優挨拶と茶話会、記念撮影、「「女の友情」主役探し大懸賞」主演スター見立て）が掲載されている。

『女の友情』に対して、小林秀雄は『文学界』（一九三六年一二月号）誌上で、冒頭の結婚初夜の描写が「挑発的」「嫌な感じ」のものであり、それ以上読むに耐えなかったと酷評した。その批評の中で小林は、これは「子供を引っ掛ける」作品だと、読者を指して「子供」を連呼している。これを読んだ吉屋は激怒し、パーティ席上で小林に直接「最後まで読んで批評すべきだ」「女性を子供とよぶのは侮辱である」と反論したという（吉武―一九八二）。吉屋が擁護した女性（自作の愛読者）が吉屋作品に抱く感想は、「文壇」の評価とは対照的である。「近頃の恋愛小説といったら露骨で媚態でいやになる程なのに、先生のみ作はいつも清純で乙女の心を絶えず打ちます」（『婦人倶楽部』昭和八年七月号）。この言葉はまさに、「挑発的」で「嫌な感じ」と著名な文芸批評家が評した作品『女の友情』についての女性読者の声である。

通俗小説の作家とは、女性読者の心情を敏感にとらえる能力をもった者たちだった。ヒロインの欲望は読者の欲望でもある。婦人雑誌の読者はヒロインに自分を重ね合わせつつ「読む」。小説におけるファンタジーは、どこかに在ったはずのもう一つの人生、どこかに在るはずのこれからの人生を示す。日常の味気なさを忘れるという〈現実からの逃避〉だけではなく、日常の味気なさに意味づけをするという〈現実の読み替え〉。それは読者にとっての切実な願いであり、その願いにこめられた「熱」が、売り上げという形で、あるいは投稿の山という形で、メディアと作家たちを動かし、女性がもとめるファンタジーを創出せしめてきた。

前近代から近代への社会変化は、個人に、自分の人生を意味づけしたいという欲求を個人の中に発生させる。「家」なり「共同体」なりの連続体の中に埋め込まれた個から、一度きりの限りない自己へ。一度きりの限りない自己について近代が提示するファンタジーは、性別によって分けられている。近代的社会の枠組みにおいて、女性は女性として生きる意欲を自らの内面から汲みあげる必要がある。そこでのキーワードはロマンティック・ラブであり、スイートホームだった。その概念の内実を鮮やかなイメージと生き生きした情動で満たすものが、小説が提供するファンタジーであったといえよう。

註

（1）　菊地寛にしても、その通俗小説作品は批評の対象となるべき「文学」とはみとめられづらかった。たとえば大正期当時の批評、片岡良一「菊池寛氏の人と作品」（『国語と国文学』三巻一一号、一九二六（大正一五）年）では、『無名作家の日記』を中心に、『第一人者』『海の中にて』『ゼラール中尉』『若杉裁判長』『藤十郎の恋』『我鬼』『恩讐の彼方に』『出世』『貞操』『夫婦』『父帰る』『従妹』『忠直卿行状記』『恩を返す話』『敵の葬式』『船医の立場』『義民甚兵衛』『乱世』『玄宗の心持』『岩見重太郎』『時の氏神』『群集』『愛嬌者』『屋上の狂人』『入れ札』など、菊池寛がテーマ重視の作家であることを論じるために数多くの作品が引かれているが、『真珠夫人』をはじめとしていわゆる通俗小説の類は一切出てこない。
（2）『明治・大正・昭和　全集叢書巻別書名事典』大衆書房、一九五〇年など参照。
（3）菊池については『菊池寛全集』（中央公論社・文藝春秋）、菊池（一九八八）、永井（一九六一）、片山宏行（一九九七）、日高（二〇〇三）など、吉屋については『吉屋信子全集』（新潮社・朝日新聞社）、板垣（一九七九）、駒尺（一九九四）、江種・井上（二〇〇一）など。
（4）加藤武雄の執筆活動の全貌を完全に網羅するような目録は存在しない。彼の作品を所蔵している図書館も非常に少ない。安西愈『加藤武雄年譜』私家版、一九七二年、安西愈『郷愁の人「評伝・加藤武雄」』昭和書院、一九七九年、和田傳監修『加藤武雄読本—望郷と回顧』加藤武雄読本刊行会、一九八二年には、加藤に関する年譜がまとめられているが、それらはそもそも農民文学者としての側面に光りを当てようとしたものなので、「通俗小説」に関する驚異的な執筆活動をカバーするものではない。しかし、また他に、『加藤武雄生誕一〇〇年記念・加藤武雄資料展（目録）』、加藤哲雄『加藤武雄おぼえがき』、加藤正彦『伯父加藤武雄』など、貴重な資料を、加藤武雄氏の甥にあたる加藤正彦氏のご厚意で入手することができた。現在筆者はそれらの資料を基礎にしながら、新聞小説などに関する各種関連資料と国立国会図書館および神奈川近代文学館所蔵の図書、さらに直接古書市場で得た加藤の単行本を基に、加藤武雄の作品目録を追加作成中である。本書で示した一覧は菊池寛・吉屋信子の場合と同じく抜粋である。
（5）和田は「加藤武雄先生の作家としての真骨頂は、先生初期の作品、ふるさと北相模城山地方を描いた短編小説や随筆の作者としてであるように思われる」（和田—一九八二：一）と述べ、安西は「往年の流行作家の名のもとに、ほとんど存在を埋没されそうな加藤武雄の、一般にはあまり知られない面を明らかにしたい」（安西—一九七九：後記）。安西が「今となっては、加藤作品を読みたい人がいても、願いはたやすく満たされない。手に入る本がないのである」（安西—一九七九：後記）と述べるように、現在書店はもちろん図書館で加藤作品を見つけることはむずかしい。古書の流通の中に探し出すしかないのが現状であるが、戦前に出版されたものは入手しがたくとも、それらの多くが敗戦直後に再版されているので、再版ものとして加藤の小説を集めることは時間をかければ可能である。

Ⅲ 「主婦」であることの魅力

メディア空間と日常の統合

第一章 「主婦」と「良人」の甘い生活

一 「主婦」の「愛の労働」

第Ⅱ部では、大正期から昭和初期にかけて大衆化した婦人雑誌が、どのような「主婦」像をつくりだしたのかをみてきた。その際、読者のニーズをあらわす〈有益〉〈修養〉〈慰安〉という三つのキーワードに則し、主婦労働にもとめられる技能、主婦が守るべき規範、主婦の欲望としてのファンタジーという、婦人雑誌の三側面をそれぞれ描き出した。女性の人生を家庭領域に焦点化させる「主婦」役割概念は近代的ジェンダー秩序の要となるものである。「女は家事・育児、男は仕事」という新しい性別分業を女性が受け入れていくためには、女性自身が「主婦」として生きることの意義や魅力を「納得」する必要がある。

本章では、主婦を主たる対象として編集されていた大衆婦人雑誌（『主婦之友』および『婦人倶楽部』など）の誌面から、幸せな「ホーム」や愛する夫との結婚生活がどのようなものとして描かれていたかを析出する。それは、婦人雑誌が提示していた主婦の技能・規範・ファンタジーの三側面が、読者の日常生活と統合されるプロセスを明らかにすることでもある。主婦としての日常は、決して強制されるものではなく、自発的に実現したい「愛」と「幸福」の世界である。そうした言説を追う中で見えてくる、メディア空間と日常生活が接合する瞬間を追ってみよう。

1　家族の安息所としての「ホーム」像

主婦役割は、近代化の過程でもとめられた「家族」「家庭（ホーム）」像と切り離しては考えられない。理想の主婦は、理想のホームとともに実現される。現代の私たちが当然視している家族イメージというものは、近代になってつくりあげられた歴史的産物である（序章参照）。ショーターが「感情革命」（Shorter[1975]）と呼んだ近代家族と感情の結合は、近代日本においては一九世紀末にその萌芽をみることができる。牟田や山本らは、総合雑誌や家庭雑誌などの分析から、明治二〇年代以降に家族員相互の情緒的交流や一家団欒に価値をおく「家庭（ホーム）」概念が形成されてきたことを明らかにしている（牟田―一九九六a、山本敏子―一九九一、三橋―一九九九）。家庭の「内」と「外」という境界が明確化した近代社会では、「内」なる家庭は、「外」で社会的な活動をして帰ってきた家族メンバーの疲れと緊張を癒す安息所として機能することが期待されるようになった。一九二〇年代・三〇年代の婦人雑誌は、「暴風怒涛からの休泊所」（中島徳蔵「家庭の快楽」『婦人倶楽部』大正一〇年九月号）、「戦士の唯一無二の安息場」（「外に働く良人から家を守る妻への注文」『主婦之友』昭和五年四月号）、「一家の心からの安息所」（「若い娘さんが結婚の理想を語る座談会」『主婦之友』昭和八年七月号）などの表現で、家庭の慰安機能をしきりに強調する。安息所たりうる家庭は、「なるべく穏和な光につつまれている家庭」「始終春の風がそよいでいるやうな、声を出して笑わずともニコニコしている、一口にいってしまへば静かな楽しい家庭」（「結婚前の青年が望む理想の細君」『主婦之友』大正七年一〇月号）、「明るい愉快な気分の漲っているもの」（青柳有美「夫に恋せらるる秘訣」『主婦之友』昭和二年七月号）である。

そうした家庭は、家長が専制君主としてふるまう家庭ではない。第Ⅰ部第三章で用いた『主婦之友』の評論記事についての内容分析から、結婚や家庭・夫婦関係に関わる価値観のデータ（一九一七（大正六）年の創刊から一九三五（昭和一

表17 『主婦之友』の評論記事にあらわれた結婚・家庭に関わる価値観（1917〜1935年間の奇数年10ヵ年分の集計）

恋愛に基づく結婚を肯定	83
本人の意思を尊重した結婚を肯定	65
人物本位の結婚を肯定	65
夫婦が対等な家庭	72
夫婦は互いに敬愛	47
夫婦で団欒・共通の趣味	35
女性の天職は家事・育児・内助の功	248
夫や息子などの立身出世をささえる	62
夫がくつろげる楽しい家庭（ホーム）	57
妻の表出的役割	63
子ども本位の家庭	44
子どもの教育は母親の責任	117

〇）年までの一九年間の奇数年一〇ヵ年分を対象）をみてみよう（表17）。このデータにも明らかなように、『婦人公論』などと比較すると保守的であった『主婦之友』においてさえ、恋愛に基づく結婚を肯定的にあつかう論調はめずらしくない（「恋愛に基づく結婚を肯定」する価値観があらわれた評論記事数年平均八・三）。恋愛結婚をのぞましいとする議論は、結婚特集などでは必ず展開されている。自由恋愛は危険としても、親や親戚などしかるべき人物の紹介や監督の下で互いの人格を理解した上で伴侶を選択することは、のぞましい結婚の在り方として考えられている。厨川白村が『近代の恋愛観』において、「恋愛は悠久永遠の生命の力がこもる」との恋愛至上主義とともに、恋愛を一過性の情熱に終らせず永続化する努力こそが尊いと主張し若者の共感を呼んだのは、一九二一（大正一〇）年のことである。恋愛が持久されることによって「神聖愛」へ高まることを理想とした厨川は、これまで切り離されて考えられていた結婚と恋愛を結合させることを重視した。恋愛を基盤とした結婚こそが結婚のあるべき姿という考え方はその後徐々に一般化していき、一九二〇年代・三〇年代の婦人雑誌においてもさまざまな形で表明されていたことがわかる。

当事者同士の好意がそだつ基盤をととのえるために、互いを知り合う婚約期間や男女の健全な交際機会の必要性が説かれる。両親の「言いなり」になるのではなく、女性が自ら相手を見定めること（「本人の意思を尊重した結婚」記事数年平均六・五）、経済力・外見・家柄だけでなく人柄で選ぶことが（「人物本位の結婚」記事数年平均六・五）、幸福な家庭を築くための知恵とされる。

恋愛感情や本人の意思を尊重し人物本位で結ばれた結婚は、妻の人格をみとめる家庭をつくることにつながっていく。夫が独断的に支配するのではなく、対等なパートナーとして妻が尊重される家庭（「夫婦が対等な家庭」記事年平均七・二）、妻が夫を一方的に敬うのではなく、夫も妻に対して敬愛と信頼をささげる家庭（「夫婦は互いに敬愛」記事年平均四・七）が、「これからの家庭」の姿である。互いの人格を敬愛する中で、共通の趣味を楽しみ、なごやかな団欒が実現される（「夫婦で団欒・共通の趣味」記事年平均三・五）。

石川武美が『主婦之友』創刊時に、周囲から「主婦という言葉が下品である」との反対にあって、「主婦というのは、主人に対しての名前である」「主人という名前と同じに、尊敬をもって主婦という名が呼ばれるようになるにちがいない」（石川一九四四：三〇六―三〇七）と反論したというエピソードがある。「主婦」は、良人という「主人」に仕える家僕ではなく、「主人」と相並ぶ「女主人」を意味する。それが、当時の婦人雑誌の世界で提示される理想であった。一九二〇年代には欧米の家庭生活がみならうべき理想として紹介されることが多いが、夫婦の「対等な関係」を象徴するものとして、「ベターハーフ」（『主婦之友』昭和二年五月号では「より良き半分」と訳している）という言葉も使われる。三〇年代ともなると、欧米の例を持ち出すまでもなく「新時代の常識」として夫婦の「対等」が語られている。

そうした「対等」な夫婦の愛の結晶として生まれた子どもを大切にするということも、近代家族の大きな特徴である。子どもは親に従属するものといった儒教的な家族観にはなく、愛しんでそだてられる存在として子どもの自主性や個性を尊重した家庭のありかたが説かれる。折々に「子ども本位の家庭」「子ども中心の家庭」概念が提唱される（年平均記事数四・四）。子どもを、病気や事故から守り、のびのびと「子どもらしく」育つ環境をととのえ、その発達をすこやかにうながすことは主婦の役割である。「子育て・子どもの教育は母親の責任」という価値観を含む記事は、年に平均一一・七にのぼる。妊娠期の胎教から、出産、乳幼児期の健康、小学校入学後の学習と生活習慣のしつけ、中等学校以降の受験勉強など、子どもの年齢に沿って母親が心得ておくべきさまざまな知識、母親としての心構えなどが情報提供されている。子どもが安心して暮らし発達していく場であることも、「ホーム」の条件なのである。

2 家族の団らんを司る女神

家族メンバーにとっての「楽園」をつかさどる役目をになうのが、一家の主婦である。

「家庭が楽園であり、家族の避難所であるからには、その支配者たる主婦はとりもなおさず、楽園の女王らしくあらねばなりません」「良人をはじめ家族のものを柔らかい心情（ハート）のうちに包みこんで、『一歩でも私の家庭に足を入れたものには、不安も与えねば不快も与えず、それこそほんとの楽園の人にせずにはおかぬ』といふ意気をもって、主婦たる役目をはたして貰いたい」（「結婚前の青年が望む理想の細君」『主婦之友』大正七年一〇月号）

「伸伸とした、明るい、快活な女、それはたしかに、家庭の空気を明快にする女神です」（「再婚男子の求むる理想の妻」『主婦之友』大正一〇年一一月号）

家庭は、まず何よりも夫にとっての「楽園」でなければならない。『主婦之友』の評論記事では、夫がくつろげる楽しい「家庭（ホーム）」をつくることの重要性に言及する評論記事は年平均で五・七登場する。外で働いて帰ってきた疲れを癒して欲しいという妻に対する男性の要望は、各界の著名男性の意見として、あるいは、一般男性の希望としてさかんに表明される。

「こうして疲れた身体で家に帰った時に、実際ほしいものは平和な暖かな家庭です。疲れて帰ったのを迎えてくれる妻に暖かな情愛さえあれば、いらいらいしていた頭は静まります」（「結婚前の青年が望む理想の細君」『主婦之友』大正七年一〇月号）

そのために主婦にもとめられるのは、何と言っても笑顔である。朝仕事に出かける良人を見送る時、夕べ疲れて帰ってくる良人を出迎える時、妻の笑顔は大きな力を発揮する。

「帰宅したならば第一に晴れやかな笑顔で迎えてもらいたい。結婚の当座こそ良人もニコニコと笑顔で帰りもしようが、外で終日働いて帰る良人の顔は、いつも機嫌のよいときばかりはありますまい。何かの行き違いや、上役からの叱言や、同僚からの苦言やらで、思わずも苦い顔で家のしきいをまたげないとも限りません。こういうときに、妻の活々した笑顔を玄関の格子をあけると同時に見ることができれば、雲間を出た月のように、その曇りは一掃されましょう」（「外に出て働く良人から細君への註文八ヶ条」『主婦之友』大正八年四月号）

ただ笑顔で迎えるだけでなく、良人の様子を敏感に察知して、疲れや焦燥、怒りなどを巧みに散じさせる能力も必要とされる。妻は良人の「夫の感情の良医」（澄川哲朗「夫の愛をしつかりと掴む急所は？」『婦人倶楽部』昭和六年八月号）、カウンセラーでもなければならない。

「困難に堪えつつ外で働き、家に帰ってはまたこの問題を一々くりかえして細君に報告して同情を求めるには、男はあまりに疲れ過ぎているのです。何も言わなくともこの心持を了解して呉れて、黙って慰めてくる奥さんこそは、男にとって一番有り難い感謝すべき婦人であると思います」（小林一三「夫の心得妻の心得　夫婦和合の急所」『婦人倶楽部』昭和九年三月号）

家庭を「楽園」たらしめることのできる主婦とは、まず自分自身の中に否定的な感情が起きない様に、あるいはそうした感情を押し隠して、明るい暖かな態度を示しつづける力をもっていなければならない。まわりのことを思いやって、家族の気持ちが明るくくつろいだものになるようにふるまうことが、主婦にもとめられる技量である。

ホックシールドは女性の従事者が多い労働を考察する中で、自分の感情を抑圧して他者の情緒的満足を保証するような労働を「感情労働(emotion work)」と名づけたが(Hochshild[1979][1983])、山田昌弘が指摘するように主婦労働もまた「感情労働」の一種といえよう(山田一一九九四)。しかし、サービス業や看護・介護などケア関係の職業と主婦がおこなう「感情労働」が異なるのは、前者は感情のコントロールが専門性において要求されるのに対して、後者は家族愛の名の下にそれが要求されるという点である。家族のための「感情労働」は、近代的職業として経済的評価あるいは社会的貢献のためになされるのでもなければ、自己を殺して家族のために献身するという儒教的な婦人道徳の枠内にとどまるものではない。理想的な主婦は、他者の感情を尊重することを自己犠牲としてではなく自らの喜びとしておこなうことができる。それを可能にするのは、他者の気持ちに寄り添うことができる共感能力、寄り添いたいと「自然に」感じるパーソナリティである。

良人や子どものみが「楽園」の住人なのではない。主婦はその共感能力によって、良人や子どもとともに自らも「楽園」の住人となるのである。

二　良人に愛される妻

1　妻の「チャーム」

「男は仕事、女は家庭」という性別役割分業に則って主婦に期待される「内助の功」とは、家事・育児をきちんとこなすとともに、仕事から疲れて帰ってくる良人を癒し、彼の職業生活を情緒的にもサポートすることである。しかし、妻として期待されることは、性別分業の遂行だけではない。婦人雑誌が描く理想の家庭は、恋愛を基礎とした夫婦家族である。よって、「幸福」な家庭運営のためには、良人に「愛されつづける」ことが重要となる。恋愛感情にもとづく結婚生活が理想として語られても、それを現実の生活において実現し、維持していくことはたやすいことではない。一九二〇年代・三〇年代の婦人雑誌には、結婚生活の充実のためには恋愛・性愛関係を持続することこそが重要であるという観点が導入されている。

早稲田大学教授中桐確太郎は、「いつも良人の恋人たれ」とのタイトルで、結婚生活と恋愛生活を分けて考えることが、結婚生活の不幸を招くと論じる（「新夫婦和合の秘訣六ヶ条」『主婦之友』昭和四年四月号）。「妻よ恋人のように」と題されたグラビア写真劇（『主婦之友』昭和一一年二月号）は、妻（三益愛子）が良人（古川碌波）との恋人時代を再現して、夫婦間のちょっとした危機を乗り越えるというストーリーだ。恋愛感情が維持される結婚生活こそがのぞましい。『主婦之友』の「良人を惚れさせる秘訣」と題した連載記事は、「妻よ、家庭の太陽となって魅力で良人を照らしていますか？」（「良人を惚れさせる秘訣十ヶ条」『主婦之友』昭和六年九月号）と問いかける。婦人雑誌は「良人に愛される妻」にならねばならないと説く。「永久に良人に愛される妻」とはいかなる妻なのかが、婦人雑誌の一大テーマである。

「女性は愛に生きゆくもの、まして、良人の愛こそは、妻の生命でなくて何でせう！　〈良人の愛情を自分一人へ、しつかりと不断に掴んでいたい！〉これぞ世にある妻の身に、誰しも祈る当然の願い・・・」（澄川哲朗「夫の愛をしつかりと掴む急所は？」『婦人倶楽部』昭和六年八月号）

妻として良人の愛を獲得しつづけるための工夫や知恵は、評論記事、座談会・インタビュー記事、実用記事と、あらゆる形態の記事をつうじて「啓蒙」されている。それらの記事で述べられている「良人に愛される妻」の要件の第一は、「良人に対し魅力ある異性たれ」（「良人操縦の秘訣百ヶ条」『主婦之友』大正一四年九月号）という、異性としての魅力の保持である。良妻賢母だけでは不充分である。魅力的な異性であることを忘れてはいけない。良人にいつまでも愛される妻であるために、家事育児にとりまぎれて、女性としての美しさを忘れてはならない。

多くの記事が、「良人のために身づくろいせよ」（「良人操縦の秘訣百ヶ条」『主婦之友』大正一五年二月号）と呼びかける。そうでなければ、男性はすぐに他の女性に目移りをしてしまう。それが家庭崩壊の種になるという警告が発せられる。

「新婚当時こそ美しく粧って居ても、慣れるにつれて段々鏡を見ることも少なくなり、寝乱れた髪、だらしのない着物の着方もおぞましく、終には良人も倦怠期とやらで紅燈の巷に走るようになってしまいます」（安部磯雄夫人安部こまを「夫の心得妻の心得　夫婦和合の急所」『婦人倶楽部』昭和九年三月号）

「だらしない」姿をしないようにするだけではいけない。あまり地味にまとまりすぎていては、夫の関心がうすれていく。夫を惹きつけるような服装、変化をつける工夫を心掛けることも妻の務めとなる。

「お嫁様は、家にいるときも、あまり地味な服装でなく、どちらかといえば、多少は派手におつくりをするやうに心掛けてください。そして、今日はお洋服だったら明日は和服、たまには丸まげを結ったりして、いろいろと変化のあるところを御主人にお目にかけておくことも、新妻の魅力を増す秘訣です。そして、もし御主人が、あなたの丸まげ姿をたいへん気に入ってくださったら、これはあなたに取っての有力な武器ですから、あまり乱用しないで、土曜日の晩とか、お散歩に出る約束の日とかに、お用いください」（「奥様学校速成科」『主婦之友』昭和一一年三月号）

「美的存在」であることが、「女性一般」に対してより頻繁により高い欲求をもって期待されるようになったことも、近代的なジェンダー秩序の特徴の一つである（井上章一　一九九一、一九九二）。当時すでに日常生活上女性を評価する基準として「美」が重要な意味を持つようになっていた。それは、夫婦間の恋愛感情を活性化するためにも必要なものだった。

服装・髪型だけでなく、女らしい情緒あふれる表情やしぐさも大切だ。化粧法・髪型・服装からはじまって、「婦人の美を増す動さ（美しい姿態の表情はどうして作るか）」について語り合っている「婦人美についての座談会」（『婦人倶楽部』昭和四年四月号）、川崎弘子や入江たか子、水の江滝子ら人気女優を集めて「美しい笑顔の工夫」などを語った座談会「人気美人が打明けた近代的美人法」（『婦人倶楽部』昭和九年一月号）など、愛される女性となるための身体技法を具体的に指南するグラビアや記事も多い。表情や身のこなしもまた鍛錬が必要な「技巧」と位置付けられる。何となれば、「人の妻たる者は夫の眼と夫の趣味とを喜ばせなければならぬ」（「現代婦人の精神美・容貌美」『婦人倶楽部』大正一一年六月号）からである。

良人を頼りにしていることを表現する、甘えた態度、愛らしい態度も指南されている。

「時には子供のように良人に甘えてもみたり、また或時には、良人の胸に顔をうづめてなくような女らしい情緒であります」（医学博士竹内茂代「夫の心得妻の心得　夫婦和合の急所」『婦人倶楽部』昭和九年三月号）

良人の「男としての誇り」をくすぐり「男らしさ」を引き出すためには、それと対になる「女らしさ」を意識的に強調することも必要となる。妻は主婦でありながら、良人にいつまでも恋人として愛されなくてはならない。愛されてこそ、家庭は、女性にとっても幸福な楽園となりうる。

2　妻の「セクシュアリティ」

恋愛を基礎とすること、恋愛がずっとつづくことが結婚の理想であるならば、夫婦のむつまじさを実現するためには、生殖目的に限定されない性愛の関係も維持されねばならない。円満な夫婦生活には性生活が重要であると明言する記事が、一九二〇年代後半から三〇年代にかけてふえてくる。

「愛し得ぬ夫婦といふのは、原因を詮じ詰めてみれば、性生活の不調和から来るものが最も多いようです」（『愛し得ぬ夫婦の悩み解決座談会』『主婦之友』昭和八年一〇月号）

性生活についての記事では医師が起用されることが多い。彼等は医師の立場から性生活上の問題を解決する専門的知識を提供すると同時に、性生活が夫婦生活において大きな意味をもっていることを啓蒙する役割も果たしている。

婦人科医四人（女性二・男性二）を集めた座談会（「婦人科医の診察室から夫婦円満法を語る座談会」『主婦之友』昭和一二年二月号）では、「夫婦生活が性生活の調和から」というテーゼが口々に語られ、「私の経験から申しますと、夫婦の性生活が円満に行きさえすれば、性格の相違などは、殆ど問題にならないのではないかと思います」とまで言明する医師もでてくる。この座談会は、当時頻繁に寄せられていた、さらには広く潜在化している問題と考えられた、女性の「不感症」を議論の俎上にのせている。女性の「不感症」をめぐっては、一日も早く「治療」を受けて、また夫婦間でよく話し合いさえずれば解決することがほとんどであると語られている。また、「子供の出来るのを恐れて、妻が消極的になるため、円満を欠く」例もふえているということが話題となっている。産児制限・妊娠調節は、この時期重要な問題になりつつあった。

性規範には男女で異なるダブル・スタンダードが存在した（荻野―二〇〇二、川村―一九九六など）。女性は、受身であることをもとめる性規範に束縛されている。女性読者の消極的になりがちな気持ちを引き立てるように、竹内茂代など女医によって性生活の重要性を語らせる。竹内茂代はまだめずらしい女医として、女性の身体や病気に関する記事で頻繁に雑誌に登場する。彼女は、性生活についても女性に知識が欠けていること、消極的すぎることが問題であるとして、何でも心配なときはすぐに婦人科医へとくり返し啓蒙するのである。

「忍耐は婦人の美徳とのみ考えず、満足を得られぬ場合には進んで医学的に其の原因をたづね、真の和合をはかる

べきです」（竹内茂代「夫の心得妻の心得　夫婦和合の急所」『婦人倶楽部』昭和九年三月号）

未婚の「処女」時代は抑制されるべきであった性的関心も、一旦「人妻」となった女性には許容されるにとどまらず、円満な夫婦生活のために「無くてはならないもの」とより積極的に位置付けられる。男性の欲望を理解することは妻のつとめであるが、義務的な行為で終ってはいけない。婦人雑誌は、夫婦で性生活を楽しむことが大切と読者を諭す。

「夫婦生活を幸福にするには、その性的生活を楽しくすることが最も肝要であります」（「性的生活から観た夫婦和合の秘訣」『主婦之友』昭和二年五月号）

夫婦として充実した性生活を楽しむために、妻の側も相応の努力が必要とされる。

「愛の技巧とか、夫婦生活の技巧というとそんな娼婦のようなことは出来ないと立腹する奥さんがあるかも知れませんが、技巧は決して卑しいものではありません。娼婦のような媚態をつくる必要はありませんが、奥様には奥様としての技巧がある筈です」（「医師からみた夫婦生活の和合法」医学博士男性二人『主婦之友』昭和一〇年八月号）

それらの記事には、性生活は良人の欲求に応えるだけの意味をもつのではなく、妻自身も楽しんでよいのだとの示唆もふくまれている。なぜなら、女性にも性欲があるからである。

「婦人の性的満足に対する欲望は、青春期に入ると自然に成熟の徴として順次発達してくることもありますが、多くはある種の精神的内至肉体的（恋愛、性生活その他）の刺激によって、燃え立ってくるのであります」（「夫婦生活の破綻の基となる婦人の不感症の原因と療法」婦人科医『主婦之友』昭和二年六月号）

近代日本では女性が性欲をもつこと自体を否定する禁欲的な性規範が形成されていたが、上記引用は、夫婦生活という枠内においては女性の性欲もタブー視されずとりあげられる場合もあったことを示している。もちろん男性に寛容で女性に抑圧的な性規範のダブル・スタンダードも、当時の婦人雑誌の中には頻繁に登場する（表18）。性情報の掲載に対しては、国家によるメディア規制も存在した。性に関する記事は、結婚生活の枠内であっても政府の取り締まりの対象となった[1]。しかし、その一方で、恋愛と結合した性愛が近代家族の要の一つであるという考え方は、抑圧しきれない形で展開しつつあった。それが婦人雑誌においては、幸福な結婚生活をつづけ得る「愛される妻」とは性生活上の良きパートナーでもなければならないとする規範と、そのために必要な知識・技能を提供するという形であらわれたのである。

表18　『主婦之友』の評論記事にあらわれた性道徳に関わる価値観（1917〜1935年間の奇数年10ヵ年分の集計）

男性も結婚まで純潔を守るべき	32
男性も結婚後貞節を守るべき	60
女性のみ結婚まで純潔を守るべき	19
女性のみ結婚後貞節を守るべき	42

3　妻の「サービス」

「良人に愛される妻」の第三の要件は、ケア・サービスの充実である。

良人の身の回りの世話は主婦の「業務」内容に含まれることだが、それは単なる「業務」ではない。良人との性愛関係と結びついた「愛の労働」（ダラ・コスタ一九七八＝一九九一）として認識される特殊性をもっている。良人に対するケア・サービスをいかにこまやかな心配りをもっておこなうかが、「愛される妻」となり得るかどうかの岐路となる。

「どんな場合でも、良人の帰宅の時は直ぐ出迎へて下さい」「良人の帰宅するころ妻が家を留守にしておかないように」（「外に出て働く良人から細君への註文八ヶ条」『主婦之友』大正八年四月号）

「良人が勤人ですと、朝晩の送り迎えを朗らかな笑顔ですること。それと洋服にブラシをよくかけ、ズボンは折り目正しく、身奇麗に、殊に真白いハンカチを忘れないようにしたいものです」（「処女の魅力人妻の魅力を語る座談会」『婦人倶楽部』昭和一〇年八月号）

上記のような例はいわば妻から良人に対するケア・サービスの基本コースであり、「愛される妻」でありつづけるためのアドバンスト・コースとしては、良人に対しては手をかければかけるほど良いとされ、そのサービスに上限はない。

小説家・学者・美術家など有名人の妻「円満な家庭生活を営んでいられる奥様方」七人が集められての「旦那様のしつけ方発表座談会」では、「夫婦和合の秘訣」として、良人の世話をこまごまとすることが肝要だということが異口同音に語られている。

「主人のことは、どんな詰まらないことでも、女中を使わずに、全部主婦の手でやる。これが妻を忘れさせない秘訣でしょうか。妻がいなければ何もできないといわれるほど、良人の生活の中に入ってしまわなければ、妻としての生き甲斐はないと思います」(「旦那様のしつけ方発表座談会」『主婦之友』昭和八年一月号)

良人の身の回りについては「女中まかせ」にしないということも、女中を使う「中流家庭」の主婦が忘れてはならない点である。結果として、「ご主人の足のうらの黒子の数まで」「良人の全部を知り尽く」(「奥様学校速成科」『主婦之友』昭和一一年三月号)し、「主人がどんな顔をしたときは、何が欲しいのかというようなことまで、判る」(「旦那様のしつけ方発表座談」『主婦之友』昭和八年一月号)ような境地に達することができた妻は、立派な上級者である。良人の性格・習慣・趣味などをすべて把握し、言葉にする前に良人の欲求を察知する「以心伝心」のケア・サービスによって、彼をして生活的な無能力者にしたてあげることができれば、妻の勝利ということである。妻がいなければ何もできないほど日常生活上依存することは、良人の希望でもある。著名な男性たちによる座談会では、「奥様方」が語る「秘訣」に呼応するように、「良人に手をかける」ことの有効性を裏付ける発言がなされる。

「妻というものは、良人に対するやり方一つで、妻がいなければこれは困ると思い込ませることができる、またそれができなくっちゃ駄目だと思うんです。日常の良人への奉仕、つまり着物の世話とか、お茶を出すとか、細々した奉仕が、良人の身に染み込んでいたら、たとえ気まぐれで他の女に浮気心が起こっても、決して離縁とまではゆかないと思う」（「男の立場から恋愛と結婚を語る座談会」『主婦之友』昭和一二年一月号）

良人は妻から手をかけてもらうことに歓びを感じる。ケアされることで愛されているという実感を得る。近代家族において経済的・対外的な家庭運営の責務を負う良人の意識内では、「家長」として頼られる一方で、日常生活上は完全に依存させてくれる妻に対して愛情を感じる回路が設置されている。「永久に良人から愛される妻」であるためには、妻はその回路を活性化し、作動させつづけなくてはならない。

4　妻の「エスプリ」

「愛される妻」の要件の第四は、教養やウィットを持つことである。良妻賢母は、無知無教養であってはならない。子どもを教育する母としての教養があるだけでなく、良人のパートナーとしても聡明さ、利発なきらめきを備えていることがのぞましい。

婦人雑誌の記事は、妻が教養や知的関心を維持することの必要性を認識しなかったために、社会的に活躍している良人との間にずれができてしまうことを警告する。

「家事とか料理とかの他に、社会的な知識を求めて、良人の話相手になれるように努めないと、すぐおいてきぼりにされてしまいます」（「夫婦生活を中心とする奥様ばかりの座談会」『主婦之友』昭和四年八月号）

良人に「おいてきぼり」にされてしまうと、良人は会話や趣味を共に楽しむ相手としての魅力を妻に感じなくなってしまう。

「あまり世間を見ない世話女房は、とかく取り残されるため、夫の話の相槌さえ打ちかねるようになり勝ちです。それでは女性の魅力も何もあったものではありません」（医学博士　諸岡存「女の何処が男の心を掴むか？　新しい男性操縦術」『婦人倶楽部』昭和八年五月号）

そうならないために、結婚後も新聞や雑誌、本を読み、講演会などの文化的な催しに足を運び、社交をしなさいとのアドバイスがなされる。そうして「精神上の食料を得」続けていくことが、「年は一年一年とって行くが一日一日若返っていく工夫」であり、「而して万年新妻」（「夫の向上に伴う妻の修養」『婦人倶楽部』大正一〇年四月号）としての新鮮な魅力を保ちつづけることができる。

「『うちの家内は案外世間のこともよく解り、なんでも呑み込みが早い』と心服されてこそ、夫の心を掴んだと言い得られましょう」（東京日日新聞編集顧問　千葉亀雄「良人の心はかうしたら確り掴める」『婦人倶楽部』昭和五年一月号）

教養は知識という面だけではない。楽しい会話が成立するウィットやユーモアももとめられる。

「私は、陽気な快活な婦人を妻として、一生を楽しく暮らしたいと思います。良人に対して冗談の一つもいう位の妻がほしいです」（「結婚前の青年が望む理想の細君」『主婦之友』大正七年一〇月号）

夫婦間で冗談を言い合うとは、現代ではごく当たり前の光景であるが、当時はわざわざその必要性が言明されるほど、家庭における笑いやユーモアには希少性があった。「機知（ウィット）に富む婦人が欲しい」と述べる青年たちは、しかし、「日本の女には（機知が）全然欠けていますね」（「青年ばかりの結婚問題座談会」『主婦之友』昭和五年一月号）と残念がる。これからの「愛される妻」は、愉快な会話やユーモアで良人を楽しませる「お茶目」を発揮することに消極的であってはいけない。それができない場合は、良人は家庭外の享楽に誘い出されてしまう。「機知（ウィット）」に富んだ受け答え、「ユーモア」と笑い。平日の朝夕、休日の余暇時間を、妻との会話や外出で過ごすことが愉快であると思わせることができれば、夫婦間の愛情は維持される。

良人の仕事・趣味・心の機微のすべてを理解し、さらには、それらすべてを活性化する力をもつ伴侶であること。「良人から愛されつづける妻」とは、恋人としての「チャーム」、性愛のパートナーとしての「セクシュアリティ」、ケア・テーカーとしての「サービス」、精神生活を豊かにする「エスプリ」を兼ね備えた、まさにオールマイティな存在である。一九三四（昭和九）年『婦人倶楽部』誌上で竹村比露志はこう「請合う」。

「家庭をよく守る世話女房、夫のよき相談相手になれる秘書女房、夫に優しい慰安を与えるサービス女房！　この三役を一人で兼ねることが出来る奥さんなら、まことに御主人から、惚れ惚れと惚れられること請合いです」（竹村比露志「御主人に惚れさせる法」『婦人倶楽部』昭和九年三月号）

三　理想の良人の条件

性分業は男女の「対」によってはじめて成立する。ここで忘れてはならないのが、「主婦」と対の存在として不可欠な「良人」という近代家族における男性向けの新しい役割である。「主婦」と「良人」との関係こそは、近代的な性役割分業の根幹を構成するものである。「良人」にもとめられる規範、理想的な「主婦」と「良人」の関係がいかに描かれているかをみていこう。

1　優しい民主的な家長

「主婦」が家事・育児を果たし、家族の情緒的安定を保障する「楽園」を維持するのに対して、「良人」は経済的に家計を支える役割をになう。婦人雑誌で描かれる「良人」は、家族を養う「一家の大黒柱」という意味で家長でありながら、妻や子どもに対して家長の権力をむやみにふりまわすことはない。近代家族の「良人」は、抑圧的で封建的な家長ではなく、優しく民主的な家長である。

『主婦之友』は、一九三七（昭和一二）年から三八（昭和一三）年にかけて、菊池寛による「良人読本」と題した連載記事を掲載している。菊池は、連載開始に際して「現代において最も必要なのは『人妻読本』ではなくして『良人読本』である」（菊池寛「良人読本」『主婦之友』昭和一二年一一月号）と述べている。[2]「殆ど凡ての少なくとも十中九までの家庭の禍根は良人にある」にもかかわらず、それを解決するための教育は何もおこなわれていない。

「女性に対しては、あらゆる教育期間が〈良き妻たれ〉と、くり返しくり返し教えているにも拘らず、男子については、小学校から中学校、高等学校から大学と、未だ嘗て〈良き良人たれ〉と教えられることはないのである」（菊池寛「良人読本」『主婦之友』昭和一二年一一月号）

女子教育においては「良妻賢母」が強調される一方、男子は女子以上に高度な教育を受けていても「家庭人としていかにあるべきか」についてはほとんど教えられていない。男女を分離し、それぞれに異なる教育目標を掲げて教育することが当然視されていた学校制度の「矛盾」の一端を、菊池らしいジャーナリスティックな感性で鋭く突いた指摘である。

菊池は「良人読本」の第一回において、従来の日本においては、良人は妻をないがしろにし、浮気だ離縁だとエゴイスティックな行動を許されてきたことを指弾する。その背景に、「女子供の知ることではない」「女に学問は不要」といった女性蔑視や、「女は罪障が深い」といった女人禁制の慣習、女性を「動物扱い」にする公娼制度など、封建的な男尊女卑の社会風潮があることを挙げる。そうした男尊女卑を排する観点から、「良き良人たる第一の資格」は「女性を尊重することを知っていること」（菊池寛「良人読本」『主婦之友』昭和一二年一一月号）であるとする。尊重といっても、「レディファースト」的なレベルのことでも、自分の恋人だけは大切にするといった個別的なレベルのことでもない。「女性一般に対する人格的な尊敬」を持ちうることが、男尊女卑を克服できた「良人」の条件と定義する。

菊池寛が「良人読本」の連載で展開した男尊女卑に対する批判は、「良き良人」が語られる際の基本的テーマとなっている。「お互いに人格と個性を尊重する」態度の必要性が、著名人の意見として語られる。

「真の和合は夫婦がおたがいに人間としての人格を尊重しあって行く処にあります（中略）従来の男子は我侭すぎました。私は、家庭の主権者は、良人ではない、寧ろ妻であると考えております」（帆足理一郎「夫の心得妻の心得　夫婦和合の急所」『婦人倶楽部』昭和九年三月号）

そうした考え方は、年配の識者からだけでなく、若い世代からも示される。

「お互いに助け合うような家庭、今までのように男性中心でない、心から手を取って、苦しみも、喜びも分け合って行ける家庭を、作りたいと思います」（「若い娘さんが結婚の理想を語る座談会」『主婦之友』昭和八年七月号）

妻を対等なパートナーとして尊重しない、旧弊な男尊女卑的観念をもっている男性は批判される。たとえば、「奥様をこんな風に頭ごなしに馬鹿呼ばわりをして怒鳴り散らす旦那様」（竹内千代子「奥様に大切にされる旦那様の心得」『婦人倶楽部』昭和九年二月号）、「妻を子供扱い」し「第三者の前で妻を叱る」良人（菊池寛の「良人読本　良人の悪徳」『主婦之友』昭和一三年三月号）、「女には大事を打ち明けない」といった『忠臣蔵』式の「時勢遅れ」の良人（吉岡弥生「私がもし嫁入り前の娘だつたらこんな青年と結婚したい」『主婦之友』昭和一〇年二月号）、「お給金の要らない女中でも雇っているような気になって、良人の気ままで、妻を追い使」う良人（「旦那様のしつけ方発表座談」『主婦之友』昭和八年一月号）などは、「悪い良人」である。

家事育児が主婦の役割とはいえ、家庭にしばりつけるようなことはせず、時には気晴らしになる外出も許してくれるような包容力のある良人が、理想の良人として語られる。

「時には快く奥様を出して留守居をして下さる旦那様であって頂きたいものです」（竹内千代子「奥様に大切にされる旦那様の心得」『婦人倶楽部』昭和九年二月号）

良人の思いやりや優しさは、妻の病気の時に問われる。婦人雑誌の記事は、良人が病気の時に妻が看病することは当たり前であっても、逆に妻が病気に伏せった時にいたわる良人があまりに少ないとなげく。「奥様に大切にされる旦那様の心得」（『婦人倶楽部』昭和九年二月号）は、「思った時の夫婦なり」と、病気の時こそ夫婦の絆が強まるか弱まってしまうかが分かれる肝心な場面であり、良人が病気の妻にお粥を炊いて明るい笑顔で元気づけてくれるようであれば、どれほど夫婦愛が深まることかと述べている。また、妻の忙しさを思いやる配慮も期待される。

「帰ってくると部屋中に着物を脱ぎ散らかす良人に限って、妻が水仕事であかぎれをきらしていても、リスリン一瓶買って来ることも知らない。台所まで立ち入ってコセコセするのは厳禁だが、鷹揚すぎて同情のない投遣りも嗜むべきである。新聞を読んだら畳み、脱いだ靴は揃える。些細なことが、忙しい妻を助けて和合の種になるものである」（「夫婦和合の秘訣百ヶ条」『主婦之友』昭和二年六月号）

身の回りの「最低限」のことは自分でしてもいいのではないか、時には家事の手伝いもいいとわぬ態度を示してほしい。結婚前の「令嬢」を集めた座談会で司会役の吉屋信子による「男の人は、家のことなんか手伝うと、沽券にかかわるとでも、思っているのね。自分の身の回りのことくらい、自分でする良人でありたいものね」（「令嬢ばかりの結婚問題の座談会」『主婦之友』昭和五年一月号）という発言は、「令嬢」たちの賛同を獲得している。

しかし、そうした思いやりを示す良人は少ない。男性がそもそも「主婦」の仕事を軽視しすぎているからではないか。主婦の仕事を自分の仕事と同じく重要で尊いものとして理解し評価することは、理想の良人の条件である。

「妻の働きを理解するのが（夫婦和合の）秘訣。良人の職業の内容を知っている妻はあっても、妻の仕事の苦労を理解している良人は少ない」（「夫婦和合の秘訣百ヶ条」『主婦之友』昭和二年五月号）

同様の趣旨について、サラリーマンの妻からの具体的な声には切実な響きがある。

「あなたが新聞社の主幹として、間断なくお頭をお使いになっていらっしゃるのと同じく、私は家にあって、一家の主幹として、間断なく頭と身体を使っております（中略）主婦として、母親として、妻はどんなに忙しく頭と身体を働かせているか、少しは察してくださいませ」（「留守居の妻から外に働く良人への注文」『主婦之友』昭和五年四月号）

近代家族形成に際して新たに構成されつつあった「良人」像は、男尊女卑の考え方を基礎として妻に恭順をもとめて抑圧専制する「封建的な」家長ではなく、女性の人格に対する敬意（一種の「男女平等」）を基礎として妻を対等なパートナーとして遇し、さらには妻に優しさと思いやりを示す「民主的な」家長である。

「『妻は家庭の女王である』ということは、妻にとっての名誉このうえないことですが、それかと申して良人が家庭の王であるという責任を忘れて、何も彼も妻任せにされるのも、実は有り難迷惑に存じます」（「妻から良人への注文二十ヶ条」『主婦之友』大正六年四月号）

「家庭の女王」と言葉だけで持ち上げるのではなく、実質的にその地位を対等なものとしてみとめてほしい。これが「主婦」の希望だった。一方的に君臨するのではなく、互いに協力するパートナーとしての「家庭の王」となることが「良人」に期待された。家庭内におけるそうした「対等性」は戦後に本格的に発展していくことになる。

2　妻と親しむ

一九三〇年代の『婦人倶楽部』は、山中峯太郎などの作家による原案ストーリーを映画スターに演じさせた「画報」記事を、グラビア部分に多くの頁を割いて掲載している。それらには、「美男美女」をモデルに甘美な文章表現を沿えて、夫婦が仲睦まじく過ごす様子を描くものが多い。「画報」の中で、女性読者の「化身」である「妻」は、優しく凛々しい「良人」から豊かな愛情表現を受け、幸せな結婚生活を送っている。

一九三二（昭和七）年二月号の花柳章太郎と水谷八重子のカップリングによる「模範的夫ぶり・新妻ぶり画報」では、「模範的な夫」は日曜の朝に張物をする妻をカメラに収め、郊外への散策、ラジオの組み立て、園芸などすべての趣味を妻と楽しむ。月に一度の大掃除の日には、妻の采配にしたがって掃除に協力さえする。一九三三（昭和八）年一〇月号は農家・商家・会社員のそれぞれに「嫁いだ」女性の新婚生活を二一頁にわたって掲載しているが（「農家・商家・会社員・新生活写真画報」）、三種類の新婚生活の中でも巻頭に置かれ最も多くの頁を割かれているのが、鈴木伝明・夏川静江演じる「会社員に嫁いで」の巻である。出勤前に肩を寄せ合って一つの新聞を読む二人、夕方丸髷を結って出迎える妻にお土産を手渡す良人、差し向かいでの晩酌、夕餉の後に軽い散歩とレコードの買物、就寝前は紅茶を入れて二人でレコードを聴く。新婚夫婦が仲よく余暇時間を過ごす様子が描かれ、女性読者の憧れをおおいに誘ったであろうことが推測される。(3) グラビアで描かれるような生活は一種のユートピアであるとしても、「せめて〇〇くらいは」という形で、控えめながら具体的な要求が語られる。

「土曜日の午後だけでも、家庭デーと決めて、公私に拘らず、一切の宴会を廃し、妻や子供と遊べるようにしたいもの」（「夫婦生活を中心とする奥様ばかりの座談会」『主婦之友』昭和四年八月号）

「楽しい晩餐や食後の団欒の時間を、どんなに忙しい方でも、月に一度か二度、お作りくださったら」（「留守居の妻から外に働く良人への注文」『主婦之友』昭和五年四月号）

前述した菊池寛の「良人読本」（『主婦之友』昭和一二年一二月号）は、「妻を愛する習慣を」と「良人」に呼びかけ、家事と育児に没頭している妻をねぎらうために、せめて月に一度は外食したり、映画を観せるなどの心遣いをすることを提案している。同時期のグラビア特集「旦那様学校」（『主婦之友』昭和一一年四月号）でも、日曜日には妻と趣味を一緒に楽しみ、機会を見つけて展覧会や名物料理に妻を連れ出すことが推奨されている。

菊池はさらに、妻への贈り物の効用を説き、とりわけ誕生日や結婚記念日などに贈り物をすると、妻は「二重三重に歓ぶ」ものなのだと述べる。誕生日にプレゼントをするといった習慣は一般的には定着していなかったと思われるが、だからこそ、その効果は絶大だったのかもしれない。

「夫婦の間ではお互いの誕生日を祝うこと位は忘れたくないものです。とりわけ奥様の誕生日を忘れずに覚えている旦那様は、妻にとってはどんなに嬉しく心強いかわかりません」（竹内千代子「奥様に大切にされる旦那様の心得」『婦人倶楽部』昭和九年二月号）

良人夫婦で外出、折々にプレゼントといった西欧風の「サービス」まではのぞめなくとも、また、「いつまでも新婚当時の愛を」（「妻から良人への注文二十ヶ条」『主婦之友』大正六年四月号）という願いは無理でも、せめて日常的に親しむ態度を示してほしい。良人に対する要望は、「夕食が美味しかったらほめてほしい」「会話をしてほしい」といったささやかな点に及ぶ。妻と親しみ、妻を幸福にすること。「理想の良人」はその重要性を理解している男性である。

3　妻に純愛と貞節を捧げる

妻と親しもうとする良人は、妻に対して純愛を貫く良人である。良人が妻以外に愛情をうつすことは、妻にとって深刻な問題となる。男性の都合を優先した離婚が容易であった状況を考えれば、女性にとっては経済的にも社会的にも「死活問題」といえる。妻だけに愛情をそそぐ良人であってほしいということは、多くの女性の切なる願いだった。「理想の良人」の第三の要件は、結婚後も妻に純愛を捧げ貞節を守ることである。

性行動に関して男性には寛容で女性には厳しいという二重規範（ダブル・スタンダード）は近代日本において法制度上公認されていたが、人々の意識として絶対的なものではなかった。大正デモクラシーの潮流を背景に、性道徳の二重規範に異議をとなえる女性が公の場で発言することもふえてきた。たとえば、一九一四（大正三）年から一五（大正四）年にかけて『青鞜』や『反響』などのラディカルな雑誌において、生田花世、安田皐月、伊藤野枝、平塚らいてう、与謝野晶子らが、いわゆる「貞操論争」を繰り広げたことはよく知られている。その論争には性道徳における男女の不平等というテーマも含まれていた。

一九二〇年代、三〇年代には、妻が貞操を守ることは当然としても、妻にそれを求めるのであれば、良人もまた妻に対して貞操を守るべきだという価値観は、大衆的な婦人雑誌の中にも登場してくる。『主婦之友』の場合、表18に示したように、「女性と同じく男性も結婚まで純潔を守るべきだ」という価値観や「女性と同じく男性も結婚後貞節を守るべき」とする価値観は、女性にのみ純潔や貞操を求める価値観よりも誌面に多く提示されている。

性規範の平等意識は、結婚後の貞操にかぎらず、結婚前の純潔にもおよぶ。女性が結婚まで「処女」を守ると同様に、男性にも「童貞」を守ってもらいたいという声も、決して珍しいものではなかったことがわかる。そうした価値観は、女性知識人の先進的な見解としてばかりではなく、座談会などでは一般の若い女性の意見としても表明される。「女と男が同等でないのが、癪にさわりますわ。婦人の純潔を望む以上、男性にも童貞を求めます。童貞であることは男子の義務です」「男子の童貞を求めるのは、婦人の権利だと言つてもいいですね」（「若き令嬢に生活と結婚の理想を聴く会」『主婦之友』昭和七年一一月号）

結婚後はもちろん夫婦共に貞操を守ることが、理想とされる。

「（男女の貞操について）平等に窮屈にしたいと思います」「男女同罪を望みます」（「山田わか女史の司会で農村処女の結婚の理想を聴く会」『主婦之友』昭和九年三月号）

男性の性的放埒が、妻を精神的に苦しめるだけでなく、性病の感染という形で身体的被害をも与えることは、女性にとって「身近な危険」だった。先に引用した一九三〇（昭和五）年の座談会で「令嬢」たちが「私の最も声を大きくして申し上げたいのは、男子で性病でございます」「そんな男の人とは絶対に結婚しないことですね」（「令嬢ばかりの結婚問題の座談会」『主婦之友』昭和五年一月号）と語り合った、その二年後に、男性の性病に対する女性の態度について議論を巻き起こす事件が起こる。

一九三二（昭和七）年、結婚式を挙げた夜に花婿を問いただして性病に罹患しているとの告白を受けた花嫁が、そのまま実家に帰って結婚の破棄を主張した。いわゆる「鳥潟博士伯爵令嬢の結婚取消事件」である（第Ⅱ部第四章で菊池寛作品に関して言及）。これについて、『主婦之友』は一二人の知識人の意見を連ねる大特集を組んでいる（昭和八年一月号）。男性の中には令嬢の行動があまりに思いやりに欠けているという批判の声を挙げるものも多かったが、女性知識人はこぞって「意志の強さに感激した」「一つの尊い礎」と拍手を送っている。「女にだけ処女を強いて、男は性病に罹っても大して恥としないような世相に対して、お嬢さんはよく戦ってくれた」（鳩山薫子：文部大臣鳩山一郎夫人）、「あまりにも長い間女性の尊厳は冒涜されていたのです」（山田わか）など、そこで表明されているのは、従来の男性本位の性道徳にしたがっていたのでは、女性は幸福な結婚生活を送ることができないという見解である。この事件を掘り下げて考えるために、翌月号では「花婿の性病と貞操に就ての座談会」（『主婦之友』昭和八年二月号）を組んでいるが、そこでは、これからは男性に対しても童貞と貞操がもとめられるべきであり、男女で共に一夫一婦制を完全に守ろうということが強調された。女性を尊重した新しい性道徳が男性に対して求められていること、そして、それが大衆的な関心を呼ぶテーマであることを示した象徴的な出来事であった。

夫婦の性生活に関する価値観について、さらに踏み込んでみていこう。年に一、二度掲載される性情報記事では、夫婦の性生活においては良人の側に思いやりが必要だということが述べられている。良人たるもの、妻の性的無知や女性としての身体的特性・ロマンティシズム・繊細な感情を理解しなければならない。良人の配慮が欠ける場合に、性生活の不調和が生じるのである。

「性的不満の原因は（中略）主として男子の無同情または無関心から起こる」（「性的生活から観た夫婦和合の秘訣」『主婦之友』昭和二年五月号）

記事に登場する医師や知識人の多くが、頻繁に問題となる女性の「不感症」も、女性の側ではなく、「良人自身に、その責任のある場合が大部分」と言いきる。

「ほんとうの病気の不感症は、非常に少ないと思います。殆どそれは男の罪で、不感症みたいに見えるだけなんですね」（「男の立場から恋愛と結婚を語る座談会」『主婦之友』昭和一二年一月号）

こうした意見の中で注目すべきは、自分だけではなく、妻をも性的に満足させることに意味を見出す価値観である。性生活についてのアドバイスとして、ある医師は左記のように言明する。

「『良き良人となることは、妻のよき愛人となって妻を満足させることだ』という言葉を忘れては駄目です」（「医師から見た夫婦生活の和合法」『主婦之友』昭和一〇年八月号）

性愛の領域においても、良人に対する要求は高まっていく。ここでも「主婦」として近代家族の担い手たろうとする女性たちから拒否され始めているのは、男尊女卑的な、あるいは男性本位の恋愛や性のありかたである。「チャーム」「セクシュアリティ」「サービス」「エスプリ」で「完全武装」した妻に対応する「理想の良人」は、一家を担いながらも、女性を蔑視、抑圧しない「優しい家長」であり、恋人として妻を愛しみ、さらに性的パートナーとしても思いやりをもってふるまう男性である。

男性が経済的・社会的活動をすることによって、女性に対し「生活の安定」を提供する。その見返りとして、女性は男性に身心の「癒し」を提供する。しかし、女性が「癒される」機会も必要であり、家庭内に活動が制限されている妻にそれを与えることができるのは、家族だけである。

「今までの男子は、家庭というものを、自分一人の安息所のようにしか考えていなかったのですわ。これからは共同的にならなくてはならないし、また自然に、そうなって行くものと思います」（「令嬢ばかりの結婚問題の座談会」『主婦之友』昭和五年一月号）

主婦の第一の務めは家庭を良人の安息所とすることであるが、他に「住まう」場所のない主婦にとっても安息所となることを、近代家族は「約束」しようとした。近代的な性分業を受容する上で、女性が男性に期待したニーズの結晶が、「優しい良人」概念といえよう。

四　臣下なき女王と勤労する王

家族の情緒的避難所を構築し、「外」での闘いで消耗して帰ってくる夫や子どもたちに、心の安らぎを与える。主婦は、家族の団らんをつくりだし、家族相互の連帯の核となることがもとめられる。そうした主婦の役割は、「家庭の太陽」「女神」「楽園の女王」「エンゼル」という言葉で表現され、重要かつやりがいのある、さらにいえば神聖な仕事として賞揚される。

婦人雑誌の中で繰り返し述べられるのは、主婦は単に家事・育児の労働を担う「女中」のようなものではなく、家庭（ホーム）なる重要な場を支配し、運営する主役であるという点である。

「家庭は妻の支配下にある領土である」（「良人のしつけ方秘訣十ヶ条」『主婦之友』昭和八年九月号）

良人は家長ではあるが、妻に甘える「成長したお坊ちゃん」であり、「我侭を通してやれば、結局は妻の意に従う」（「良人操縦の秘訣百ヶ条」『主婦之友』大正一四年九月号）存在である。婦人雑誌の中では、良人は「お髭の生えた坊ちゃん」「無邪気な園児」「赤ちゃん」「ベビーさん」と表現される。良人が「ベビーさん」であるならば、妻は「その母親」（青柳有美「夫に恋せらるる秘訣」『主婦之友』昭和二年七月号）であり「保母」（澄川哲朗「夫の愛をしっかりと掴む急所は？」『婦人倶楽部』昭和六年八月号）である。良人のことを子どもと思って上手に相手をし「操縦」することが、賢い主婦になるコツとして伝授される。

「男子というものは坊ちゃんの大きくなったものと心得ていれば間違いのないほど、少し気心をつかってやってもらえば無上にうれしく思うものです」（「外に出て働く良人から細君への註文八ヶ条」『主婦之友』大正八年四月号）

一方で、良人の家父長としての権威をないがしろにしてはいけない、という教訓もしばしば語られる。しかしそこには、家父長の権威の儀礼化がみられる。

「幼稚園通いの子供でも、『僕は男子だぞ』と、単に男子に生まれただけのことを、誇りたがるものです。この悪遺伝は、結婚して良人という名称を得ても、決して変わるところがありません。妻たる人はこの呼吸を飲み込んで、良人の自惚れ心を満足させることを怠ってはなりません」（「良人操縦の秘訣百ヶ条」『主婦之友』大正一四年九月号）

良人に対して種々の不満がある妻には、まずは儀礼的にでも自他に対して家長の権威を確認する行為を繰り返すことによって、徐々に内実がともなってくるのを待つべしとのアドバイスがなされる。こうなると、家長の権威も「鰯の頭」として扱われる。

「『鰯の頭も信心から』で、お気に召さぬ宿六殿も、『我が夫さまよ』『旦那さまよ』と立ててゆけば、主人ばかりか家族全体まで、人から立てられること不思議なほどにて候」（「一家揃って仲よく暮らす秘訣九ヶ条」『主婦之友』昭和八年一一月号）

良人は外では「立派な職業人」でも家では「大きな子ども」と位置付けられる。近代化とともに、生活世界は「公」の領域と「私」の領域に分割され、その分割は男女の性分業と重なっている。すなわち、男性は「公」領域、女性は「私」領域と。しかし、ここでみた「良人」というアイデンティティーは、「公」領域を本務とする男性の「私」領域での顔である。「良人」の「大人」と「子ども」の二面性は、男性の人格が「公」と「私」で分離していることを示している。「公」領域では「大人」であっても、いやそうであるからこそ、「私」領域では「子ども」となって「癒される」ことを必要とする。

そうした男性の分裂した人格の「私」の部分に対応することが、「私」領域を本務とする女性の「職業」であり、よって、「私」領域では女性は「大人」でなければならない。妻は、良人の「母」や「保母」であることももとめられており、そこには絶対的に君臨する家長と服従する妻という封建的な上下関係の図式はあてはまらない。主婦は「家庭の太陽」として家庭を支配し、良人は「お髭のはえたお子さま」として主婦に甘え、その情緒的ケアを享受する。そうした主婦の働きへの報酬として、良人は経済的に世帯を支えるとともに、家庭を大切にし、妻をいたわるのである。

家庭においては、主婦こそが「主人」であり「支配者」であることが主張される。当時の農村において、男尊女卑・長幼の序のルール下で最下層の労働力として虐げられていた「嫁」の立場とくらべると、都会の主婦の生活がいかに魅力的なものであったかは、想像するに難くない。

主婦が、家庭という楽園の女王であるとするならば、良人は楽園で主婦にかしづかれる王様である。しかし、女王である主婦には、実は召使いがいない。戦前には女中を一人二人おくことのできる階層は現代以上に多く存在したとはいえ、基本的には主婦は臣下なき女王である。そして、楽園の王である良人は、実は、勤労する王様である。臣下は妻のみで、自ら額に汗して働く王。

労働者階級もしくは、せいぜい新中間層にすぎない彼らが、女王であり王でありうるのは、近代家族が内包するロマンティシズムゆえである。幸福な家庭生活の実現のためには、夫婦はロマンティックな異性愛によって結ばれていなければならない。婦人雑誌に登場する識者の多くが、欧米の中流家庭をモデルとしながら、主婦は良人にとってセクシャルな部分をふくめたロマンスの対象でありつづけねばならないと説く。愛される妻であるために、身なりに気をつかい、笑顔を忘れず、良人の趣味を理解し、家庭の外では得られない「妻の色と匂い」（「奥様学校速成科」『主婦之友』昭和一一年三月号）を良人に常に意識させておくべきなのだ。そして、良人を尊敬し、心から愛すること。愛し、愛されることが、女王様と王様の「御伽話」を可能にする。

近代化の中で若い世代が夢見た「甘い生活」の建設。それが、主婦として発揮する〈技能〉、主婦として守るべき〈規範〉、主婦として享受する〈ファンタジー〉の三側面が統合される、「主婦の誕生」のサイドストーリーでもある。

註

（1）　昭和二年五月号『主婦之友』に、「性的生活からみた夫婦和合の秘訣」を執筆した医学博士は、結婚生活のためには性知識の普及が不可欠であるとの信念から、かつて別の婦人雑誌に「性愛の技巧」について執筆したところ、発売禁止の命令を受けたということを明らかにしている。

（2）　実は、これに先だって『東京日日新聞』で「現代人妻読本」を連載していた菊池寛は、その中で今の時代は「人妻読本」より「良人読本」の方が必要だと書いている。その考え方を、『主婦之友』誌上で実現したわけである。

（3）　同一企画内における「農家に嫁いで」と「商家に嫁いで」もまた、楽しからん新婚生活を描いているのだが、いずれも早朝から夜まで労働に追われる共働きであり、その中になんとかロマンティックな要素を折りこもうとはしても、いかにも多忙な一日となっている。会社員家庭の場合とくらべると純粋の余暇の時間などは登場しない。サラリーマンの妻になることが、当時の女性の願望となることも致し方ない印象を与える企画でもある。

第二章　統合の象徴としての「主婦」イコン

雑誌を飾る美人画

一　美人画表紙の魅力

表紙はまさに雑誌の「顔」であり、そこにどのような女性像が描かれるのかということは、雑誌のシンボル空間を構成する要素として重要な意味をもつ。『主婦之友』や『婦人倶楽部』など大衆的な婦人雑誌の多くは、華やかな色刷りの美人画によって飾られていた。それらの読者欄には表紙の美しさを褒め称える投稿が散見される。

「只今六月号を拝見いたしました。あまりに表紙の美しさに思わず胸にかたくかたく抱きしめました」（『婦人倶楽部』「お茶うけ時」大正一二年八月号）

「まあ七月号の表紙のすばらしさ！　あのすっきりとした水着姿ふるいつきたいような瞳と唇、私思わず抱きしめてしまいました」（『主婦之友』「誌上倶楽部」昭和二年三月号）

「美しい表紙に頁くらぬうちからチャームされてしまいますもの」（『主婦之友』「誌上倶楽部」昭和二年五月号）

表紙の美人画は、その「美しさ」で、書店にあっては人々の目をひきつけ、愛読者の手中にあっては飽かずながめられた。美人画は表紙だけでなく口絵としても毎号のように掲載されており、気に入った口絵は雑誌から切り離して額装されることもあった。読者は、『主婦之友』の「美しい姿」によって慰められたのである。戦前の美人絵葉書の流行について柏木博が解釈していると同じく、婦人雑誌の表紙の場合も鮮やかな多色刷りの美人画を所有することそのものが、人々の欲求にかなうものであった（柏木―一九八七：七四）。

稲垣浩監督によって戦前と戦後二度つくられた映画『無法松の一生』の中に、主人公の松五郎が酒場で日本酒のポスターを見つめ、その美人画に思慕する未亡人の面影を重ねるシーンがある。その後松五郎にもらい受けられたポスターは、彼の家の壁で微笑みつづけ、未亡人に捧げる純愛の年月を共にする。朽ち果てていくポスターは、女性なるものへの熱い想いを胸に秘めた朴訥で不器用な男の、男盛りから老いへの時の流れを表現した。

当時の美人画をおぼえている人たちは、ある種の郷愁をこめて、その独特の魅力について語る。石子順造は、ポスターや雑誌の表紙絵の「どこかちらりとバタくさく、しかしあくまで日本的」な美人画について、「そのふと微笑みかかってそのまま停止してしまったようなまなざしは、非生産的で、しかし限りない淫蕩を秘めているごとくであり、ぼくには生殖の性とは切れたところに開花しようとするエロティシズムを感じさせるのである」（石子―一九八六：一八六）と論じている。日本におけるポップアートの旗手横尾忠則もまた、芸術作品の女性像よりも、大正・昭和初期の通俗的な婦人雑誌やカレンダーなどにみられた美人画の方が自分を強く惹きつける「理想の女性像」だと述べる。「彼女達の多くは非個性的な顔をしているが、どういうわけか明るくて健康的な美人像である。あの明るさは現代の日本の女性が一〇〇％喪失してしまった笑顔でもある。こんな顔が描ける画家は今の日本には一人もいない。とにかくこの美人画はぼくにとっては普遍的な美しさなのだ」（横尾―一九八二：一三二）。

そうした近代社会において大衆を惹きつける力を発揮する女性図像は、定型化された「普遍的な美しさ」をそなえるものだった。(1) 美人画の「普遍的な美しさ」とは何か。たとえば、歯をみせて笑う「美人」の表紙絵がある。女性があでやかに、あるいははなやかに笑う口元からこぼれる白い歯は、人を惹きつける図像を構成する、われわれにおなじみのアイテムである。前歯をみせてにっこりする（若い）女の笑顔は、現代の大衆文化の中に氾濫しているが、かつて日本の絵画や写真の中に、歯をみせて笑う女の顔を見ることはほとんどなかった(2)。美人画を大衆文化として商品化するメディアでもあった婦人雑誌の場合も、その表紙絵の美人画は最初から歯をみせて笑っていたわけではない。いつ頃からか、微笑みはじめ、やがて口を開き、歯をみせて快活に笑いはじめる。歯をみせて笑う女の顔は、実に近代的な図像の一つである。それは、近代が求めた女性像がどのようなものであったのかを教えてくれる。

二　婦人雑誌の表紙にみる「主婦イコン」の成立

『主婦之友』表紙の変遷から

1　美人画表紙前史

現在の女性雑誌のほとんどは、表紙に女性のバストショットか顔のアップ、もしくは全身像の写真によって飾られている。女性雑誌に限らず、男性向けの雑誌でも女性の写真が表紙に使われていることはままある。雑誌の表紙を飾るモチーフの定番として、女性の図像が使われるようになったのはいつ頃からなのだろうか。

明治初期の雑誌表紙の多くは、タイトルと発行日など文字のみで構成されていた。しかしまもなく、雑誌名を中心に風物などの図柄をあしらった表紙がふえてくる。さらに明治後期から大正時代になると、タイトルと絵の立場が逆転し、花鳥風月や人物の絵を中心に、タイトルは絵のじゃまにならないように上部か横に配置された表紙が主流になってくる。ただし「硬派」の雑誌では、大正以降も文字のみの表紙を続ける場合が少なくなかった。戦前の総合雑誌の多くは、表紙の真ん中にタイトルを据えた表紙スタイルで通している。たとえば『中央公論』の場合はほとんどタイトルのみ、『文藝春秋』の場合はタイトルのまわりに安井曾太郎・藤田継治・川端龍子・梅原龍三郎といった著名な画家による縁取り絵をあしらっただけの簡素な表紙で一貫している。

大正・昭和期には絵を中心にした雑誌表紙は非常に多くなっていたが、女性の図像で表紙を飾った雑誌には、どのようなものがあっただろうか。実は、婦人雑誌以外ではそれほど多くない。大衆雑誌の代表格である講談社の『キング』の場合、一九二五(大正一四)年の創刊号は和田英作画の朝日を背景にした西洋の女神を思わせる女性像であったが、その後特に女性の顔や姿を表紙絵として使う傾向はみられない。初期には鳥や虎、牡丹など花鳥風月を描いた日本画、一九三四(昭和九)年頃からは風景や動植物を撮影した着色写真を表紙絵としている。柏木博が『肖像のなかの権力』で女性の顔を表紙に使っていた大衆雑誌の典型例として取り上げた『週刊朝日』についても、女優の顔写真や挿絵画家の描いた美人画などを表紙に常用するようになるのは、一九三三(昭和八)から一九三四(昭和九)年頃からのことで、その傾向も戦時体制のためか、数年で途絶えてしまう。

女性の顔や姿を表紙絵として用いた雑誌は、やはり婦人雑誌に圧倒的に多い。とはいえ婦人雑誌の場合も、明治期にはタイトルのみの表紙やタイトルのまわりに花などの図柄をあしらった表紙がほとんどである。女性の姿を中心とする浮世絵調の表紙絵をかなり早くから用いている『貴女之友』(東京教育社、一八八七(明治二〇)年創刊)を例外として、『女学雑誌』(万春堂、一八八五(明治一八)年創刊)、『いら都女』(成美社、一八八七年創刊)、『女鑑』(国光社、一八九一(明治二四)年創刊)、『婦女雑誌』(博文館、一八九一年創刊)、『裏錦』(尚絅社、一八九二(明治二五)年創刊)、『淑女』(紫鸞社、一八九九(明治三二)年創刊)など、明治二〇年代、三〇年代に創刊された婦人雑誌のほとんどは、タイトルや目次のみ、もしくはタイトルを中心に花や樹木、織り柄などの飾り模様をあしらっただけの表紙である。『女子之友』(東洋社、一八九七

（明治三〇）年創刊）や『婦人界』（金港堂、一九〇二（明治三五）年創刊）の場合、創刊当初は飾り模様を背景にタイトルを据えた表紙であるが、前者は一九〇二年あたりから、後者は一九〇四（明治三七）年あたりから版画調の女学生や女性の絵を用いるようになる。

女性の顔が婦人雑誌の表紙の定番となるのは大正期以降のことである。大正期の婦人雑誌は、風物や花などの油絵やモダンなデザインの人物画を表紙に用いた『婦人画報』（婦人画報社、一九〇五（明治三八）年創刊）や『婦人之友』（婦人之友社、一九〇八（明治四一）年創刊）以外は、『女学世界』（博文館、一九〇一（明治三四）年創刊）、『婦人世界』（実業之日本社、一九〇六（明治三九）年創刊）、『婦女界』（婦女界社、一九一〇（明治四三）年創刊）、『主婦之友』（主婦之友社、一九一七（大正六）年創刊）、『婦人倶楽部』（大日本雄弁会講談社、一九二〇（大正九）年創刊）、『婦人公論』（中央公論社、一九一六（大正五）年創刊）など、人気のあった婦人雑誌のほとんどが、美人画で表紙を飾っている[3]。

『主婦之友』の表紙は、創刊以来一貫して美人画で通している。創刊号の表紙は石井滴水の筆による丸髷の若妻の顔

表19　『主婦之友』表紙絵画家一覧

1917(大正6)年	石井滴水
1918(大正7)年	石井滴水
1919(大正8)年	森田久
1920(大正9)年	島成園
1921(大正10)年	島成園
1922(大正11)年	尾形奈美子／山岸元子
1923(大正12)年	岡田三郎助
1924(大正13)年	山岸元子／長谷川昇
1925(大正14)年	和田三造／藤島武二／中澤弘光／石川寅治／岡田三郎助／北野恒富／山岸元子／長谷川昇／田邊至／山下新太郎／遠山五郎／島成園
1926(大正15)年	多田北烏
1927(昭和2)年	岡吉枝
1928(昭和3)年	岡吉枝
1929(昭和4)年	吉邨二郎／岡吉枝／田中良
1930(昭和5)年	岡吉枝／松田富喬
1931(昭和6)年	松田富喬
1932(昭和7)年	松田富喬
1933(昭和8)年	松田富喬
1934(昭和9)年	松田富喬
1935(昭和10)年	吉澤廉三郎
1936(昭和11)年	松田富喬
1937(昭和12)年	奥澤二朗(＝宮本三郎)
1938(昭和13)年	奥澤二朗(＝宮本三郎)
1939(昭和14)年	松田富僑
1940(昭和15)年	松田富僑／奥澤二郎
1941(昭和16)年	奥澤二郎
1942(昭和17)年	木下孝則
1943(昭和18)年	木下孝則
1944(昭和19)年	木下孝則
1945(昭和20)年	木下孝則

目線						笑顔		しぐさ	
上向き	下向き伏し目	直視	上目遣い	流し目	空を見上げる	微笑	歯を見せて笑う	小首をかしげる／首を傾ける	手指を口元や胸元に添える
13.8 (8)	34.5 (20)	34.5 (20)	12.1 (7)	5.2 (3)	0.0 (0)	5.2 (3)	1.7 (1)	25.9 (15)	17.2 (10)
5.9 (6)	13.7 (14)	59.8 (61)	3.9 (4)	15.7 (16)	1.0 (1)	0.0 (0)	24.5 (25)	41.2 (42)	19.6 (20)
22.2 (20)	2.2 (2)	28.9 (26)	16.7 (15)	24.4 (22)	5.6 (5)	5.6 (5)	78.9 (71)	57.8 (52)	30.0 (27)

であった。表紙画をどのような絵にするかについて、創業者石川武美は石井と何度も話し合って慎重に検討したという（主婦の友社一九六七：四三）。石川が雑誌の性格をあらわすものとして表紙を重視していたことがわかる。彼はまた、その時々の美人の表情を表紙に描くことによって、「近代日本の婦人風俗の変遷をこれによって知ることができる」ようにしたいと語っていたという（主婦の友社一九六七：四二）。その後も、表紙の画家の選定については、重要議題として石川自身が関わって検討されたようである。

『主婦之友』の表紙を飾った美人画は、近代的な女性役割である主婦の理想像を図像化したものであった。女性の特定のビジュアル・イメージが、記事内容と同じく毎号毎号繰り返し読者の視線にさらされていた。創刊時からの表紙をながめてみると、ゆるやかな変化を経て、もっとも発行部数を伸ばした全盛期に「主婦イコン」[4]とでも呼ぶべき独特の美人画の確立がみとめられる。

創刊時から一九四五年まで、『主婦之友』の表紙絵を担当した画家一覧は表19の通りである。

まずは、『主婦之友』の表紙絵について図像特徴の数量的分析を試みつつ、その変化をたどる。図像の特徴を分析するために、以下の三つの面から一つ一つの表紙絵を分類し、数量的に傾向を把握する。識別する点は、まず第一に服装と髪型などの風俗、第二に顔のつくりおよび視線や笑顔などの表情、第三に手や首を使った身体

表20　『主婦之友』表紙絵の分析

時期区分	総数	服装			髪型			
		和装	洋装	水着	日本髪	束髪(耳隠し含)	断髪	その他
第一期「浮世絵調日本画時代」(1917年～1921年)	100%(58)	96.6(56)	1.7(1)	1.7(1)	55.2(32)	41.4(24)	1.7(1)	1.7(1)
第二期「写実的油絵時代」(1921年～1930年前半)＊	100%(102)	82.4(84)	13.7(14)	3.9(4)	6.9(7)	70.6(72)	15.7(16)	6.9(7)
第三期「商業美術時代」(1930年後半～1937年)	100%(90)	87.8(79)	7.8(7)	4.4(4)	4.4(4)	81.1(73)	13.3(12)	1.1(1)

＊この期間に関東大震災特集号があり、表紙は美人画ではないため、分析より省いている

技法である。これらの点について、数量化した結果を示したものが表20である。[5]マスメディアにおける図像にみられる身体技法をジェンダーの観点から分析する手法については、アーヴィング・ゴフマンをはじめとする先行研究を参照しておこなった（Goffman[1979]、上野一九八二、落合一九九〇b）。

2　浮世絵調日本画時代

明治末から大正期にかけて、浮世絵をはじめとして円山四条派や大和絵、狩野派など近世絵画の伝統を引き継ぎながら、美人画というジャンルが新しく成立しつつあった。とりわけ、浮世絵の流れをくむ系列からは、東京で水野年方・鏑木清方・池田輝方・池田蕉園・伊東深水・山川秀峰、大阪で稲野年恒・北野恒富・中村貞以といった数多くの著名な美人画家が輩出されている。明治時代、これらの美人画家たちは、新聞・雑誌・単行本の挿し絵や表紙、口絵など商業美術の世界でおおいに活躍しつつ、展覧会活動にも力を入れ、一九〇七（明治四〇）年に日本初の官設美術展として開催された文展に毎年すぐれた作品を提出する。その結果、日本画画壇において、美人画が一つのジャンルとして評価されるようになっていく。一九一五（大正四）年の文展における美人画室の開設はそのことを示す象徴的な出来事であった。

美人画ジャンルの成立を背景に、創刊当初の『主婦之友』は、浮世絵の伝統を感じさせる美人画をその表紙として選んでいる。一九一七（大正六）年から一九二〇

図15 『主婦之友』大正7年2月号
（石井滴水）

図16 『主婦之友』大正8年12月号
（森田久）

（大正九）年にかけての表紙画は、石井滴水や森田久、島成園ら日本画家によって描かれた。京都の上村松園、東京の池田蕉園と並び三都三閨秀画家と呼ばれて脚光を浴びていた島成園の美人画には構図や風俗に新しさが感じられるが、石井・森田の描く女性像は、丸髷に和服姿がほとんどで、顔のつくりも表情がなく、浮世絵の美人画にみられるような平板さが目立つ。

この時期の女性像は、二点の例外を除きほとんどすべてが和服姿である。また髪型も丸髷など結い上げた日本髪とみえるものが約半数、残りの半数は日本髪よりも簡便ながら和服に合うように改良された束髪と判別されるものである。断髪姿は一点のみである。都会で洋装・断髪のモダンガールが話題をよんでいた大正期、既婚女性を意味する丸髷を結った和服姿は「伝統的な女らしさ」をあらわすものだった。顔のつくりは浮世絵に近いが、年が経つにつれてだんだんと目は大きくなってくる。視線は、うつむきがちに下を見る図像が約三割と多く、まっすぐこちらを見つめる図像も同じく三割と多いが、その場合もどこかはかなげな印象の表情をしている。笑顔はほとんどみられず、かすかな微笑みを浮かべるものが若干ある程度である。身体技法としては、首を傾けたりかしげるようなしぐさをしている図像が三割弱、手を口元や胸元にもってくるしぐさも二割弱である。この時期は、和服と日本髪の、地味で従順なふんいきの若妻といった風情の美人画である。うつ向きかげんで身をすくめたような姿勢が多く、全体に表情に乏しくはかなげで弱々しい印象の女性像である。自己主張しすぎることのない、地味で従順なつつましい主婦イメージが浮かび上がってくる（図15、図16・表紙の具体例）。

3　写実的油絵時代

画壇において美人画ジャンルが認められるようになるのと時を同じくして、広告界で美人画ポスターが流行する。そのきっかけとして、三越呉服店（現・三越百貨店）のポスターがよく知られている。三越は一九〇七（明治四〇）年に東京勧業博覧会で一等賞になった岡田三郎助の油絵「紫の調（某夫人の像）」をポスターとして採用、さらに一九一一（明治四四）年には一等千円という高額の賞金で広告ポスターの懸賞募集をおこない、一等を獲得した橋口五葉の美人画を三五度刷りの石版印刷という当時最高の技術でポスター化して評判となった。この橋口五葉の美人画ポスター「三越呉服店此美人」は「百貨店のその後の美人画ポスターの方向を決めた」（内川―一九七六：一三二）といわれる。その後、明治末から大正期にかけて美人画のポスターが広告界で流行するが、これらの美人画は浮世絵美人よりも立体的で、はるかに写実的である。

初期の美人画ポスターは、画工たちの手になる伝統的な錦絵調のものと異なり、新進気鋭の洋画家の作品を広告として転用することにより、ポスターそのものへの社会的認識をも変えていった。これらの美人画ポスターは額装され、鑑賞用の一種の美術品であるかのように駅の待合室や旅館など人の集まる屋内の比較的高いところに飾られていたという（高見―一九八九：六、山名―一九六七：一九）。その頃の美人画ポスターは、明治初期に石版技術が輸入されてから三〇年余り、「いわば石版技術の最も爛熟した頃」（山名―一九六七：一九）の逸品であり、油絵の写実的な細密描写は原画にかなり近い精度で再現されていた。高度な複製技術によって作成された美人画ポスターは、従来の錦絵や日本画とは異なる写実的な洋画の魅力を大衆にアピールし、広告美術の地位を高めると同時に洋画の普及にも一役買った（山本・津金澤―一九八六：二八六―二八七）。こうした、芸術絵画の広告への転用という「絵画主義」が日本のポスターの黎明期を特徴づけており、そのことが、日本のグラフィック・デザインの成長を遅らせた一因とも言われている（小川正隆―一九六七：一三）。

『主婦之友』の表紙絵についても、同様の「絵画主義」の時期が到来する。『主婦之友』は一九二二（大正一一）年から写実的な洋画を表紙に採用し始める。その前年の一九二一（大正一〇）年四月号で賞金を出して来年度の表紙絵を募集するという企画を実施し、入選した東京の尾形奈美子と大阪の山岸元子の二人が、一九二二年の前半の表紙絵を交替で担当している。尾形の絵が、まつげの長い西欧的な顔の妖しいふんいきをもった美人画で、これまでの表紙とはかなり異質な印象を与えるのに対して、山岸の絵は、以前の表紙より写実的になり、目も大きく全体に立体的な顔になっているが、堅実な主婦という従来の路線の延長線上で見ることができる（図17）。山岸の絵はやはり、ほとんどのものが真面目顔か、結んだ唇の端をわずかに上げて微笑みを予感させるにとどまっている。事情ははっきりしないが、異質な印象を与える尾形の表紙絵は四回で終わり、その後山岸がずっと担当することになる。山岸の後、岡田三郎助、長谷川昇、多田北烏、岡吉枝など、何人か画家が変わっていくが、そのほとんどは洋画家であり、写実的な油絵の美人画を描いている。

一九二三（大正一二）年に表紙絵を描いている岡田三郎助は、曾山幸彦、パリ帰りの黒田清輝に師事し、その後自身も渡仏し、ラファエル・コランに学んだ洋画家である。商業美術界では、先述したように一九〇七（明治四〇）年に三

図17　『主婦之友』大正11年12月号（山岸元子）

越のポスターとして描いた「某夫人の肖像」で知られている。一九二四（大正一三）年の上半期は山岸、下半期は長谷川昇が担当、一九二五（大正一四）年は、和田三造、藤島武二、石川寅治、北野恒富など、有名画家による月替わりの競作となった。

一九二六（大正一五／昭和元）年の一年間は多田北鳥が担当し、多田らしい柔らかいタッチの女性像を描いている。多田は川端画学校で洋画と日本画の両方を学んだ後、洋画の画法による美人画を作成、さらにそれをグラフィック・デザインとして発達させ、ポスターや雑誌の表紙で大いに活躍した人気画家である。彼の仕事としては、大正期では「明治屋」や「白木屋」の連作ポスター、昭和期には「キリンビール」のポスターなどが有名である。『主婦之友』だけでなく、『婦人倶楽部』においても、一九二七（昭和二）年から二八（昭和三）年、一九三六（昭和一一）年から三七（昭和一二）年にかけて表紙の美人画を描いている。彼は、商業美術運動においても指導的な役割を果たした人物であり、一九二九（昭和四）年に藤沢龍雄らと実用版画美術協会を設立し、複製としての商業美術の技法を意識的に追求した画家という評価を与えられている。

図18　『主婦之友』昭和２年６月号（岡吉枝）

多田の後、一九二七年から二八年の二年間と一九三〇（昭和五）年の上半期という長期にわたって表紙絵を描いたのは、一九〇七（明治四〇）年の第一回文展で入賞した岡吉枝である。岡は、ほおのふっくらした健康的でふくよかな女性像を描写した。岡が描く、豊かな頬をもつ「娘さん」たちは、ときどきかすかに白い歯をみせて微笑んでいる（図18）。

この「写実的油絵時代」は、和服姿が八割と依然として多いものの、洋装姿も約一四％と増加する。夏には水着姿が定番となる。日本髪はほとんどみられなくなり、束髪が四割、洋髪的なアレンジで大正時代に流行した「耳かくし」と判別できるものが三割にのぼる。断髪も約一六％と増える。風俗的には、「浮世絵調日本画時代」よりも当時の流行を反映した多様なものになり、洋風化が目立つ。顔のつくりは、かつてのように平面的で類型的なものではなく、立体的・写実的になるとともに、ほおのふっくらした健康的でふくよかな美人画となっている。目線はうつむいて下を見るものが減り、まっすぐこちらを見つめる場合が多くなる。まっすぐこちらを直視する視線にも、明確な自我のようなものが感じられる。少しだけ歯を見せて微笑む図像が約二五％であり、笑顔が増えていることも特徴である。しかし、その笑顔は次の「商業美術時代」のものとくらべると、つつましやかでどこかぎこちないとさえいえる。首を傾けたりかしげたりするしぐさは「浮世絵調日本画時代」よりもふえ、四割を超える。この時期の美人画には、柔らかさのある優しい女性像が、人間としての等身大の温もりを増して表現されている。

4　商業美術時代

その後、美人画ポスターは「絵画主義」の段階を脱し、商業美術の一ジャンルとして独自の様式を発展させてゆく。日本の場合、日本独自の多色刷り技術の発展が、絵画を転用した美人画ポスターの成立を可能にしたといわれているが、「芸術」絵画の転用ではなく、商業美術としてのデザイン画や絵画がさらに発展していくためには、高性能で安価な複製技術の開発が不可欠であった。複製技術が発展することによって、相当複雑な図案もオリジナルに近い形でマスメディアを通じて大量に市場に出回ることができる。唯一無二の一回性の美ではなく、いつでも手元に所有することのできる、大量のコピーが存在するからこそ価値のある美術として、商業美術は大衆に享受されていく。産業化の中で飛躍的に複製技術が発展することにより、商業美術独自の画期的な発展があった。大量に複製され、消費される商業美術は、芸術絵画とは異なる価値／質を生み出していった。

複製技術の発展を背景に、美人画ポスターの描き手として有名な画家が何人も生まれた。たとえば、一九一四（大正三）年三越にならって大阪の日本精版印刷会社が実施した広告図案の懸賞募集でアール・ヌーボー調の美人画で一等を獲得し、クラブ歯磨や福助足袋などのポスターを手がけた北野恒富、ビールからタイヤまでさまざまな商品の広告で明快なタッチの美人画を描いた町田隆要、独特の柔らかい雰囲気をもつ美人画ポスターを制作した多田北烏、森永製菓のポスターで知られる和田三造、ポスターだけでなく雑誌の口絵などでも活躍し「深水風美人画」を確立した伊東深水などである。これらの画家の多くは、懸賞金のついたコンクールをはじめとして、収入を得るための副業としてポスター制作にたずさわっており、最終的にはそのほとんどが芸術絵画の画業にもどっていった。しかし、後に婦人雑誌の表紙絵画家としても活躍する多田北烏のように、商業美術を中心に意欲的な制作活動をつづけた画家もあったし、もっぱら商業美術の世界で作品を描く、ポスター画家と呼ばれる人々が登場し、独特の画風をつくりあげていく。

それら美人画ポスターには、色白の面長の顔に健康的な黒い眉とぱっちりとした瞳、鼻筋の通ったすっきりした鼻と赤い口紅で彩られた小さくも大きくもない唇という、浮世絵とは異なる類型化がみられる。そのほとんどがかわいく微笑むか、白い歯を見せて明るく笑っている。笑顔が放つ華やかさ、愛らしさは、いつのまにか美人画ポスターに欠かせないものとなっていた。

ポスター画家が描く美人画は、その流れが成立すると同時に、芸術を自称する画壇からはもちろん革新的なモダンデザインを志向する商業美術家たちからも、(6)「通俗的」との批判を浴びるようになる。(7)美人画ポスターは明治末に登場し、大正期にかけて「絵画主義」を脱しながら商業美術における主要モチーフとしての地位を確立するとともに、早急に陳腐化の道をたどったのである。しかし、陳腐化はすなわち本格的な大衆化という事態でもある。石子順造は、雑誌の表紙やポスターなどにみられる大衆文化における定型化された女性図像を指して、文化鍋や文化オムツならぬ「文化美人」（石子一九八六：一二一）と命名した。「文化美人」すなわち、商業美術における「美人イコン」は、その「俗悪さ」ゆえにこそ大衆文化として日常生活の中に広く、深く定着していった。

図19　『主婦之友』昭和８年２月号（松田富喬）

図20　『主婦之友』昭和９年４月号（松田富喬）

一九三〇年代には、『主婦之友』の表紙画も商業美術界の「美人イコン」を取り入れるようになる。とりわけ一九三〇（昭和五）年七月号以降の松田富喬の起用は、『主婦之友』の表紙画の画期となった。それまでの美人画が、ぎこちなさをともないながらも徐々に表情をほころばせてきていたのを引き継いで、松田はそれを一層推し進め、華やかに笑う美人図像へと発展させる。松田の描く美人画は、面長の顔に二重まぶたのぱっちりとした目とすっきりした鼻、紅を差した適度に厚みのある唇をもち、若々しい色気を感じさせる。ほとんどの絵が、にっこりあでやかに微笑むか、歯をはっきり見せて笑っており、表情に喜びや若さがあふれている。また、首をかしげる、手を口元にもっていくといった、定型化されたしぐさがみられる。顔のつくりは、長いまつげで二重の大きな目などに西洋的なものを感じさせるが、全体としては日本人にしか見えない。西洋的日本美人とでも言うべき顔が図像として確立されている（図19、図20）。

松田は美人画家として著名な北野恒富の弟子であり、大阪でポスター画家として活躍し、日本酒やビールの美人画ポスターを描いていた（三好一―一九九七：二五三）。当時『主婦之友』の表紙を印刷していた大阪の精版印刷会社の社員であった安達信雄が主婦之友社員に紹介したことが、『主婦之友』の表紙画を描くことになるきっかけだった（主婦の友社―一九六七）。表紙絵を担当するにあたって、松田は石川武美社長から「一ヶ月間あかずにながめられ、あまりに上品すぎぬこと、一般の婦人が身近に感じられる『娘さん』、または『若夫人』」を描いて欲しいという希望を伝えられている（主婦の友社―一九六七：二二四）。松田による表紙絵は、「当時としては伝統を破って、大きく口を開いた笑顔が人気を呼んだとかで、男学生のファンまであらわれ、毎号売り切れ売り切れ」（主婦の友社―一九六七：二二五）になる評判ぶりで、非常に好評のうちに通算七年間も続いた。その時期は『主婦之友』の発行部数がめざましく増加した頃でもあり、松田の表紙は「ある意味で、『主婦之友』の性格をはっきりと形成させる役割を果たした」という評価を受けている（主婦の友社一九六七：二二四）。商業美術界における「美人イコン」の亜種の一つとして、近代的な主婦という役割を担う美人のイコン、いうなれば「主婦イコン」とでもいうべき図像がこの時期に確立されたといえよう。

一九三五（昭和一〇）年、松田の表紙絵がまだ人気絶頂の頃に、石川武美はあえて画家の交代を決断する（主婦の友社―一九六七：二二四）。松田に代わって登場した吉澤廉三郎はパステル画で新鮮味を出したが、基本的には松田が確立した美人画の路線を踏襲していた。一九三六（昭和一一）年は再び松田が執筆、翌三七（昭和一二）年は当時二科会に属する新進の画家であった宮本三郎が描き始める。宮本三郎は、藤島武二、安井曾太郎に師事した洋画家で、獅子文六や菊池寛の連載小説の挿し絵画家としても有名であるが、本人は当初大衆婦人雑誌の表紙絵を担当することに抵抗があったらしく、奥澤二郎という匿名で執筆している。宮本は当時の気持ちについて次のように語っている。「そのころの大衆婦人雑誌の表紙絵は、ポスター画家といわれる人たちの独特の画風の美人画にかぎられていたような時代でし

③ 昭和11年9月号　② 昭和8年11月号　① 昭和9年6月号

図21 『主婦之友』表紙美人画の輪郭

たので、試作を『いやだ、いやだ』といっておくらせたことをおぼえています」（主婦の友社―一九六七：二二七）。宮本も吉澤と同じく「パステルを使って、表紙絵に新鮮さを出せた」（主婦の友社―一九六七：二二七）と語るが、その女性像は、顔のつくりや服装、しぐさなど、松田が描いたものと大きな違いはみられない。もちろん、松田、吉澤、宮本の描く美人画は、それぞれに画風は異なるのだが、主婦を描いた「美人イコン」としてみた場合、類似性は極めて高い。松田から吉澤、宮本へと画家が交代しても表紙絵に対する読者からの好評判はスムーズに維持されていた。そのことも、三者の美人画の共通性を示す証左といえよう。

この「商業美術時代」には、再び和服が若干増加し、髪型も和服にあう束髪が四分の三を占める。しかし、洋服や水着、断髪といったモダンな風俗も時折描かれている。この時期、目線は上を見上げるもの、まっすぐこちらを見つめるものの他に、上目使いや流し目の色っぽい目線が非常に多くなる。また、もっとも大きな変化は歯を見せて笑う図像が八割弱にふえることである。その笑顔は、小首をかしげたり、首をねじったりするしぐさと、口元やあご、胸元でさまざまに表情をつくる手指と組み合わせられることによって、コケティッシュな、あるいはセクシーな魅力を発散する。また、これらの身体技法によって、ながめ手と相対する位置をわずかにずらし、真っ向からの対面を避けようとしているようにもみえる。この時期の美人像には、消極的な表情や姿勢で描かれた大正期の美人画には見られない或る種の近代的な自己主張が感じられるが、自己主張に控えめさや柔らかさといった「女らしさ」のベールがかかってみえるのは、身体技法の効果ゆえである。

一つ一つの美人画はそれぞれ工夫をこらしたポーズをとっているようにも見えるが、体と顔の向きとねじり方に注目してみると、かなり似通ったパターン化がみえてくる。「主婦イコン」が用いた身体技法を、女性像の輪郭を追うことによってタイプ分けしたものが図21の①〜③である。①は、上半身は前もしくは（こちらから見て）左方向へやや斜めに構えて、顔をこちらに向けながら（こちらから見て）右に傾ける「右方向への首かしげ」ポーズである。②は、①と逆で、上半身は前もしくは（こちらから見て）右方向へやや斜めに構えて、顔をこちらに向けながら（こちらから見て）左に傾ける「左方向への首かしげ」ポーズ。③は、①や②のように首を傾けることはしないが、上半身の向いている方向と顔の方向が異なっている「首ねじり」のポーズである。上半身は、前もしくは左右どちらかに斜めに構えるなどさまざまであるが、その方向とは異なる向きに首がねじられる。背中を見せながら、首を後ろにねじってこちらを向いているポーズもある。いずれにしても、顔はこちらを見る、もしくは上方を見上げながら、首を傾ける（かしげる）のではなく上半身とのねじれをつくるポーズである。首を傾けていると見るべきか、ねじっていると見るべきか、判断がつかない微妙なものもあるが、「商業美術時代」の九〇の表紙絵をこの三タイプで分類すると、①のポーズに該当するものが二三、②のポーズに該

図22　『主婦之友』昭和19年1月号（木下孝則）

当するものが二九、③のポーズに該当するものが二三、それ以外（つまり、上半身と顔が同じ向き、かつ、首がまっすぐになっている）のものは一五となる。ほとんどが、右か左への「首かしげ」か「首ねじり」といった、「女らしさ」を表現するためのパターン化された身体技法を用いていることがわかる。

この時期の『主婦之友』や『婦人倶楽部』といった大衆婦人雑誌の表紙絵は、この章の冒頭で紹介した石子や横尾が想起する「美人画」そのものである。創刊期の美人画が、浮世絵の伝統を受け継いで単純な顔のつくりや表情しか持たず、特定の女性像を象徴する図像として未成熟なものであったのにくらべ、写実的であることを目指した時期を経て松田によって確立された美人画は、写実を基礎としながら、それを『主婦之友』の世界に合致するように限定しバイアスをかけていった結果としての、洗練された図像なのである。もちろん、各時期の表紙のもっている特徴は、ある程度その時期の記事内容の特徴に対応していると考えられる。『主婦之友』が確立しようとした近代的な主婦の姿が、記事内容としても図像としても一定の完成を見たのが、この時期であったのではないだろうか。

一九三八（昭和一三）年以降、軍国主義の強まりを背景に、そうした「主婦イコン」の描かれ方は、家事・育児や農業・漁業に従事する姿が増えるなど、徐々に変化していく。戦争が本格化する一九四一（昭和一六）年に入ると、『主婦之友』の表紙は決定的に変化する。一九四一年は前年にひきつづいて奥澤二郎（宮本三郎）が担当しているが、防空演習や工場労働など前年には見られなかった場面設定が描かれ、軍国色があらわになっている。その後一九四二（昭和一七）年から敗戦までは、長期にわたって洋画家木下孝則が表紙絵を描く。木下は写実的な油絵によって、労働や子育てに従事する真面目顔の銃後の女性像を表現している（図22）。タッチも人物の表情も硬いものになっていくだけでなく、色調もまた、木下が担当する四二年以降は青や黒を基調とした暗いトーンで貫かれるようになる。かつての表紙絵にみられた、花のような明るい笑顔も、暖色系の原色やパステルカラーといった明るい色も、およそ華やかなものはすべて姿を消していく。若桑が指摘したように、大衆婦人雑誌は国策に則したプロパガンダのための図像を提供するメディアとなっていくのである（若桑一九九五）。

三　「主婦イコン」の力

『主婦之友』の表紙絵が、大正時代以前の浮世絵的なものから、西洋油絵の影響を受けた過渡的な写実的女性像へと変化し、やがて華やかで明るい独特の「主婦イコン」を生み出していく様をたどった。『婦人倶楽部』など類似の大衆婦人雑誌にはほぼ同じような流れがみてとれる。主婦向けの婦人雑誌の表紙において、近代社会における主婦の理想を象徴する美人画のプロトタイプが成立したのは、昭和初期のことであった。『主婦之友』の場合、それを確立したのは松田富喬であり、『婦人倶楽部』の場合は多田北烏や門脇卓一であった。

束髪と和服という初々しい若妻にふさわしい装いで身を包んだ美女は、笑顔と「女らしい」身体技法によって、二次元世界の住人ながら、今にも身をのりだし手をさしのべるかのように観る者に働きかけてくる。「主婦イコン」は、われわれ一人一人の肩をつかみ、こちらを向かせ、特定のメッセージを吹き込むエージェントとして、誘いかけ訴えかける様式をもっている。「主婦イコン」がその様式を用いて訴えかけていたメッセージとは、何だったのだろう。

ちなみに同時期の『婦人公論』の表紙をみると、断髪に洋装のモガ・スタイルが圧倒的に多く、『主婦之友』や『婦人倶楽部』とは対照的な女性像を打ち出していたことがわかる[8]（第Ⅰ部第三章参照）。『婦人公論』の表紙絵に描かれるモダンガールは、『主婦之友』の「主婦イコン」にくらべると、意志的な表情をしているが、「暗い」。時にものうげで、何ごとかを悩み考えている表情・姿であり、そこには葛藤する自我を感じさせるものがある。そうしたモダンガールとは対照的に、「主婦イコン」はあくまでも明るく、安定した表情と笑顔をみせている。

『主婦之友』において松田富喬が描く女性像がほとんどの場合にっこりと笑っているのは、常に笑顔で家族の気持ちを明るくさせよという記事の教えと一致している。松田の描く明るくコケティッシュな女性像は、退くところは退きながらも、夫を「赤ちゃん」視してうまく操縦し、すねたり甘えたりしながら、「家庭の太陽」として家事をこなす若妻の姿と重ね合わせて違和感がない。つまり、「主婦イコン」は、華やかさ・優しさ・明るさ・なごやかさなど、近代的性分業において女性に求められるエートスを表現しているのである（第Ⅲ部第一章参照）。近代になって家族に情緒的充足の機能が期待されるようになったことは、アリエスら社会史研究者の指摘するところであり（アリエス一九六〇＝一九八〇、Shorter[1975]）、機能主義の立場からパーソンズは近代家族で必要とされる機能を手段的役割と表出的役割に区別し、それぞれが夫／父親と妻／母親によって担われると図式化した（Parsons & Bales[1955]）。「主婦イコン」は、主婦が家族の情緒的充足を保障するという表出的役割を担う存在であることを図像化したものである。

喜びや幸福の表情をみせる「主婦イコン」は、家族に情緒的充足の機能が期待され、それを担うのは主婦であるという家族規範が、近代日本においても確立されたことを示唆する。「公と私」「仕事と家庭」という形での近代的な性分業を担うにふさわしい女性の特徴が、近代的女性美として表現されている。「主婦イコン」の新しさは、女性にもとめられた情緒的役割と結合した女性美というものが表現されている点にある。

近代的な主婦役割を特定の〈美〉で表現した「主婦イコン」は、婦人雑誌の表紙を飾ることによって読者に対してどのように働きかけたのであろうか。

女性の特定のビジュアル・イメージが、記事内容とともにくり返し読者に提示される。それは、雑誌が構成する情報空間と、情報空間を共有する読者仲間の集団世界を統合する象徴なのである。芸術作品としての美人画は鑑賞される対象であるが、大量複製商品である雑誌表紙の美人画は、その美を鑑賞されるだけでなく、市場を通じて読者たちが属する共同体世界を象徴するイコンとして、感情移入やアイデンティファイの対象となっただろう。

ベンヤミンは、複製技術の発達とともに、「『いま』『ここ』しかないという性格」（ベンヤミン一九三六＝一九七〇：一三）によって生まれる（芸術）作品のアウラが消滅していくことを論じた。そして、そうしたアウラの消滅について、大衆が果たす役割を以下のように述べている。「アウラの消滅は、現今の社会生活において大衆の役割が増大しつつあることと切りはなしえないふたつの事情に基づいている。すなわち一方では、事物を空間的にも人間的にも近くへ引きよせようとする現代の大衆の切実な要望があり、他方また、大衆がすべて既存の物の複製をうけいれることによってその一回かぎりの性格を克服する傾向が存在する」（ベンヤミン一九三六＝一九七〇：一六）。大衆雑誌の美人画表紙は、一回性と歴史的時間によってアウラを有する貴重な芸術を鑑賞する機会に恵まれた、いわば「選ばれた人間」のみが享受できるものとして求められているのではない。表紙の美人画には「『いま』『ここ』しかないという芸術作品特有の一回性」（ベンヤミン一九三六＝一九七〇：一二）は必要とされない。むしろ、大量に複製され大量に流通しているということが、読者大衆にとって意味がある。自分を含む大量の人々の目にさらされ、共有されているイコン。複製技術によってこそ、ベンヤミンが定義したアウラとは異なる「魅力」が商業美術作品に付与され、ある種の神話的な力をもつ象徴となる。それは、大衆の意識に働きかけ、特定の価値観や認識枠組み――バルトの表現を用いるならば「神話」（バルト一九五七＝一九六七）――に巻き込んでいく機能を果たす。

「神話」を伝達する象徴になるためには二つの方法がある。第一には、存在そのものが固有名詞の形で、象徴的形式になる方法である。多木浩二は、近代日本国家がその権威を確立し民衆の間に浸透させる手段の一つとして、「天皇の視覚化」という政策を展開し、天皇の図像をいかに活用したかを分析している（多木一九八八）。天皇の肖像の例は、複製技術の発達した近代において、ある種の制限を伴った形であれ、人々の間に普及した図像が、神話的象徴としての社会的パワーを発揮することを意識的に利用した例である。女性像に関していえば、有名人女性や女優などの肖像や写真がこのタイプにあてはまる。

第二は、固有名詞を失い「誰でもなく、誰にも似ている」形で、神話的な象徴になる方法である。フレッド・イングリスは、石けんの広告や保険の広告にみられる「飛び切りかわいい女の子の写真」を例に挙げ、写真に満ちている「女の子自身の溌剌さ、魅力、暗示されている経歴、性格、仕事、階級、家族など」の「意味」が、「女性のセクシュアリティー」という「形式」に注ぎ込まれることによって、その写真は神話的象徴として力をもつと述べている。「意味」から「形式」への移動は、現実の具体的な個人としての一人の女性の魅力を消滅させると同時に、n個／無数の「女性というもの」の魅力を表現／暗示することを可能にする（Ingris[1990=1992]：142-144）。

松田富喬が『主婦之友』の表紙において完成させた「主婦イコン」は、この第二のタイプの神話的象徴に属する。彼が描く美人画は、誰でもないが、誰にでも似ている「若妻」である。特定の女優など有名人の顔でもなく、芸術作品としての洋画で写実されるような、無名の実在モデルの顔でもない。特定の有名人の顔であれば、匿名性がなくなり、「誰にでも似ている」という条件を満たさなくなる。無名の具体的なモデルを写実的に描いていれば、そこには生活感があふれ、個別の経歴や個性が推測されてしまうことにより、やはり「誰でもないが、誰にでも似ている」という条件を満たさない。「誰でもないが、誰にでも似ている」女性像は、読者各人が、自分の顔とも自分と同じ境遇にある仲間の顔とも思える形式である。まさに、大衆雑誌の読者大衆は、大量に複製された表紙の美人図像によって自分自身に対面するのである。

ただ、自分自身の分身として同一化できるものであるかというと、そうではない。現実の自分やまわりの女性よりも、表紙の女性像は美しく魅力的である。自分自身を重ねつつも、完全には同一視できない「ずれ」が不可欠な要素である。とはいえ、有名な女性スターのように、まったく手が届かないほど自分から遠い存在でもない。表紙の美人画は理想としての女性像であるが、見てあがめる対象としての理想ではなく、自らが演じるものとしての理想である。読者はそれを、近未来の自分のあるべき姿としてみることになる。

石子順造は、スターのブロマイドやピンナップ写真を人々が所有するということは、「与えられるままに美しい風物として対象視することではなく、生活の地平でのあいまいでたしかな、私的な欲望や想像力にのせて、もう一度新たに美しいスターとして生み出す営為」(石子―一九八六：一一)であるととらえているが、婦人雑誌の表紙の美人画についても、同様のことが想像される。読者たちは、読者欄でしきりにその美しさをほめ、「飽かずながめる」と述べている。その行為は、単に美的なものとして鑑賞するのではなく、過去から未来へとつながる生活の中で、女性である自分を励まし、慰め、叱咤するものとして美人画を意味づけ、それに夢と願いを託すものではなかったか。表紙の美人画を愛でることは、女性としての人生を愛することと同じなのである。

註

(1) 拙稿(木村涼子―一九九九b)において、商業美術の世界において美人画が流行するプロセスを、近代的な「美人イコン」の成立として考察している。

(2) 美人画が微笑んだり表情をつくるようになるのは大正期以降、さらに歯を見せて笑う女の図像が広告の中に氾濫するのは、昭和に入ってからだといってよいだろう。ただし、明治・大正時代に皆無であったわけではない。たとえば、一九一〇(明治四三)年の日本酒のポスターに、前歯をのぞかせ笑う和服姿の若い女性が描かれている(東京アートディレクターズクラブ―一九六七)。しかし、それはごく珍しい例で、明治期から大正初期にかけての美人画ポスターは、そのほとんどが、口を真一文字に結んだ真面目顔である。大正期も後半になると、多田北烏の美人画ポスターなどでは、口元がほころび、笑顔が多くなってくる。

一般に女性の笑顔が、写真に撮ったり、絵に描いたりする題材としてみとめられるようになったのは、大正後期から昭和初期にかけての時期ではないかと考えられる。婦人雑誌のグラビアでも、一九三〇年代には女優や「〇〇令嬢」の写真などで歯を見せた笑顔はそれほどめずらしいものではなくなってくる。昭和初期のミスコンテストなどでは、笑顔はむしろ女性美に必要不可欠なものだとする考え方が見られる。『週刊朝日』が一九三四（昭和九）年におこなった第二回ミスニッポン募集の審査結果発表では、「美人の第一要素はスマイル（微笑）にあります。どんな美人でも顔にスマイルのないものは駄目です」「日本の女性には笑いが乏しい」など、多くの審査員が「明朗な表情」「健康美」の重要性を指摘している（『週刊朝日』一九三四年五月六日号）。

（3）　これらの雑誌は、発行元の名称が変遷しているものが多いが、ここではとりあえず安定・定着した時期の発行元名を一つだけ挙げた。

（4）　イコンとは、狭義にはギリシア正教会で崇拝される聖画像をさすが、ここでは、特定の信念や価値体系を凝縮した形で象徴的に表現するために類型化され、同型での反復に価値がおかれた図像という意味でもちいる。

（5）　表紙絵の数量化については、一九九一年の歴史社会学研究会（於京都大学）での発表以来、何度か表20と同じ分析枠組みによるデータを用い、公表している。今回は、かつてのデータでは欠号となっていた号を含めて該当時期のすべての表紙の数量化を行った。

（6）　商業美術運動は、ヨーロッパ留学から帰国した杉浦非水が若い仲間と結成した「七人社」や、浜田増治主宰の「商業美術家協会」、多田北烏主宰の「実用版画美術協会」などの意欲的な画家グループによって担われていった。そうした人々の中でも特に、杉浦非水の果たした役割は大きく、一九一四（大正三）年三越が東京日本橋の新館を完成したときの記念ポスターでデビューして以来、アール・ヌーボーの様式を取り入れた独自のグラフィック・デザイン、いわゆる「杉浦図案」をつくりあげた。

（7）　商業美術運動をリードした杉浦非水によって一九二四（大正一三）年に結成された「七人社」の機関誌『アフィッシュ』（一九二七（昭和二）年創刊、フランス語でポスターの意）が、創刊号と第二号で美人画ポスターに関するアンケートを実施している。当時すでに商業的な美人画ポスターに対する諸家の意見はかなり厳しいものであった。「美人画ポスターに対するアンケートの結果は、あらかじめ予想された通り『余りに通俗的甘美』『最早低級の感』『芸術的価値は皆無』と並び、『沙汰の限り』とまでに決めつけられた」という（高見―一九八九：六―七）。山名文夫は、美人画ポスターに対する美術界の視線の変化を示すために、一九二一（大正一〇）年雑誌『国粋』一〇月号に寄せられた洋画家であり版画家の山本鼎の文章を紹介している。「至る処のビヤホールで壁かくしにされて居る、サイダーやビールの美人のポスターと来たら、醜俗見るに耐えないものばかりです。呉服屋の友禅式の美人ポスターも又同じ醜悪なのですが、あの型の先駆であった岡田三郎助先生が三越に与えた元禄美人のポスターは、けだしどっしりした品のあるものでした」（山名一九六七：二〇）。

（8）『婦人公論』の表紙絵は、その画風も、『主婦之友』のような独特の商業美術のタッチとは明らかに異なり、モダンなグラフィック・デザイン的なものが多い。また、描かれる図像には多様性がみられる。『主婦之友』『婦人倶楽部』の場合は、複数の図像の間の類似性が大きく、繰り返し同様の顔が描かれ続けるという点で「イコン」と呼ぶにふさわしいと考えられるが、『婦人公論』の場合には同じことはあてはまらない。

（9）ベンヤミンはアウラを「どんなに近距離にあっても近づくことのできないユニークな現象」（ベンヤミン一九三六＝一九七〇：一六）と定義している。

終章　近代のイデオロギー装置としての婦人雑誌

一　婦人雑誌とは何だったのか

「ジェンダー」は一九七〇年代以降フェミニズムの隆盛を背景に運動の中で学問の世界で用いられるようになり発展してきた概念として知られている。だが、マスメディアに関する戦前の文献の中で、その概念に出くわすことができる。

「新聞にはヂェンダーは無い。新聞それ自身が男女いづれのヂェンダーをも持たないと同時にそれの呼びかける読者層に対しても、どちらのヂェンダーをも要求しない。新聞は読者に対してニュースを報道はするが、特に男に対して、又は女に対して、区別して物を言うことは無い。たまたま男女のいづれか一方に関する記事があっても、それは事件の性質がそうなのであって、新聞はただ読者を目標にして報道しているに過ぎない。『読者』はコンモン・ヂェンダーである。（中略）新聞にとっては女も男もない。単に『読者』があるばかりである」（安成二郎「新聞と婦人」『総合ヂャーナリズム講座　第九巻』内外社、一九三一：四一）

この論者は新聞には「ジェンダーがない」という。ここでは明記されていないが、「ジェンダーがある」媒体の代表的なものが婦人雑誌であったと考えることができる。「新聞にとっては女も男もない」「単に『読者』があるばかりである」けれども、婦人雑誌にとっては女と男の区別は重要であり、「読者」とはすなわち「女」ジェンダーであった。

もう一つ同じ時期のジャーナリズム論を紹介しよう。

「全国の戸数千三百万（昨年の国勢調査による）、一戸には一人の主婦がある。主婦がなければこれに代る女性が必ず一人はある。して見れば、婦人雑誌普及の領域は一千三百万に達すると見てもいい。それに比して、全国学校教師の数は、二十万余の小学教師に諸他の学校教師を加へたところで二十二三万には達しない。悉くの教員が教育雑誌を読むとしても、二十万部あまりがその最大限度である。（中略）婦人雑誌が堂々と新聞一頁の広告を占有して居る時、教育雑誌が一行だって新聞広告を利用するの力を有って居ないということは、余りにも当然のことである」（為藤五郎「教育雑誌の現勢・その編集」『総合ジャーナリズム講座　第九巻』内外社、一九三二：一四五―一四六）

こちらの論者は、教育雑誌について論じる前置きとして、婦人雑誌に比べて読者層が限定されているがゆえの困難を嘆いている。「女」ジェンダー化された婦人雑誌は、分業化がすすむ近代社会において、女性だけは「主婦」というライフスタイルに一元化されていく時期にあって、他の職業よりもターゲットとなる母集団が圧倒的に多いという意味で特殊なメディアであると指摘されている。

近代的なジェンダー秩序がもとめる女性役割（主婦）に焦点をあてた婦人雑誌は、性別という意味では女性に読者を限定するが、階層や職業という意味では男性の場合よりも開かれているという特徴をもつメディアである。本章では、これまでの章において、そうした特徴をもつ婦人雑誌をさまざまな観点から分析した結果をまとめたい。

結論を述べるにあたって、冒頭で示した本書の目的を確認しよう。

本書の第一の目的は、マスメディアという社会装置がいかに近代的なジェンダー秩序形成に寄与したのかを明らかにすることである。すなわち、大衆婦人雑誌を詳細に検討することによって、「主婦」という近代的なライフスタイルの誕生および発展のメカニズムにアプローチしようとした。

第二の目的は、第一の目的の達成を通じて、資本主義社会におけるマスメディアというイデオロギー装置の特徴を検討することである。それが可能だと考えるのは、本書が資本主義社会の重要なイデオロギー装置であるマスメディアの原型は、近代初期の主婦向け大衆婦人雑誌の中にみいだすことができるのではないかという仮説をもっているからである。

第Ⅰ部第一章でも述べたように、先進諸国で、近代化の初期に最初にミリオン雑誌化するのが主婦向け婦人雑誌であることは単なる偶然ではないだろう。一七世紀から二〇世紀中盤までのイギリスにおける婦人雑誌の歴史を包括的に論じた先駆的研究であるC・ホワイトの、*Women's Magazines 1693-1968*（1970）は、一八七五年から一九一〇年までを、若い女性から中年期の女性、家庭の主婦から働く女性まで読者ターゲットが幅広く据えられ、婦人雑誌の産業化が生じた時期ととらえている（White[1970：58-92]）。その時期に打ち立てられた法則の一つは、婦人雑誌が、編集スタッフと読者との間だけでなく、全国の女性をつなぐコミュニケーション媒体となったということだという（White[1970：77]）。また、一九世紀末から二〇世紀初頭にかけての合衆国における『レディース・ホーム・ジャーナル』と『サタディ・イブニング・ポスト』をジェンダーの視点から研究したデイモン－ムーアは、『レディース・ホーム・ジャーナル』こそが、一九〇三年に世界で初めてのミリオン雑誌となり、商業雑誌のプロトタイプとなったと指摘する（Damon-Moore[1994：1]）。また、この二つの刊行物のペアが、「ジェンダーの商業化と商業のジェンダー化を創造し、発展させ、維持する役割を果たし」、「アメリカ大衆文化において新しい中心的な機能を提供した」と分析している（Damon-Moore[1994：3]）。

日本ではじめて「百万部」発行を達成したのは、当初から「百万部雑誌」を目標に掲げて一九二五（大正一四）年に創刊された講談社の『キング』であるが、『キング』出現まで最多の発行部数を（当時二十数万部）誇っていたのは『主婦之友』であり、『キング』は『主婦之友』のモデルである『レディース・ホーム・ジャーナル』を見習って構想されたものであることが知られている。「こうした『婦人雑誌』の延長上に『キング』は出現した」（佐藤卓己―二〇〇二：二六）。『キング』が、誌面構成・別冊付録・読者向け行事開催・広告の重視など、当時人気のあった婦人雑誌、特に『主婦之友』の手法を参照して百万部発行を実現した数年後には、『主婦之友』の発行部数も百万部を超える。『主婦之友』『婦人倶楽部』など、大衆婦人雑誌が発行部数も頁数も大きく数字をのばして「満開の花」と比喩したくなるほど発展したのは一九二〇年代末から三〇年代にかけてのことである。

日本の場合、明治期のサプライサイドの発展が中心となって資本主義化が牽引された時代から、消費の欲望が資本の運動をより活性化していく時代への、近代資本主義社会の過渡期が、ちょうど一九二〇年代から三〇年代であった。婦人雑誌がイデオロギー装置として「成熟」した時期もその頃だったといえよう。消費資本主義と結びついたイデオロギー装置としての婦人雑誌の「成熟」は、その後の戦争拡大とファシズム体制によって変節させられていくが、「成熟」期の婦人雑誌について、上記二つの目的に沿って考察した結論を以下に述べる。

二　婦人雑誌の内部構造　読者の心的世界と三つの相

まず、第一の目的である、大衆婦人雑誌による近代的なジェンダー秩序形成のメカニズムについて、婦人雑誌の内部構造として描き出したい。

一九二〇年代以降マスメディアの大衆化を背景にジャーナリズムを論じる動きが活発化していくが、イデオロギー操作の観点からメディアの形式や構造を分析する研究なども生み出されていった。一九三〇（昭和五）年に発表された論文で、モンタージュという概念を用い、婦人雑誌を俎上に載せたものがある（雨宮―一九三〇、嶺村―一九三一）。「雑誌記事モンタアジュ論」を書いた雨宮庸蔵は、『婦人公論』で編集の仕事にたずさわった経験をもち、執筆当時は『中央公論』の編集部次長をつとめていた。そうした実務経験から、雑誌を編集する上でのモンタージュの機能の重要性を強調し、以下のように論じている。「いかなる目的意識を持ってどんな内容の記事をいかに組合わせ如何に配合するかによって、即ちモンタアジュすることによって、各記事が生きてき、一ヶの雑誌の生命が出来上がる」（雨宮―一九三〇：一九六）。よって編集者は、「読者に注意力を巧みに指導すべく、一定の目的線に沿いつつ、読者の心理に与うる刺激と全体のバライエティと及び記事配合に於ける緩急のリズム」（雨宮―一九三〇：一九六）を誌面構成においてつくりだす。また、『主婦之友』の編集者であった嶺村俊夫は、「記事モンタアジュ―此の記事の内容の取捨選《ママ》は、婦人雑誌企業に於ては決定的な重大性を持つのだ。都市及地方の、有閑的イデオロギーを持った婦人の意向を巧みに把握し、告白物歓迎されると見れば、全誌を挙げて『告白物語号』を展開し、実話物全盛と見れば『実話物語号』を出し、或いは又現在の様に家庭記事が永続性があると言った工合である」（嶺村―一九三一：二一〇）と述べる。

雨宮は、婦人雑誌に特に焦点をあて、婦人雑誌の今日のあり方は「日本の持つ特殊な現象」であり、「是らが妍を競うて月々百万部以上店頭にならぶ事実は、多分のキュリオヂティをそそる」（雨宮―一九三〇：一九九）と述べ、婦人雑誌の「モンタアジュ」を三つのタイプに分類する。「現行婦人雑誌は、そのモンタアジュに従って大体三つに分かち得る。一は封建的色彩をとりつつある『主婦之友』『婦人倶楽部』及び『婦女界』『婦人世界』であり、第二はモダァニティに対して積極的な『婦人公論』『婦人画報』『婦人サロン』そしてより若き層に呼びかけて居る『若草』であり、第三は階級的立場を持つ『女人芸術』『婦人戦線』『婦人運動』『婦選』などの左翼雑誌である」（雨宮―一九三〇：一九九）。雨

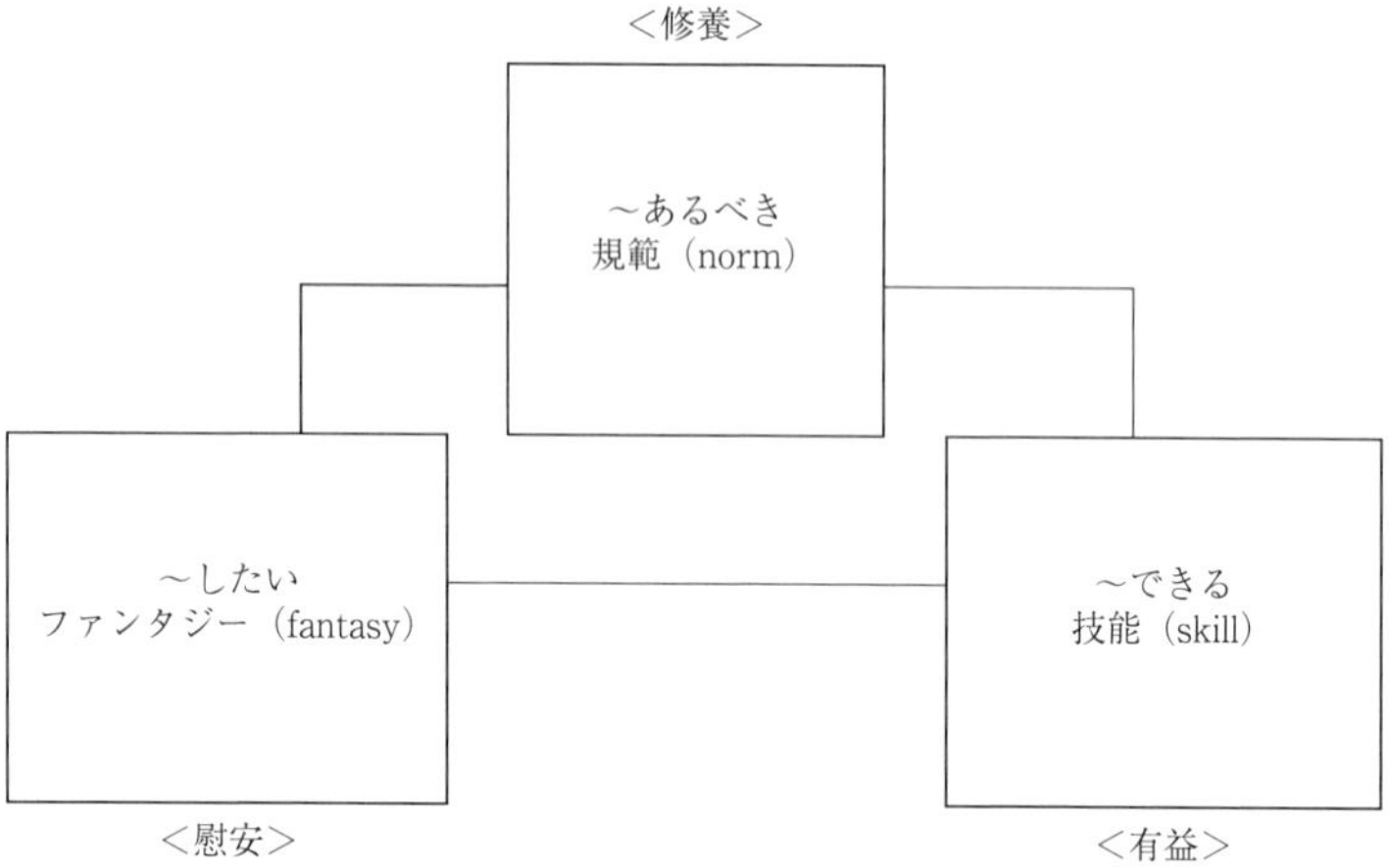

図23　婦人雑誌における三つの相

宮は第一の型の婦人雑誌の「モンタアジュ」を、『レディース・ホーム・ジャーナル』などの英語雑誌との比較で論じつつ、「恐らく日本に於ける此種婦人雑誌の記事モンタアジュは、何らかの型態に於て妊娠、育児、裁縫、編物、化粧、料理、家庭衛生を中心として進んで往くであろう」（雨宮一九三〇：二〇〇）と結論づけている。

　雨宮らのモンタージュ論は興味深いが、彼の言う「モンタアジュ」による婦人雑誌の分類は、イデオロギー的志向性において分類しているに過ぎず、また『主婦之友』など「第一の型」が結局は実用記事中心になるという一面的な分析にとどまる。嶺村による、婦人雑誌企業は「告白物」や「実話物」といった流行を追う一方で、家庭記事だけは維持するという単純な評価にも、モンタージュという視点が十分に生かされているとは言い難い[1]。

　当時百万部、あるいは数十万部の売り上げを誇っていた大衆婦人雑誌は、大量の図版と記事を「モンタージュ」し、多面的に重ね合わせることによって、ある種の万能性を発揮していた。『主婦之友』や『婦人倶楽部』によって確立された主婦向け婦人雑誌は、主婦の技能や役割についての百科全書であり、主婦の生活に必要な消費財についての百貨店であり、主婦に娯楽を提供する遊園地でもある。「幸福な家庭」

を掲げたテーマパークとしての婦人雑誌は、その入り口に「主婦イコン」を飾る。ここでは、そうした万能性こそが、大衆婦人雑誌の「モンタージュ」の特徴であると論じたい。

百科全書であり、百貨店であり、テーマパークである婦人雑誌の内部世界は、すでにみてきたように、三つの相によって構成されている。三つの相は、読者欄から浮き彫りになった読者の三つのニーズ、〈有益〉・〈修養〉・〈慰安〉に対応する。三つの相の関係性は、図23のようにイメージされる。上部に、読者の修養をリードする〈規範の相〉が位置付き、その相を、読者の有益を実現する〈技能の相〉と、読者に慰安を与える〈ファンタジーの相〉の二つが下支えしている。

第一の〈規範の相〉とは、「〜であるべき」の世界である。主として評論記事において、近代的「主婦」および家族・夫婦・親子のあるべき姿、価値観や理念を提示する機能を担う。第二の〈技能の相〉は、「〜する」「〜できる」の世界である。主として実用記事において、近代的「主婦」という新しい労働のスタイルと技能、内容を確立する機能を担う。第三の〈ファンタジーの相〉は、「〜したい」「〜でありたい」の世界である。小説やグラビア・表紙絵・芸能情報・スキャンダル記事において、近代がもとめる女性性に関わる欲望を喚起する機能を担う。ファンタジーの相は、「主婦であること」への情動を生み出す。「主婦」の欲望を掻き立てるとともに発散させる仕組みも装備し、家庭・親子・夫婦に関する「ロマン」文化を形成する。

読者は、規範によって方向づけられ、実用記事によって下支えされ、ファンタジーによって内面からの原動力を得る。そして「主婦」になる。この三角形は、フロイトによるエス（es）・自我（ego）・超自我（superego）の三要素からなる自我構造論を想起させるが、フロイトを引き合いに出すまでもなく、人間の心的世界を構造化して理解するに容易な、普遍的とさえみなしうる図式かもしれない。この図式が目新しくないものに見えるとしても、ここで重要なのは、ひとびとの心的世界を包括的に示す三位一体構造が、一冊の婦人雑誌の中にすべて装備されているという点である。大衆化がかなわなかった時代の婦人雑誌と比べて、一九三〇年代に黄金時代を築く婦人雑誌の優位性は、読者の心的世界をまるごと受けとめる誌面構成になっていた点だといえるだろう(2)。

性別分業と性差別、近代家族と「家〈イエ〉」の二重構造、子ども中心主義と母性観、異性愛至上主義のロマンティック・ラブとセクシュアリティ。それら、近代的なジェンダー秩序を構成するイデオロギーを伝達する社会装置として、婦人雑誌は、規範を示して「抑圧」し、技能を手ほどきすることによって「サポート」し、ファンタジーを提供することによって欲望を「鎮魂」する。あるいはファンタジーによって「煽動」された欲望が、現実的な技能によって「日常化」され、正しい生き方を説く規範によって体制順応的に「方向付け」される。モンタージュされた三つの相は、あるときは順序よく読者の前にあらわれスムーズな思考の流れを形成し、あるときは複数の相が同時に読者をとらえ、複合的な思考の運動を生み出す。婦人雑誌は三つの機能を合わせ持つことによって、完結した、しかし、常に循環する回路を構築するのである。

三　婦人雑誌の世界を支える外部との交通

規範・技能・ファンタジーの三つの相において、雑誌から読者へ「主婦」とはなにか、「主婦」とはいかなる生活を送るべきかについて、情報が伝達された。しかし、一方的な伝達だけではなく、読者からの「環流」があってこそ、雑誌は商品として成立し、拡大していったのである。

「環流」とは何か。読者からのエネルギーがメディアに吸い上げられる／注がれることを指す。それは、第一に、読者からのニーズや欲望が、懸賞応募や読者系列化行事、読者欄といった回路を通じて、雑誌製作過程に吸収されていく流れを意味する。第二に、第一の「環流」の経済的側面として、読者が雑誌を商品として購入することによる売り上げ、また発行部数と読者の購買力を見込んだ広告収入によって、貨幣が雑誌企業に吸収されていく流れを意味する。先に論じた婦人雑誌の内的世界は、そうした外部との交通―情報と貨幣の流通が保証された社会的文脈の上に成り立っている。

まず、第一の「環流」について、もう少しくわしく述べよう。

主婦は「空白」を抱えた特殊な労働である。主婦は、組織に属さず、命令系統もなく、上司も同僚もなく、孤立している。その職務はどこにも規定されておらず、こなした業績に対して組織的な評価を受けることもなく、昇進もなければ降格もない。もちろん経済的な代償を直接的に得ることもない。主婦労働は、近代社会のほとんどの職業とは異なり、まさに「無い無い」尽くしのめずらしい位置におかれた「職業」である。主婦労働は、なにもかもから切り離されている。主婦労働は、近代的な職業が備えている要件のほとんどを満たさないにもかかわらず、重要で責任の重い「仕事」であると称揚され、実際、近代社会において必要不可欠な労働である。現役の賃労働者である夫の生存を支え、次代の労働者を育成する主婦労働を欠いては、近代日本の資本主義体制は一日たりとも機能しない。だからこそ、婦人雑誌は、主婦の労働を社会的に評価し組織化するメカニズムを内蔵していた。

婦人雑誌は、第Ⅱ部第一章でみたように、家計記事や体験記事の懸賞募集という形で、主婦の労働を評価する場を提供していた。懸賞募集には大きく分けて、家事に関わるアイデアや実用知識、図案や手芸・編物作品、さまざまな人生岐路を設定しての体験実話の、三種類があった。

前者二つの懸賞募集は、料理のレシピや浴衣図案の応募など、「主婦」としての実用的な技能そのものを「公的に」

評価される貴重な機会であり、懸賞に当選したり記事として採用されたりした場合の喜びは大きなものであった。入選すれば、相当額の賞金も獲得できる。評価されたい、社会と関わりたいという主婦の欲求を吸い上げる形で、主婦の技能や生活がいかなるものであるかのリアリティ構成に読者を参加させる回路が、懸賞募集と次に述べる読者系列化活動である。

主婦之友社は、雑誌を媒体にした読者系列化を意識した企業活動をおこなったことで知られているが、一九二二（大正一一）年に文化事業部を創設し、国内各地に講師を派遣して、講演会や音楽会を開催しはじめる。翌年、実用的な技能に関するものとして、家庭手芸品展覧会を開催し、当時の新進手芸家であった藤井達吉らの作品約三〇〇点を展示。さらに一九二四（大正一三）年からは、読者からの一般公募による「家庭手芸品展覧会」を開催するようになり、全国から作品が続々と寄せられたため、一般公募による展覧会はその後恒例化する。また、一九二五（大正一四）年には浴衣地の図案を募集したところ、全国から二七〇〇点以上の応募作品があり、著名人による審査を経た入選作を松坂屋呉服店に依頼して実際に染め上げ、展覧会兼即売会を開催した。それに対して全国から注文が殺到し、主婦之友浴衣図案募集・販売も毎年恒例の人気行事となった。この成功に『婦人倶楽部』や『婦人世界』も便乗し、各社の浴衣が人気を競ったという。このほかにも、第Ⅱ部第一章で先述のとおり、毛糸編物展覧会・毛糸編物講習会は一九二四（大正一三）年から一九四三（昭和一八）年までほぼ毎年開催され、家庭生活講習会や子供洋服展覧会など、読者が参加できる行事は一九二〇年代から三〇年代にかけて全国各地でさかんに開催された。

これらの行事は、読者を雑誌の世界から主婦の公共空間とでもよぶべき場に連れ出してくれた。あるときは作品を応募し、あるときは講習会や展覧会にでかけ、主婦としての技能と生活経験を社会的に共有する感覚をもつことができただろう。

懸賞募集の第三のタイプである体験実話は、主婦を名指しする者（評論家・女子教育家など）による「主婦は〜あるべし」という規範的言説の集積に対応するものとして、主婦を名乗る者（読者）による実話・告白物の言説の集積である。家族の病気、貞操の危機、夫の死など、多様な困難が読者を襲う。それらをいかに切り抜けたかという体験は、規範的言説に沿った修養を前面に押し出しつつも、その実ファンタジックな要素がからんでいることも少なくない。村上信彦は先述のように、『主婦之友』が生活情報記事を重視したことこそが人気を呼んだ理由であったと評価したが、読者からの生活実話に関する投稿が目立つことについても、井手（一九五八）の分析を紹介しながら、「声なき声の大衆がはじめて訴えるところを見出して苦悩のうめき声を洩らしたのである」（村上信彦—一九八二：一二四）と『主婦之友』の編集方針を高く評価する。結論として、（たとえば）「『婦人公論』と比較して低級と決めつけ、女を白痴化するものだという単純な考え方にはくみすることができない」（村上信彦—一九八二：一二五）と述べている。読者たちは、自分自身がいかに苦労してもへこたれず、褒められてしかるべき人生を歩んでいるか、模範的な主婦として生きているか、また夫との愛憎、子どもへの慈愛・子どものための苦心などについての物語を、誌面に掲載され他者に読んでもらうために、文章化し投稿した。体験実話ものの募集は、読者が他者からの評価をもとめて自己表現を雑誌に「環流」させるための扉だっただろう。

次に第二の「環流」である経済的側面についてみてみよう。

近代的な広告は、新聞を掲載媒体として重視したと言われているが、日清戦争後に大量生産の雑誌が発展するにつれて、雑誌誌面も広告掲載の場として活用されるようになった（瀬木—一九五五、山本・津金澤—一九八六、八巻—一九九二）。中でも明治末期から大正期にかけて次々と創刊された婦人雑誌に、薬品や化粧品の広告が多く流れていったという（八巻—一九九二）。

大正期には雑誌そのものが互いに新聞紙上で大きなスペースをとった広告戦をたたかわせた。婦人雑誌も一九二四（大正一三）年頃から『婦人倶楽部』『主婦之友』などが華やかな全頁広告を出して（瀬木—一九五五）、読者獲得のためにしのぎを削った。広告だけでなく、特色ある企画や特集、人気のある連載小説の掲載、付録合戦などを比較評価しながら、読者たちはどの婦人雑誌を購入するかを決める。内容をチェックして期待される使用価値と引き替えに、ひとびとは交換価値を表現する貨幣を出版者に支払う。雑誌という商品の購入行動そのものが、最も重要な経済的「環流」であろう。

さらに、誌面に他の商品の広告を掲載することによる収入を考慮にいれなければならない。『主婦之友』は創刊号からすでに裏表紙・中表紙・目次など、多数の有料広告が掲載されている。石川武美は、出版界においてそれなりの位置を占めていた『婦女界』在籍中に、広告収入の多さによって制作費が抑えられ、単価を下げることでより多くの読者を獲得できるということを、学んでいたと思われる。一九二二（大正一一）年には、『主婦之友』は五月号から広告独自の目次を掲載するようになる（主婦の友社—一九六七）。当時はめずらしい試みであったが、広告主にも読者にも好評であったためか、『主婦之友』はその後も広告目次頁を継続し、多くの雑誌がそれを模倣したかのように広告目次を作成するようになっていく。広告そのものが単なる附属物ではなく、読者にとって目次によって検索したくなるような重要な情報源であることのあらわれといえよう。婦人雑誌が商品のカタログ雑誌の役割をも果たすようになっていったのである。広告の重要性を知っていたという点では、雑誌王国講談社による『婦人倶楽部』も同様である。

婦人雑誌の広告頁は実に多い（第Ⅰ部第三章参照）。広告が提示する化粧品、食物、飲み物、石鹸、書物、映画など、〈技能〉〈規範〉〈ファンタジー〉のすべての相を横断する形で、女性の購買意欲を引き出す。女性読者は、消費資本主義の王国にいざなわれ、購買行動によって王国の維持に貢献する。女性読者（主婦）が消費者として活発に行動すること、消費への関心が、雑誌に広告収入をもたらし、雑誌の廉価な販売と部数の拡大を可能にする。

そうした経済活動をより活性化し、節税とともに広く投資を呼び込むために、大手の出版社はつぎつぎと株式会社化していった。一九二四（大正一三）年には主婦之友社が株式会社として発足し、講談社はやや遅れて一九二八（昭和一三）年に株式会社化する。既出の嶺村（一九三二）は、「企業婦人雑誌形態論」と題して「『現今の婦人雑誌は編集部で作られず、営業部の支配的掣肘下に作成される』、即ち編集機能の営業化、これは取りも直さず、雑誌企業の資本主義的形態への推移を物語るものに外ならない」（嶺村―一九三二：二〇三）と述べ、その弊害として「利潤獲得の目的意識に基いて、一般ニュースを販売する一方、自己の紙面を販売し、尚お資本主義的文化を一般に誇張煽情する」（嶺村―一九三二：二〇五）ようになると批判する。だが、人気のある婦人雑誌を擁する出版社の株式会社化は、市場経済においてより効率的な貨幣の流れを生み出すものとして、必然的な動きであったといえよう。

読者の主婦としての技能や経験が誌面および読者参加行事に反映されるという回路によって、読者からのメッセージが「環流」し、読者の雑誌購入および雑誌掲載広告に刺激されての消費行動という回路によって、読者から貨幣が直接的（雑誌購入）・間接的（広告収入）に「環流」する。読者からのエネルギーが恒常的に流れ込むことによって、婦人雑誌の内的世界は成立している。内部と外部をつなぐ〈交通〉の存在は、婦人雑誌というイデオロギー装置にとって不可欠の条件なのである。

四　婦人雑誌、そして、イデオロギー装置としてのマスメディア

ここで、やっと第二の目的にたどりつく。第二の目的は、一九二〇〜三〇年代の大衆婦人雑誌を、資本主義社会に

おけるマスメディアのプロトタイプとみなすことによって、マスメディアというイデオロギー装置の特徴を整理することである。マスメディアというイデオロギー装置の特徴を明確にするために、今ひとつの重要なイデオロギー装置である学校教育と比較しつつ、検討していこう。

社会は自らに適合的な人間をつくるシステムを必要とする。近代社会においては、「近代化された人間」の育成のために、従来の村落共同体が果たしていた社会化機能を代替するものとして学校教育制度が整備された。国家が主導した学校教育の拡充とともに、その結果上昇した識字率を基に、もう一つの社会化システムであるマスメディアが市場を介して発達した。

日本が「近代」を迎える以前、この国の人口のほとんどは農民であった。産業化がすすむとともに、工場や会社に勤めて給料をもらって生活する階層が新しく生まれていく。近代社会における賃金労働者を大量に育成するため、また新しいライフスタイルをつくりあげるために、国家は明治維新以降、近代化に不可欠なものとして公教育制度を整備していった。

「男は仕事、女は家庭」の性分業と、性分業および男女一対のロマンティック・ラブを柱とする近代家族の形成を目指し、国家は男女それぞれに対して異なる教育政策を展開した。初等教育の義務化によって国民の基礎教育体制を整えるとともに、まずは男子に対して、技能職・専門職などホワイトカラー育成のために各種の中等・高等教育学校が用意されていく。学校教育の対象として男子に比べると軽視されがちであった女子についても、明治後期以降、中層以上の階級に向けて女子中等教育機関（高等女学校）が整備され、良妻賢母主義教育という女子教育の基本理念が打ち出された。まさに、賃金労働者と対となる存在である「主婦」を創出するための女子教育施策である。

近代国家に適合的な人材を養成するための学校教育は、法制度的にも経済的にも国家によって直接コントロールされたイデオロギー装置である。近代的なジェンダー秩序形成のために、学校教育という装置が用いた技法には「排除」「分離」「差異化」の三つがあった（木村・小玉一二〇〇五、木村涼子一二〇〇九）。「排除」とは高等学校・大学などへの女子の入学拒否、「分離」とは男女別学および男女別の学校体系による男女の徹底した分離、「差異化」とは性別で異なるカリキュラムによって「男」「女」それぞれにふさわしい知識・技能・価値観を教化していくことを意味する。戦前の学校教育システムは、「排除」「分離」「差異化」すべての技法が公的に制度化されたものだった。

学校教育が、国家権力を背景に制度化された技法を用いて、「上から」ジェンダー秩序を形成する装置であったのに対して、マスメディアはどのような特徴をもつイデオロギー装置だったのだろうか。アドルノとホルクハイマーによる「文化産業」という概念は、マスメディアのもつ影響力について、学校教育とおなじく「上からの教化」をもたらすことを含意しているが、その見方は、マスメディアの力を過大視するとともに、「大衆」読者の主体性を過小評価するものといえよう（ホルクハイマー、アドルノ一九四七＝二〇〇七）。

明治期に萌芽したさまざまな出版文化は、大正期から昭和にかけて大きく開花し、大衆化することによって、人々の意識に影響を与えていった。学校教育を受けた人々は、その識字能力を活用して、活字文化の消費行動に積極的に参加していった。商業マスメディアに対しては、国家による言論統制が存在したとはいえ、太平洋戦争期以外は比較的ゆるやかなものであったし、市場を介して人々が自由に選択して消費する商品である以上、学校教育と比較すれば、国家による支配は間接的なものに過ぎなかった。(3)

学校教育が用いた「排除」「分離」「差異化」という三つの技法に則して、婦人雑誌＝マスメディアのイデオロギー装置としての特徴を考えてみよう。

まず「排除」については、マスメディアは貨幣との引き換えでさえあれば、万人に開かれた商品であり、そこに女性だから購入できないといった「排除」は存在しない。しかし、戦前の日本では性別によって受けられる学校教育レベルには制度的な格差が存在したため、そうした「知的水準」の面で、主として男性が読者であったとされる知的な総合雑誌（中央公論や改造など）から結果として遠ざけられるという、学校教育の「排除」の影響による間接的な「排除」があったと考えられる。

「分離」については、マスメディアの発達過程で、市場の性別分化が生じ、男性をターゲットとした商品と女性をターゲットとした商品の区別という形であらわれる。しかし、この区別は制度化されたものではなく、性別の境界を越境したからといって、制裁が下されることはない。

「差異化」という点では、マスメディアは、学校教育よりはるかに多面的で柔軟な機能を果たす。学校教育は上からの教化が公的カリキュラムを通じて行われる。上からの統制に対して子どもの側からの反発や内的不服従は実際の教育過程において生じ得るが、そうしたリアクションは最終的には学校の権威の下で管理統制される。また、公教育については、学校やカリキュラム選択の余地が非常に小さい。それにくらべてマスメディアは商品であり、権力や制度によって強制されるものではない。ひとびとは消費者として、市場を介してイデオロギー装置としてのマスメディアを選択する。自由市場において選択してもらうために、メディアは消費者のニーズを把握し、それに応えようとする。「差異化」のイニシアティブは、メディアの側が握っているとも、読者の側が握っているとも、断言できない。

「排除」「分離」「差異化」のいずれの技法においても、マスメディアの柔軟性、換言すれば、強制力の脆弱さは明確である。では、マスメディアは、学校教育に比べて柔軟で脆弱なイデオロギー装置であると整理すべきであろうか。

ここで、婦人雑誌の内部構造、すなわち〈技能〉〈規範〉〈ファンタジー〉という三つの相が相互に関連しあっている図式を思い出してほしい。規範や技能の相については、それらを教えることは学校教育でもあり得るため共通しているようにみえるが、マスメディアにおける規範や技能の習得はあくまでも読者の選択にゆだねられている。第三の要素であるファンタジーによる欲望の喚起という機能に至っては、学校教育に組み込まれていないことは明らかである。また、いずれの相に関わっても、内部と外部をつなぐ回路を通じて、読者のニーズを情報と貨幣という形で恒常的に吸い上げることなしに、マスメディアという装置は成立し得ないということが、学校教育と大きく異なる点である。資本主義社会におけるイデオロギー装置としてのマスメディアの特徴は、内部に複数の意識の位相を関連づけた構造をもつとともに、ひとびとの欲望に働きかけ、そのパワーをできるかぎり増幅させながら「環流」させる回路を外部にもつ点にある。

また、婦人雑誌の誌面を多面的に分析した結果見えてきたことは、イデオロギーは「上から注入する」というよりも、三つの相の混合の内側から「発生／生成（generate）」してくるというイメージである。メディアが「主婦」になることを読者に強制することはあり得ない。しかし、本書で取り上げた婦人雑誌が、「主婦」というライフスタイル／職業に向けての社会化機能を有していたことは明白である。マスメディアにおいては、「何が正しいか」という価値判断が曖昧であるだけでなく、「正しいこと」を教える者と教えられる者の区別も曖昧であり、その曖昧さの中からイデオロギーとイデオロギーを受け取った主体が同時に立ち現れてくる。マスメディアは、単に既存の合意を反映するものではなく、状況に応じて生じる葛藤を調整しつつ合意を日々新たに形成しつづける装置であり、そのプロセスを支えるのは送り手と受け手の双方が参加する、情報と貨幣が駆け巡る流通の回路なのである。メディアの受け手は、強制される感覚をもつことなく、しかしながら、確実にいずれかの方向に導かれ、歩みをすすめていることに、いつかふと気づく。イデオロギー装置としてのマスメディアのこれらの特徴は、初期近代に百万部といった記録的な発行部数を誇るまでに発達した個別メディアたちが、互いに競争しながら手探りで構築した成果であるが、その後現代に至るまで、それらの骨格なり断片なりが引き継がれ、いまもなお力を発揮している。

欲望を組み込んだメディア内容の多層構造は、すなわちメディアの受け手の心的世界でもあり、それは閉じられた内的循環を繰り返しながらも、常に外部に対して開かれた交通をもつ。われわれの欲望が満たされるのは、外部と心的世界の接点においてである。マスメディアが欲望を創出し、その欲望を満たす接点の構成に成功する限り、現代資本主義社会が生み出す差別や抑圧を伴った現実――たとえば固定的な性別二分法と両者の間の不均衡な権力関係によって特徴づけられるジェンダー秩序――は、「第二の自然」として人々の合意を得つづけるのだろう。しかし、外部と心的世界が予定調和的な接点を構成できない瞬間が訪れるとき、メディアは否定され、作り変えられていく。イデオロギー装置としてのマスメディアについて、魔術的な力を発揮するブラックボックスのようにとらえるべきではないだろう。それは、学校教育のように国家権力による統制が強いイデオロギー装置とも、家族のように情緒的な拘束が強いイデオロギー装置とも異なり、私的な欲望と市場経済によって気ままに鞭打たれている暴れ馬のようなものであり、われわれに乗りこなされることを常に待っていると考えてよいのではないだろうか。

註

（1） モンタージュ（montage）といえば、一九三六～四〇年に展開されたセルゲイ・エイゼンシュテインの映画論としてのモンタージュ論が思い起こされる。エイゼンシュテインの最も古いモンタージュ論（「アトラクションのモンタージュ」）は一九二三年に発表されている。あるいは、写真芸術の分野では、一九二〇年代からヨーロッパ、特にロシアにおいてプロパガンダの手法として、写真を合成する「フォト・モンタージュ」が発達した。しかし、雨宮（一九三〇）や嶺村（一九三一）は論文中、特にそれらの映画論や写真論には触れていない。

（2） Scanlon［1995］は、『レディース・ホーム・ジャーナル』について、その誌面が「編集上の助言（editorial advice）」「フィクション（fiction）」「広告（advertising）」の三つの異なる要素によって「織りなされている（weave together）」との分析をおこなっている。Scanlon［1995］は消費文化との関連を重視するなど、本書とは議論の内容が異なるが、近代の大衆婦人雑誌が複数の要素で構成された包括的な世界を構成していたのではないか、という問題意識を共有している。

（3） 国家権力による管理は、出版統制という形で商品であるマスメディアにもふりかかってくる。婦人雑誌に関しては、風俗紊乱などのセクシュアリティに関わること（産児制限や性的記事）で出版差し止めなどの処分を受けることがあり得た。ファシズム期には、天皇制崇拝、戦争協力、個人主義排斥など、出版統制の力はより拡大し、婦人雑誌の記事全般に変化を生じさせたが、その時期以前にはマスメディアへの統制は限定的なものにとどまっていた。

あとがき

商業雑誌として急激な成長を遂げ、主婦役割に関する合意形成をある程度果たした『主婦之友』や『婦人倶楽部』は、昭和十年代になると、ファッショ化の流れの中で、国家がもとめる「銃後の女性」という新たな女性像への合意を形成すべく、編集方針を転回させてゆく。戦争の影は、満洲事変の勃発とともに、婦人雑誌の誌面に見え隠れし始める。ファシズムは突然人々をおそったわけではなく、十年近くの時間をかけてじっくりと醸成されていったことが誌面の変化に映し出されている。

大正期から昭和初期にかけて確立された近代的なジェンダー秩序が、戦争という非常時に対応するために、大きな修正を余儀なくされていく。「男は仕事、女は家庭」という性分業が、「男は戦場、女は銃後」へと変換されるためには、女性が男性の欠如を埋めて国家のため家のために働くことを認めるというハードルを越えなければならない。「男は外で戦い、女は内を守る」という見方をすれば、常時の性分業と戦時の性分業に「内」とは従来男性のものとされていた社会的活動・労働を含めて国内のすべての領域ということになる。女性は基本的に働くべきではないとしてきた良妻賢母主義は根底からゆるがされることになる。そうした婦人雑誌の変化に対して、従来の愛読者はどのような反応をしたのであろうか。

佐藤卓巳は、戦前日本を代表する大衆雑誌『キング』の歴史をていねいに追うことによって、その大衆性や「ラジオ的・トーキー的」な性格の故に、戦時期に「国民教養雑誌」としての公共性が認められ、結果として国民動員機能を果たすに至ったと説得的に論じている（佐藤卓己一二〇〇二）。『主婦之友』や『婦人倶楽部』は、『キング＝富士』とまったく同じではないにせよ、類似の歩みをたどったと考えられる。イデオロギー装置としての婦人雑誌の機能がファシズム期にいかに展開したかについて明らかにすることは、取り組まれるべき今後の課題である。

最後に本研究をつづけてきた「私的」な研究動機について記しておきたい。

昭和一ケタ生まれの母は、いわゆる「主婦」であった。しばしば内職をしていたことを思うと、厳密には「主婦」専業とは言えないのだが、そういうライフスタイルは「（専業）主婦」と認識されることが多かったため、本人も周囲もそう思っていた。何ゆえ、彼女は「主婦」だったのか。そして、今も女性の本来の役割が「主婦」だとされるのは、どうしてなのか。私の身心にしみついた、一つのなぞ。それは、現代社会において広く関心を集めている問いとつながっている。女性のマジョリティが「専業主婦」という時代は過去のものになりつつあるようにみえる今、その変化の理由や背景、さらにはその是非についての議論は、日常会話からマスメディアまで生活上のさまざまな場面でなされている。あるいは逆に、さまざまな選択肢が提示されている今でも、「主婦」になる女性が多いのはなぜなのかという問いの立て方によって議論されることも多い。

そうした議論の中から、「主婦」とは人類の歴史上比較的最近になって誕生したものであることが浮かび上がってきた。「主婦」というライフスタイルや「女は家庭、男は仕事」という性分業が近代の産物であることを指摘する研究は蓄積されつつある。歴史的につくりあげられたものであるならば、今後も歴史的な変容を遂げていくことは当然であろう。

しかし、近代的なジェンダーはゆらぎつつも、その基本秩序は維持されている。かつて母に女性の生き方は「主婦」

になることしかないと思わせ、今「主婦」以外の道を選んだ私に（肯定的に評価されるにせよ、否定的に評価されるにせよ）どこかしら居心地の悪い思いを与える、情報や価値観の網。この「第二の自然」がいかに機能しているのかを知りたい。なぞを解く鍵が、過去の日本社会を分析することによって得られるのではないかと考えた。鍵を見つけて疑問を少しでも解き明かしたいという思いが、本書を支える礎となっている。

この一冊をまとめるにまでにお力を貸してくださった方々は数多い。恩師・麻生誠氏や故・池田寛氏をはじめとして、多くの先学や学友にお礼を申し上げなければならないが、ここではおひとりだけ特にお名前を挙げて感謝の意を表したい。修士課程在学中、婦人雑誌研究を続けるかどうか迷っていた時に、貴重な女性の先輩として親身に話を聞いて背中を押して励ましてくださった河上婦志子さん。あのときに断念してしまわなくて、本当によかったと思っています。そのお礼としても、本書が、女から女へ何かを伝えていく研究の一つとなることを願っています。

最後に、非常に遅筆の私に辛抱強く伴走してくださった吉川弘文館の一寸木紀夫氏、編集の労をとってくださった上野純一氏、板橋奈緒子氏のみなさまに深くお礼申し上げます。

二〇一〇年四月

木村涼子

＊本書は部分的に、日本学術振興会科学研究補助金・基盤研究（C）「大衆婦人雑誌にみる近代日本のジェンダー形成（研究課題番号一九五一〇二七四）」（研究代表者木村涼子）の助成を受けて行った研究成果を用いている。

初出一覧

序　章　書き下ろし

I

第一章　「日本における歴史社会学―ジェンダー」筒井清忠編『歴史社会学のフロンティア』人文書院、一九九七年　↓加筆修正

第二章　書き下ろし

第三章　「婦人雑誌にみる新しい女性像とその変容―大正デモクラシーから敗戦まで」『教育学研究』第五六巻四号、日本教育学会、一九八九年　↓加筆修正

II

第一章　「婦人雑誌の情報空間と女性大衆読者層の成立―近代日本における主婦役割の形成との関連で」『思想』八一二号、岩波書店、一九九二年　↓加筆修正

第二章　書き下ろし

第三章　「女性にとっての『立身出世主義』に関する一考察―大衆婦人雑誌『主婦之友』（一九一七―一九四〇）にみる」『大阪大学教育社会学・教育計画論研究集録』第七号、一九八九年　↓加筆修正

第四章　「〈女が読む小説〉の誕生―一九二〇―一九三〇年代の通俗小説の展開」『大阪女子大学人間関係論集』第二一集、二〇〇四年：「〈女が読む小説〉による欲望の編成―一九二〇―一九三〇年代『通俗小説』の世界」『大阪大学人間科学研究科紀要』第三二巻、二〇〇六年　↓一本化し加筆修正

Ⅲ

第一章　「近代家族における『主婦』と『良人』の甘い生活―戦前の大衆婦人雑誌『主婦之友』『婦人倶楽部』の誌面分析」『大阪府立大学女性学研究センター論集・女性学研究』第一三集、二〇〇六年　↓加筆修正

第二章　「『主婦イコン』の誕生―美人画と婦人雑誌」『大阪女子大学人間関係論集』第一七号、二〇〇〇年　↓加筆修正

終　章　書き下ろし

参考文献

青木保他編　二〇〇〇　『女の文化』岩波書店
青野季吉　一九二七　「女性の文学的要求」『転換期の文学』春秋社
赤川　学　一九九九　『セクシュアリティの歴史社会学』勁草書房
赤澤史朗・北河賢三編　一九九三　『文化とファシズム―戦時期日本における文化の光芒』日本経済評論社
浅井　清　一九九七　「欲望と争闘の家族譚として―『真珠夫人』」『国文学　解釈と教材の研究』第四二巻一二号
阿部恒久・大日方純夫・天野正子編　二〇〇六　『男性史1　男たちの近代』日本経済評論社
阿部寿行　一九九八　「動因としての〈読者〉論―菊池寛『真珠夫人』現象の到達点への軌跡―」『日本文学』四七巻一号
天野郁夫編　一九九一　『学歴主義の社会史―丹波篠山にみる近代教育と生活世界』有信堂
天野正子　一九七八　「第一次大戦後における女子高等教育の社会的機能」『教育社会学研究』第三三集
天野正子　一九八七　「婚姻における女性の学歴と社会階層―戦前期日本の場合―」『教育社会学研究』第四二集
天野正子編著　一九八六　『女子高等教育の座標』垣内出版
雨宮庸蔵　一九三〇　「雑誌記事モンタァジュ論」『総合ヂャーナリズム講座　第三巻』内外社
荒正人・武蔵野次郎　一九五九　『大衆文学への招待』南北社
荒俣宏責任編集　一九九一　『繁盛図案―北原照久コレクション』マガジンハウス
アリエス．P.　一九六〇＝一九八〇　杉山光信・杉山恵美子訳　『〈子供〉の誕生』みすず書房
有山輝雄　一九八四　「一九二〇、三〇年代のメディア普及状態―給料生活者、労働者を中心に―」『出版研究』五号
安西　愈　一九七二　『加藤武雄年譜』私家版
安西　愈　一九七九　『郷愁の人「評伝・加藤武雄」』昭和書院
飯田祐子　一九九八　『彼らの物語―日本近代文学とジェンダー』名古屋大学出版会

伊賀みどり　二〇〇三「母乳育児の文化と『乳揉み』―『主婦之友』創刊号から一九六〇年までを題材に」『大阪大学日本学年報』二二号
伊賀みどり　二〇〇四「婦人雑誌にみる出産方法および出産観の変容―『主婦之友』創刊号から一九六〇年代までを題材に」『大阪大学日本学年報』二三号
井口一男　一九六五「大衆文学をめぐる論争」『国文学』一月臨時増刊号
池内　一　一九五四・五六「内容分析の方法について」上・下『東京大学新聞研究所紀要』第三・五号
池田浩士　一九八三『大衆小説の世界と反世界』現代書館
池田浩士責任編集　一九九七『文学史を読みかえる第二巻〈大衆〉の登場―ヒーローと読者の二〇～三〇年代』インパクト出版会
石川武美　一九三六『信仰の上に立つ主婦之友社の経営』主婦之友社
石川武美　一九四〇『わが愛する生活』主婦之友社
石川武美　一九四四『わが愛する事業』主婦之友社
石川武美　一九六〇『職場雑話』主婦の友社
石川武美　一九六八『出版人の遺文　主婦の友社　石川武美』栗田書店
石川文化事業財団・お茶の水図書館　二〇〇六『カラー復刻「主婦之友」大正期総目次』主婦の友社
石子順造　一九八六『キッチュ論』喇嘛社
石子順造　一九八七『イメージ論』喇嘛社
石田あゆう　一九九八「大正期婦人雑誌読者にみる女性読書形態―『主婦之友』にみる読者像」『京都社会学年報』第六号
石田あゆう　二〇〇一「大正期婦人雑誌における女性・消費イメージの変遷―『婦人世界』を中心に」『京都社会学年報』第九号
石田あゆう　二〇〇四「一九三一から一九四五年化粧品広告にみる女性美の変遷」『マス・コミュニケーション研究』第六五号
石橋湛山　一九一二「婦人雑誌に現れたる本邦婦人の位置」『東洋時論』（『石橋湛山全集』第一巻、東洋経済新報社、一九七一）
板垣直子　一九七九『明治・大正・昭和の女流文学』桜楓社
井出文子　一九五八「大正期の婦人雑誌その一『主婦之友』」『文学』二六巻八号
稲垣恭子　二〇〇七『女学校と女学生―教養・たしなみ・モダン文化』中公新書

井上章一　一九九一　『美人論』リブロポート
井上章一　一九九二　『美人コンテスト百年史―芸妓の時代から美少女まで』新潮社
井上輝子　一九七五　「恋愛観、結婚観の系譜」田中寿美子他『女性解放の思想と行動　戦前篇』時事通信社
井上輝子　一九八一　「マスコミにあらわれた性役割の構造」女性社会学研究会『女性社会学をめざして』垣内出版
井上俊他編　一九九六　『〈家族〉の社会学』岩波書店
井上俊他編　一九九六　『セクシュアリティの社会学』岩波書店
今田絵里香　二〇〇七　『「少女」の社会史』勁草書房
岩崎吉一　一九八七　「近代の美人画」『アサヒグラフ―近代日本画に見る美人』朝日新聞社
上野千鶴子　一九八二　『セクシィギャルの大研究』光文社
上野千鶴子　一九九〇　『家父長制と資本制』岩波書店
上野千鶴子　一九九四　『近代家族の成立と終焉』岩波書店
上野千鶴子　一九九五　「歴史学とフェミニズム―『女性史』を超えて」『岩波講座　日本通史別巻一　歴史意識の現在』岩波書店
ヴェールホーフ&ドゥーデン　一九八六　丸山真人編訳『家事労働と資本主義』岩波書店、Duden,B.&Werlhof von,C., 1977
碓井知鶴子　一九九四　『女子教育の近代と現代―日米の比較教育学的試論』近代文藝社
内川芳美編　一九七六　『日本広告発達史』上巻、電通
瓜生忠夫　一九六八　『マス・コミ産業〈改訂増補版〉』放送大学出版会
江種満子・井上理恵編　二〇〇一　『二〇世紀のベストセラーを読み解く―女性・読者・社会の一〇〇年』學藝書林
MPC　一九三六　『商業図案大集成』＝一九八九『昭和モダンアート4―広告』（復刻）
遠藤憲昭編　一九八六　『流行歌と映画でみる昭和時代』Ⅰ・Ⅱ、国書刊行会
大竹秀男　一九七七　『「家」と女性の歴史』弘文堂
大谷晃一　一九七二　『おんなの近代史』講談社
大橋隆憲　一九七一　『日本の階級構成』岩波書店
大原社会問題研究所　一九一九　『日本労働年鑑大正八年』同人社

大原社会問題研究所　一九二二　『日本労働年鑑大正一一年版』法政大学出版局
大日向雅美　一九八八　『母性の研究―その形成と変容の過程　伝統的母性観への反証』川島書店
大伏　肇　一九九〇　『資料が語る近代日本広告史』東京堂出版
大伏　肇　一九九一　『日本傑作広告』青蛙房
大宅壮一　一九二六　「文壇ギルドの解体期」『新潮』大正一五年一二月号
岡　満男　一九八一　『婦人雑誌ジャーナリズム』現代ジャーナリズム出版会
岡　満男　一九八三　『この百年の女たち　ジャーナリズム女性史』新潮社
岡　保生・和田芳恵　一九八〇　「現代小説」『大衆文学体系 別巻 通史資料』講談社
小川菊松　一九五三　『出版興五十年』誠文堂新光社
小川正隆　一九六七　「ポスター百年の覚書」東京アートディレクターズクラブ編『日本の広告美術―明治・大正・昭和1―ポスター』
美術出版社
荻野美穂　一九八八　「性差の歴史学―女性史の再生のために」『思想』七六八号
荻野美穂　二〇〇二　『ジェンダー化される身体』勁草書房
荻野美穂　二〇〇八　『「家族計画」への道―近代日本の生殖をめぐる政治』岩波書店
荻野美穂編　二〇〇九　『〈性〉の分割線―近現代日本のジェンダーと身体』青弓社
荻野美穂ほか　一九九〇　『制度としての「女」―性・産・家族の比較社会史』平凡社
桶川　泰　二〇〇七　「大正期・昭和初期における『婦人公論』『主婦之友』の恋愛言説―「お見合い至上主義」「優生結婚」言説の登場
とその過程」『フォーラム現代社会学』第六号
尾崎久彌　一九三一　『浮世繪と美人畫』風俗資料刊行會
尾崎秀樹　一九六四　『大衆文学』紀伊國屋書店
尾崎秀樹　一九六五　『大衆文学論』勁草書房
尾崎秀樹　一九六九　『大衆文学五十年』講談社
尾崎秀樹　一九八六　「変貌する大衆文学」『国文学』第三一巻九号

尾崎秀樹　一九八九　『大衆文学の歴史』上下二巻、講談社
尾崎秀樹・岡保生・和田芳恵・中島河太郎　一九八〇　『大衆文学大系　別巻　通史』講談社
尾崎秀樹・多田道太郎　一九七一　『大衆文学の可能性』河出書房新社
尾崎秀樹・前田愛・山田宗睦　一九八二　『現代読者考』日本エディタースクール出版部
尾崎秀樹・宗武朝子　一九七九　『雑誌の時代―その興亡とドラマ』主婦の友社
織田一磨　一九三一　『浮世繪と挿繪藝術』萬里閣
落合恵美子　一九八九　『近代家族とフェミニズム』勁草書房
落合恵美子　一九九〇ａ　「ある産婆の日本近代―ライフヒストリーから社会史へ」荻野美穂他編『制度としての〈女〉』平凡社
落合恵美子　一九九〇ｂ　「ビジュアル・イメージとしての女―戦後女性雑誌が見せる性役割」女性史総合研究会『日本女性生活史第５巻　現代』東京大学出版会
折井美耶子編　一九九一　『資料・性と愛をめぐる論争』ドメス出版
香川せつ子・河村貞枝　二〇〇八　『女性と高等教育―機会拡張と社会的相克』昭和堂
影山三郎　一九六八　『新聞投書論』現代ジャーナリズム出版会
柏木博　一九八七　『肖像のなかの権力』平凡社
加太こうじ　一九八六　「私の日本学」『思想の科学』一九八六年三月号
片岡良一　一九二〇　「菊池寛氏の人と作品」『国語と国文学』三巻一一号
片山宏行　一九九七　『菊池寛の航跡―昭和文学精神の展開』和泉書院
片山昇　一九二六　「作者と読者」『新潮』大正一五年三月号
片山清一　一九八四　『近代日本の女子教育』建帛社
村田鈴子　一九八〇　『わが国女子高等教育成立過程の研究』風間書房
加藤秀俊　一九八〇　『大衆文化論』中央公論社
加藤秀俊・前田愛　一九八〇　『明治メディア考』中央公論社
加藤武雄　一九二六　『文芸入門叢書第二編　明治大正文学の輪郭』新潮社

加藤武雄　一九三三「家庭小説研究」『日本文学講座14　大衆文学篇』改造社
加藤武雄　一九四七『小説の作り方』大泉書店
加藤敬子　一九八九「女性と情報―明治期の婦人雑誌広告を通して」『慶応義塾大学新聞研究所年報』第三二号
加藤敬子　一九九三「大正期における婦人雑誌広告」『慶応義塾大学新聞研究所年報』第四〇号
加藤敬子　一九九五「婦人雑誌広告―昭和前期」『慶応義塾大学新聞研究所年報』第四四号
金子幸子　一九八四「大正期『主婦之友』と石川武美」『歴史評論』四一一号
鏑木清方編　一九二九『日本風俗画大成・明治時代』中央美術社
鏑木清方編集代表　一九三一『現代作家美人画全集』全五巻、新潮社
神島二郎　一九六一『近代日本の精神構造』岩波書店
川上美那子　二〇〇一「『真珠夫人』―大正期ベストセラー小説のジェンダー・イデオロギー」江種満子・井上理恵編『二〇世紀のベストセラーを読み解く』学芸書林
川島武宜　一九五〇『日本社会の家族的構成』日本評論社
川島武宜　一九五四『結婚』岩波書店
川島武宜　一九五六「立身出世」『展望』九月号、筑摩書房
川島武宜　一九五七『イデオロギーとしての家族制度』岩波書店
川村邦光　一九九三『オトメの祈り―近代女性イメージの誕生』紀伊國屋書店
川村邦光　一九九四『オトメの身体―女の近代とセクシュアリティー』紀伊國屋書店
川村邦光　一九九六『セクシュアリティの近代』講談社
唐澤富太郎　一九七九『女子学生の歴史』木耳社
菊池　寛　一九二〇「芸術と天分―作家凡庸主義」『文章世界』大正九年三月
菊池　寛　一九二二「芸術作品の内容的価値」『新潮』大正一一年七月
菊池　寛　一九四七「半自叙伝」『文藝春秋』昭和二二年五月号
菊池　寛　一九八八『話の屑籠と半自叙伝』文芸春秋

菊池幽芳　一九一五＝一九二四「新聞小説の未来」『幽芳全集』至誠堂書店
貴司山治　一九三〇「『キング』論」『総合ヂャーナリズム講座3』内外社
北田暁大　一九九八「〈私的な公共圏〉をめぐって―一九二〇〜三〇年代『婦人雑誌』の読書空間」『東京大学社会情報研究所紀要』第五六号
北田暁大　二〇〇〇『現代社会学選書　広告の誕生　近代メディア文化の歴史社会学』岩波書店
木村　毅　一九三三『大衆文学十六講』橘書店
木村　毅　一九三一『大衆文学とジャーナリズム』三省堂
木村涼子　一九九九a『学校文化とジェンダー』勁草書房
木村涼子　一九九九b「『主婦イコン』の誕生―美人画と婦人雑誌」『大阪女子大学人間関係論集』第一七集
木村涼子　二〇〇〇「女学生と女工―思想との出会い」青木保他編『女の文化』岩波書店
木村涼子　二〇〇四「〈女が読む小説〉の誕生―一九二〇〜一九三〇年代の通俗小説の展開―」『大阪女子大学人間関係論集』第二一集
木村涼子　二〇〇九「日本の学校教育とジェンダー・ポリティクス」アップル、M．W．・長尾彰夫・ウィッティ、J．編『批判的教育学と公教育の再生』明石書店
木村涼子・小玉亮子　二〇〇五『教育／家族をジェンダーで語れば』白澤社
近代女性文化史研究会　一九八五『近代婦人雑誌目次総覧』全一五巻、大空社
近代女性文化史研究会　一九八六『日本の婦人雑誌』全五巻＋解説、大空社
近代女性文化史研究会　一九八九『婦人雑誌の夜明け』大空社
近代女性文化史研究会　一九九六『大正期の女性雑誌』大空社
近代女性文化史研究会　二〇〇一『戦争と女性雑誌―一九三一年〜一九四五年』ドメス出版
清川郁子　一九九一「リテラシーの普及と『壮丁教育調査』」川合隆男編『近代日本社会調査史　Ⅱ』慶応通信
清川郁子　一九九二「『壮丁教育調査』にみる義務教育制就学の普及―近代日本におけるリテラシーと公教育制度の成立」『教育社会学研究』第五一集
久保加津代　一九九九「高等女学校等の家事科の教科書にみる住生活―『婦人之友』誌にみる住生活との関連」『大分大学教育福祉科学

部研究紀要』第二一巻一号
久保加津代　二〇〇二　『女性雑誌に住まいづくりを学ぶ―大正デモクラシー期を中心に』ドメス出版
久保加津代　二〇〇四　「一九二五―一九三五年の『家の光』にみる農村住生活改善」『日本家政学会誌』第五五巻四号
倉田喜弘　一九八〇　『明治大正の民衆娯楽』岩波新書
グラムシ、A.　一九二九～一九三五＝一九八六　『グラムシ選集』第三巻、合同出版
栗原幸夫責任編集　一九九七　『文学史を読みかえる第一巻　廃墟の可能性―現代文学の誕生』インパクト出版会
黒岡千佳子　一九八一　「わが国における女性高等教育の発展と女性エリート形成」『教育学研究』第四八巻第一号
桑田直子　一九九八　「市民洋装普及過程における裁縫科の転回とディレンマ―成田順の洋装教育論を中心に」『教育学研究』第六五巻二号
桑原武夫　一九五〇　『文学入門』岩波新書
警保局　一九二七　『新聞雑誌社特別秘調査』一九七九年復刻発行、大正出版KK
香内三郎他　一九八七　『現代メディア論』新曜社
講談社　一九五九　『講談社の歩んだ五十年』講談社
神津善三郎　一九七四　『教育哀史』銀河書房
小林操子　二〇〇二　「大正～昭和初期における衣生活の近代化―婦人雑誌『主婦の友』衣生活関係記事と生活改善運動」『戸坂女子短期大学研究年報』第四五巻
小林喬　一九五二　「青森県の読み書き能力調査」『言語生活』一九五二年一二月号
小林忠　一九八二　『江戸の美人画―寛永・寛文期の肉筆画』学習研究社
駒尺喜美　一九五三　「男権への反逆者―『真珠夫人』の瑠璃子」『国文学』一三巻四号、学燈社
駒尺喜美　一九九四　『吉屋信子―隠れフェミニスト』リブロポート
五味渕典嗣　二〇〇七　「『婦人公論』のメディア戦略―〈円本〉以降の出版流通の観点から」『大妻女子大学紀要文系』第三九号
小森陽一・紅野謙介・高橋修編　一九九七　『メディア・表象・イデオロギー―明治三十年代の文化研究』小沢書店
小山静子　一九九一　『良妻賢母という規範』勁草書房

小山静子　一九九九『家庭の生成と女性の国民化』勁草書房
小山静子　二〇〇二『子どもたちの近代―学校教育と家庭教育』吉川弘文館
金野美奈子　二〇〇〇『OLの創造―意味世界としてのジェンダー』勁草書房
相賀徹夫編　一九八二『ブロマイド昭和史』小学館
斉藤直子　一九九三「戦時下の女性の生活と意識―『主婦之友』にみる―」赤澤史朗・北河賢三編『文化とファシズム―戦時期日本における文化の光芒』日本経済評論社
斎藤美奈子　二〇〇〇『モダンガール論―女の子には出世の道が二つある』マガジンハウス
斎藤由佳　二〇〇四「『主婦之友』にみる性意識の変容―一九二〇年代を中心に」『歴史評論』六四六号
サカイ、C.　一九八七＝一九九七　朝比奈弘治訳『日本の大衆文学』平凡社
坂田謙司　二〇〇二「草創期〈ラジオの「姿」〉婦人雑誌が伝えた家庭生活とラジオの関係」『マス・コミュニケーション研究』六一号
作田啓一　一九七二「同調の諸形態」『価値の社会学』岩波書店
桜井役　一九四三『女子教育史』日本図書センター
佐々木啓子　二〇〇二『戦前期女子高等教育の量的拡大過程―政府・生徒・学校のダイナミクス』東京大学出版会
佐々木啓子　二〇〇八「伝統的規範から脱却した新中間層の女性たち―戦前日本における女子高等教育拡大のメカニズム」香川せつ子・河村貞枝『女性と高等教育―機会拡張と社会的相克』昭和堂
佐藤澄子　一九三一「婦人雑誌の編輯と記事のとり方」『総合ヂャーナリズム講座7』内外社
佐藤卓己　二〇〇二『「キング」の時代　国民大衆雑誌の公共性』岩波書店
佐藤毅　一九九〇『マスコミの受容理論』法政大学出版局
佐藤裕紀子　二〇〇三「雑誌『主婦之友』にみる大正期の新中間層における家事労働観」『生活社会科学研究』第一〇号、お茶の水女子大学生活社会科学研究会
佐藤裕紀子　二〇〇四「大正期の新中間層における主婦の教育意識と生活行動―雑誌『主婦之友』を手掛かりとして」『日本家政学会誌』第五五巻六号
佐藤裕紀子　二〇〇六「大正期の『主婦之友』にみる手工芸と主婦労働」『日本家庭科教育学会誌』第四九巻一号

沢山美果子　一九九〇「教育家族の成立」第一巻編集委員会編『〈教育〉―誕生と終焉』（『叢書〈産む・育てる・教える―匿名の教育史〉1』）藤原書店
沢山美果子　一九九二「『母性』『父性』を問う―子産み・子育てにおける男と女」伊奈正人ほか編『性というつくりごと』勁草書房
沢山美果子　一九九八『出産と身体の近世』勁草書房
沢山美果子　二〇〇五『性と生殖の近世』勁草書房
実業之日本社　一九六七『実業之日本社七十年史』実業之日本社
篠田太郎　一九三五「真珠夫人」『国語と国文学』一二巻一〇号
渋谷知美　一九九九「『学生風紀問題』報道にみる青少年のセクシュアリティの問題化―明治年間の『教育時論』掲載記事を中心に―」『教育社会学研究』第六五集
渋谷知美　二〇〇三『日本の童貞』文藝春秋
嶋中雄作　一九三五『中央公論社回顧五〇年』中央公論社
島森路子　一九八四『広告のなかの女たち』大和書房
主婦の友社　一九六七『主婦の友社の五〇年』主婦の友社
主婦の友社　一九七七a『主婦の友社の六〇年』主婦の友社
主婦の友社　一九七七b『大正昭和女性の風俗六十年』主婦の友社
主婦の友社史編纂委員会　一九九六『主婦の友社の八〇年』主婦の友社
商業美術連盟　一九三四『商業美術展ポスター集成』商業美術出版社
女性史総合研究会　一九八二『日本女性史　第四巻　近代』東京大学出版会
女性史総合研究会　一九八三『日本女性史研究文献目録』東京大学出版会
女性史総合研究会　一九八八『日本女性史研究文献目録〈Ⅱ〉一九八二―一九八六』東京大学出版会
女性史総合研究会　一九九〇『日本女性生活史　第四巻　近代』東京大学出版会
女性史総合研究会　一九九〇『日本女性生活史　第五巻　現代』東京大学出版会
女性史総合研究会　一九九二『日本女性の歴史　性・愛・家族』角川書店

女性史総合研究会　一九九四『日本女性史研究文献目録〈Ⅲ〉一九八七―一九九一』東京大学出版会
女性史総合研究会　一九九七『日本女性史論集　女性史の視座』吉川弘文館
女性史総合研究会　一九九八『日本女性史論集　教育と思想』吉川弘文館
女性史総合研究会　一九九八『日本女性史論集　女性の暮らしと労働』吉川弘文館
女性史総合研究会　二〇〇三『日本女性史研究文献目録〈Ⅳ〉一九九二―一九九六』東京大学出版会
真銅正宏　二〇〇一『ベストセラーのゆくえ―明治大正の流行小説』翰林書房
スウィングウッド、A．　一九七七＝一九八二　稲増龍夫訳『大衆文化の神話』東京創元社
鈴木幹子　二〇〇〇「大正・昭和初期における女性文化としての稽古事」青木保他編『近代日本文化論八　女の文化』岩波書店
鈴木省三　一九八五『日本の出版会を築いた人びと』柏書房
鈴木杜幾子・千野香織・馬渕明子編著　一九九七『美術とジェンダー―非対称の視線』星雲社
鈴木裕子　一九八六『フェミニズムと戦争―婦人運動家の戦争協力』マルジュ社
関口すみ子　二〇〇五『御一新とジェンダー―荻生徂徠から教育勅語まで』東京大学出版会
関口すみ子　二〇〇七『国民道徳とジェンダー―福沢諭吉・井上哲次郎・和辻哲郎』東京大学出版会
関　肇　一九九七「『金色夜叉』の受容とメディア・ミックス」小森陽一・紅野謙介・高橋修編『メディア・表象・イデオロギー―明治三十年代の文化研究』小沢書店
瀬木博信編集発行　一九五五『博報堂創立六十周年記念　広告六十年』博報堂
瀬沼茂樹　一九五七「家庭小説の展開」『文学』一二月号
仙波千枝　一九九八「家庭の娯楽の構造―『主婦之友』家計の実験を例として」『生活文化史』第三三号、日本生活文化史学会
曽根ひろみ　一九九六「女性史とフェミニズム―上野千鶴子『歴史学とフェミニズム』に寄せて」女性史総合研究会『女性史学』第六号
染谷ひろみ　一九七八「『婦人公論』の思想―形成期における」近代女性史研究会『女たちの近代』柏書房
高木健夫　一九七六『新聞小説史　大正篇』国書刊行会
高木健夫　一九八一『新聞小説史　昭和篇Ⅰ・Ⅱ』国書刊行会
高木健夫編　一九八七『新聞小説史年表』国書刊行会

高倉テル　一九三六「日本国民文学の確立」『思想』昭和一一年八・九月号
高崎隆治　一九八四『一億特攻を煽った雑誌たち』第三文明社
高階秀爾　一九九三「大衆芸術の成立とモダニズム」『日本美術全集24　近代の美術Ⅳ建築とデザイン』講談社
高田瑞穂　一九六五「菊池寛」『国文学』第一〇巻二号
高橋和子　一九八〇「女性と読書」長谷川泉・馬渡憲三郎編『近代文学の読者』国書刊行会
高橋晴子　二〇〇七『年表　近代日本の身装文化』三元社
高見堅志郎　一九八九「日本のポスター史・序章」『日本のポスター史展』世界のポスター美術館
多木浩二　一九八八『天皇の肖像』岩波新書
田口律男　一九九四「プロットの力学　大衆小説の引力―菊池寛『真珠夫人』の戦略」『日本近代文学』第五〇集
匠　秀夫　一九八七『日本の近代美術と文学―挿絵史とその周辺』沖積舎
竹内郁郎　一九九〇『マス・コミュニケーションの社会理論』東京大学出版会
竹内　洋　一九七八『日本人の出世観』学文社
竹内　洋　一九九一『立志・苦学・出世―受験生の社会史』講談社
竹内　洋　一九九五『日本のメリトクラシー―構造と心性』東京大学出版会
竹中恵美子　一九七二『現代の婦人問題』創元社
竹中恵美子編　一九八三『女子労働論』有斐閣
田代美江子　一九九三「近代日本における産児制限運動と性教育―一九二〇～三〇年代を中心に―」『日本の教育史学』三六巻、日本教育史学会
田代美江子　二〇〇二「性差と教育―近代日本の性教育論にみられる男女の関係性」『歴史学研究』第七六五号、青木書店
多田道太郎　一九六二『複製芸術論』勁草書房
帯刀貞代　一九五五「『婦人公論』の四〇年」『中央公論社七〇年史』中央公論社
田中寿美子編　一九七五『女性解放の思想と行動　戦前編』時事通信社
田中陽子　二〇〇四「小学校裁縫科における洋裁教育推進の背景―大正後半期および昭和前期を中心にして」『日本家庭科教育学会

誌』第四七巻一号
田部井恵美子　一九八五「教科書にあらわれた献立指導の変遷―旧制高等女学校の場合」『日本家庭科教育学会誌』第二八巻一号
玉井乾介　一九五四「新聞小説史」『文学』一九五四年　月号
田間泰子　一九九一「中絶の社会史」上野千鶴子他編『シリーズ変貌する家族―家族の社会史』岩波書店
田間泰子　二〇〇一『母性愛という制度』勁草書房
田間泰子　二〇〇六『「近代家族」とボディ・ポリティクス』世界思想社
ダラ・コスタ　一九七八＝一九九一　伊田久美子訳『愛の労働』インパクト出版会
千葉亀雄　一九三一「現代雑誌会の趨勢と雑誌記事の推移」『総合ヂャーナリズム講座12』内外社
千本暁子　一九九〇「日本における性別役割分業の形成―家計調査をとおして―」荻野美穂他『制度としての〈女〉』平凡社
中央公論社　一九五五『中央公論社七〇年史』中央公論社
中央公論社　一九六五『中央公論社の八〇年』中央公論社
土屋礼子　二〇〇二『大衆紙の源流』世界思想社
土屋礼子編著　二〇〇九『近代日本メディア人物誌』ミネルヴァ書房
筒井清忠編　一九九〇『近代日本の歴史社会学』木鐸社
常見育男　一九七二『家庭科教育史　増補版』光生館
鶴見俊輔　一九六二『限界芸術論』勁草書房
鶴見俊輔　一九六四「『中央公論』の歴史」、『思想』一九六四年二月号、岩波書店
鶴見俊輔　一九八五『大衆文学論』六興出版
鶴見俊輔・山本明他　一九七三『講座マスコミュニケーション4　大衆文化の創造』研究社
寺田不二子　二〇〇六「戦時下に求められた女性のイメージ―『主婦之友』『婦人倶楽部』の口絵を中心として」『Image & Gender』第六号
ドーア、R．P．　一九六七「徳川教育の遺産」ジェンセン、M．B．編『日本における近代化の問題』岩波書店
東京アートディレクターズクラブ編　一九六七『日本の広告美術―明治・大正・昭和1―ポスター』美術出版社

戸倉義一　一九三一「婦人家庭図書の出版観」『総合ヂャーナリズム講座9』内外社
戸坂　潤　一九三六＝一九六六「思想と風俗　付一娯楽論―民衆と娯楽・その積極性と社会性」『戸坂潤全集　第四巻』勁草書房
戸田貞三　一九三七『家族構成』弘文堂
利根啓三郎　一九八一『寺子屋と庶民教育の研究』雄山閣
外山滋比古　一九六九『近代読者論』みすず書房
ドンズロ、J.　一九七七＝一九九一　宇波彰訳『家族に介入する社会』新曜社
永井龍男　一九六一『菊池寛』時事通信社
中内敏夫　一九九一「女学校と資本主義」原ひろ子・阿部勤也ほか『叢書　産む・育てる・教える二　家族―自立と転生』藤原書店
中尾　香　二〇〇九『〈進歩的主婦〉を生きる―戦後『婦人公論』のエスノグラフィー』作品社
中里英樹　二〇〇〇「主婦の役割と家計簿―婦人雑誌にみる家計管理」青木保他編『近代日本文化論八　女の文化』岩波書店
中嶌　邦　一九七五「大正期の女子教育」『大正の女子教育』日本女子大学教育研究所編
中嶌邦監修　一九九四『日本の婦人雑誌解説編』大空社
永島寛一　一九五一『雑誌企業の歴史と現状』朝日新聞社調査研究室
永田生慈　一九九二『資料による近代浮世絵事情』三彩社
中西昭雄　一九九七「メディア・ミックスの中の通俗小説―新聞小説『真珠夫人』と『痴人の愛』の周辺」栗原幸夫責任編集『文学史を読みかえる第一巻　廃墟の可能性―現代文学の誕生』インパクト出版会
永畑道子　一九八二『炎の女―大正女性生活史』
永原和子　一九八二「良妻賢母主義教育における「家」と職業」女性史総合研究会編『日本女性史』第四巻、東京大学出版会
永原和子　一九八五「女性統合と母性」脇田晴子編『母性を問う』下、人文書院、
永嶺重敏　一九九七『雑誌と読者の近代』日本エディタースクール出版部
中村孝也　一九四四『野間清治伝』野間清治伝記編纂会
中村政則　一九八五『技術革新と女子労働』東京大学出版会
新居　格　一九三一「婦人雑誌論」『総合ヂャーナリズム講座7』内外社

西川祐子　一九九〇「住まいの変遷と『家庭』の成立」女性史総合研究会編『日本女性生活史』第四巻、東京大学出版会
西川祐子　一九九四「日本型近代家族と住まいの変遷」『立命館言語文化研究』六巻一号
西川祐子　二〇〇九『日記をつづるということ―国民教育装置とその逸脱』吉川弘文館
西村絢子　一九八三「大正期高等女学校用修身教科書にあらわれた「在るべき女性像」の変容について」お茶の水女子大学『人間発達研究』第八号
日本女子大学女子教育研究所　一九六五『女子教育研究双書（1）日本の女子教育』国土社
日本女子大学女子教育研究所　一九六七『女子教育研究双書（2）明治の女子教育』国土社
日本女子大学女子教育研究所　一九七五『女子教育研究双書（5）大正の女子教育』国土社
日本女子大学女子教育研究所　一九八四『女子教育研究双書（7）昭和前期の女子教育』国土社
日本女子大学女子教育研究所　一九八七『女子教育研究双書（8）女子の高等教育』国土社
農商務省商工局　一九〇三『職工事情』（『生活古典全書第四巻　職工事情』（大河内一男解説）光生館、一九七一、『職工事情』上下巻（犬丸義一校訂）岩波書店、一九九八）
野田満智子　一九九八「小学校教則綱領『家事経済』の系譜―イギリスの『ドメスティックエコノミー』との関連を中心として」『日本家庭科教育学会誌』第四一巻三号
バーバラ・佐藤編　二〇〇七『日常生活の誕生―戦間期日本の文化変容』柏書房
橋本紀子　一九七六「戦前日本の女子の高等教育要求と制度構想―男女別学か共学かをめぐって」『教育学研究』第四三巻三号
橋本紀子　一九九二『男女共学制の史的研究』大月書店
橋本喜三　一九六〇『日本美術の女性たち』三彩社
長谷川泉・馬渡憲三郎編　一九八〇『新批評・近代日本文学の構造二　近代文学の読者』国書刊行会
長谷川時雨　一九三一「ギャーナリストとしての女性」『総合ヂャーナリズム講座12』内外社
長谷川博子　一九八四「女・男・子供の関係史にむけて―女性史研究の発展的解消」『思想』七一九号
初田亨　一九九三『百貨店の誕生』三省堂
バフチン、M.　一九八九　桑野隆訳『マルクス主義と言語哲学【改訳版】』未来社

早川紀代ほか編　二〇〇七　『東アジアの国民国家形成とジェンダー―女性像をめぐって』青木書店
バルト、R.　一九五七＝一九六七　篠沢秀夫訳『神話作用』現代思潮社
半澤成二　一九八六　『大正の雑誌記者』中央公論社
土方苑子　一九八七　「『文部省年報』就学率の再検討―学齢児童はその位いたか―」『教育学研究』第五四巻四号、日本教育学会
日高昭二　二〇〇三　『菊池寛を読む』岩波書店
日沼倫太郎　一九六六　『純文学と大衆文学の間』弘文堂新社
平井正・保坂一夫・川本三郎・山田孝延・伊藤俊治　一九八三　『都市大衆文化の成立―現代文化の原型一九二〇年代』有斐閣
広田照幸　一九九九　『日本人のしつけは衰退したか―「教育する家族」のゆくえ』講談社現代新書
深谷野亜　一九九九　「母子像の変容に関する史的考察―『主婦の友』誌を事例として―」『子ども社会研究』第五号
深谷昌志　一九六六　『良妻賢母主義の教育』黎明書房
婦人之友社　一九七八　『婦人之友表紙原画六〇人展図録』婦人之友社
ブルード、N.&ガラード、M.D.　一九八七　坂上桂子訳『美術とフェミニズム』PARCO出版
古河史江　二〇〇七　「戦後日本における二つの女の性―『婦人公論』と『主婦之友』一九四六年～一九五〇年代の分析から」『総合女性史研究』第二四号
古久保さくら　一九九〇　「昭和初期農村における母役割規範の変容―雑誌『家の光』をとおして―」『女性学年報』第一一号
ベンヤミン、W.　一九三六＝一九七〇　佐々木基一編集・解説『複製技術時代の芸術』晶文社
ボードリヤール、J.　一九七八＝一九七九　今村仁司・塚原史訳『消費社会の神話と構造』紀伊國屋書店
ボードリヤール、J.　一九七六＝一九八〇　宇波彰訳『物の体系』法政大学出版局
細井和喜蔵　一九二五　『女工哀史』改造社（一九五四『女工哀史』岩波書店）
堀江俊一　一九九一　「明治末期から大正初期の『近代家族像』―婦人雑誌からみた『山の手生活』の研究」『日本民俗学』一八六号
堀野正雄　一九三八　『女性美の寫し方』新潮社
ホルクハイマー、アドルノ　一九四七＝二〇〇七　『啓蒙の弁証法』岩波書店
本田康雄　一九九八　『新聞小説の誕生』平凡社

前田　愛　一九六八「大正後期通俗小説の展開―婦人雑誌の読者層」『文学』（『近代読者の成立』有精堂、一九七三　所収）
前田　愛　一九七三『近代読者の成立』有精堂
増田太次郎　一九七六『引札繪びら錦繪廣告』誠文堂新光社
増田太次郎　一九八一『引札絵ビラ風俗史』青蛙房
松田ふみ子　一九六五『婦人公論の五〇年』中央公論社
松田祐子　二〇〇九『主婦になったパリのブルジョワ女性たち―一〇〇年前の新聞・雑誌から読み解く』大阪大学出版会
松本悠子　二〇〇九「大量消費社会の成立―消費のジェンダー化」長野ひろ子・松本悠子編著『ジェンダー史叢書６　経済と消費社会』明石書店
真鍋元之　一九七二『大衆文学事典』青蛙房
丸岡秀子　一九六三『物価と家計簿』岩波新書
丸山真男　一九六一『日本の思想』岩波書店
丸山真男　一九七八「個人析出のさまざまなパターン」マリウス、Ｂ・ジェンセン編　細谷千博編訳『日本における近代化の問題』岩波書店
三浦朱門　一九八六『「中央公論」一〇〇年を読む』中央公論社
三鬼浩子　二〇〇二「女性雑誌における売薬広告」『メディア史研究』第一三号
見田宗介　一九六七「明治維新の社会心理学」辻村・塩原・見田『変動期における社会心理』培風館
見田宗介　一九七一「『立身出世主義』の構造―日本近代の価値体系と信念体系」『現代日本の心情と論理』筑摩書房
三橋　修　一九九九『明治のセクシュアリティー差別の心性史』日本エディタースクール出版部
南博＋社会心理研究所　一九六五『大正文化』勁草書房
南博＋社会心理研究所　一九八三『日本人の生活文化事典』勁草書房
南博＋社会心理研究所　一九八七『昭和文化　一九二五～一九四五』勁草書房
嶺村俊夫　一九三一「企業婦人雑誌形態論」『総合ヂャーナリズム講座９』内外社
宮後年男　一九九七『明治の美人画―絵はがきに見る明治のエスプリ』京都書院

宮坂靖子　一九九〇「『お産』の社会史」『〈教育〉誕生と終焉』藤原書店
宮島新一　一九九六『肖像画の視線―源頼朝像から浮世絵まで』吉川弘文館
宮本常一　一九六〇『忘れられた日本人』岩波文庫（一九八四）
三好豊太郎　一九三三「給料生活者の生計費」社会立法協会編『給料生活者問題　第二回社会政策会議報告書』
三好　一　一九九七『明治大正昭和―日本のポスター』京都書院
椋棒哲也　一九九八「加藤武雄『郷愁』について」『立教大学日本文学』七九号
村上淳子　一九九四「都市生活における婦人の洋装―『主婦之友』にみる衣生活の変化」『風俗33―1』日本風俗史学会
村上信彦　一九六九―七一『明治女性史』全四巻、理論社
村上信彦　一九八二『大正女性史上巻　市民生活』理論社
村上信彦　一九八三『大正期の職業婦人』ドメス出版
村田裕子　二〇〇四「大正期における洋装子供服について―雑誌『主婦之友』より」『大谷女子短期大学紀要』第四八号
牟田和恵　一九九六a『戦略としての家族―近代日本の国民国家形成と女性』新曜社
牟田和恵　一九九六b「セクシュアリティの編成と近代国家」井上俊他編『セクシュアリティの社会学』岩波書店
牟田和恵　二〇〇二「『近代家族』概念と日本近代の家族像」大日方純夫編『日本家族史論集2　家族史の展望』吉川弘文館
牟田和恵　二〇〇六『ジェンダー家族を超えて―近現代の生／性の政治とフェミニズム』新曜社
森末義彰他編　一九六九『体系日本史叢書第一七巻　生活史Ⅲ』山川出版社
森　麻弥　二〇〇五「一九二〇年代三〇年代における『健康観』に関する一考察―『キング』『主婦之友』『家の光』における健康関連記事の内容分析を中心に」『マス・コミュニケーション研究』第六七号
諸橋泰樹　一九九三『雑誌文化の中の女性学』明石書店
八木　昇　一九七七『大衆文芸図誌―装釘・挿絵にみる昭和ロマンの世界』新人物往来社
安成二郎　一九三一「新聞と婦人」『総合ヂャーナリズム講座　第九巻』内外社
柳田國男　一九三九『木綿以前の事』（『新編柳田國男集第九巻』筑摩書房、一九七九　所収）
山川菊栄　一九五六『女二代の記』日本評論社

八巻俊雄　一九九二『日本広告史』日本経済新聞社
山口桂三郎　一九九五『浮世絵の歴史―美人絵・役者絵の世界』三一書房
山崎明子　二〇〇五『近代日本の「手芸」とジェンダー』世織書房
山田昌弘　一九九四『近代家族のゆくえ―家族と愛情のパラドックス』新曜社
大和礼子　一九九五「性別役割分業意識の二つの次元―「性による役割振り分け」と「愛による再生産役割」―」『ソシオロジ』一二三
山名文夫　一九六七「概説・日本の広告美術」東京アートディレクターズクラブ編『日本の広告美術―明治・大正・昭和1　ポスター』美術出版社
山村賢明　一九七一『日本人と母』東洋館出版
山本茂実　一九七七『ああ野麦峠―ある製糸工女哀史』角川書店
山本武利　一九八一『近代日本の新聞読者層』法政大学出版局
山本武利・津金澤聰廣　一九八六『日本の広告』日本経済新聞社
山本敏子　一九九一「日本における〈近代家族〉の誕生―明治期ジャーナリズムにおける「一家団欒」像の形成を手掛かりに―」『日本の教育史学』第三四集
山本　昇　一九九五「加藤武雄ノート」『解釈』四八一号
山本文雄　一九七〇『日本マスコミュニケーション史』東海大学出版会
横尾忠則　一九八二「OGOSHIの木版画」『太陽美人画シリーズ　冬の女』平凡社
横光利一　一九三五「純粋小説論」『改造』昭和一〇年四月号
横山源之助　一九四九『日本の下層社会』岩波書店
吉武輝子　一九八二『女人吉屋信子』文藝春秋
与那覇恵子・平野晶子監修　二〇〇六『戦前期四大婦人雑誌目次集成』全三六巻、ゆまに書房
米田泰子　一九九二「『主婦之友』にみる産児調節―一九二〇年代前後の時代意識―」『人間発達研究』第17号、お茶の水女子大学心理・教育研究会
読売新聞社社史編纂室編　一九五五『読売新聞八十年史』読売新聞社

読売新聞百年史編集委員会　一九七六　『読売新聞百年史』読売新聞社
読み書き能力調査委員会編　一九五一　『日本人の読み書き能力』東京大学出版部
四方由美　一九九五　「戦時下における性役割キャンペーンの変遷―『主婦之友』の内容分析を中心に」『マス・コミュニケーション研究』第四七号
四方由美　二〇〇五　「『婦人之友』にもるジェンダー―戦時下における身体管理をめぐって」『メディア史研究』第一九号
李孝徳　一九九六　『表象空間の近代―明治「日本」のメディア編成』新曜社
若桑みどり　一九九五　『戦争がつくる女性像―第二次世界大戦下の日本女性動員の視覚的プロパガンダ』筑摩書房
若桑みどり　一九九七　『隠された視線―浮世絵・洋画の女性裸体像』岩波書店
脇田晴子編　一九八五　『母性を問う―歴史的変遷』上下、人文書院
私たちの歴史を綴る会編　一九八六　『婦人雑誌からみた一九三〇年代』同時代社
渡部周子　二〇〇七　『〈少女〉像の誕生―近代日本における「少女」規範の形成』新泉社
和田傳監修　一九八二　『加藤武雄読本―望郷と回顧』加藤武雄読本刊行会

Anderson,B., 1983 *Imagined Communities- Reflection on the Origin and Spread of Nationalism,* Verso =1987 白石隆・白石さや訳『想像の共同体―ナショナリズムの起源と流行』リブロポート
Ballster,R., Beetham,M., Frazer,E. and Hebron,S., 1991 *Women's World : Ideology, Femininity and the Woman's Magazine,* MACMILLAN PRESS LTD
Beetham,M. 1996 *A Magazine of her Own- Domesticity and Desire in the Woman's Magazine,1800-1914* Routledge
Beetham,M. and Boardman,K.(eds.) 2001 *Victorian Women's Magazines- an Anthology,* Manchester University Press
Berelson,B. 1952 *Content Analysis in Communication Research*, Glencoe Free Press＝1957 稲葉三千男・金圭煥訳『内容分析』みすず書房
Damon-Moore,H. 1994 *Magazines for the Millions – Gender and Commerce in the Ladies' Home Journal and the Saturday Evening Post,1880-1910*, State University of New York Press

Eagleton, T. 1983 *Literary theory : an introduction*, Blackwell =1980 大橋洋一訳『文学とは何か―現代批評理論への招待』岩波書店

Eagleton, T. 1991 *Ideology : an introduction*, Verso =1999 大橋洋一訳『イデオロギーとは何か』平凡社

Eliot,T.S. 1962 *Note Towards the Definition of Culture*, faber and faber =1967 深瀬基寛訳『文化とは何か』清水弘文堂書房

Giddens,A. 1992 *The Transformaion of Intimacy : Sexuality,Love and Eroticism in Modern Society*, Polity Press =1995 松尾精文・松川昭子訳『親密性の変容―近代社会におけるセクシュアリティ、愛情、エロティシズム』而立書房

Goffman,E. 1979 *Gender Advertisements*, Harvard University Press

Hall,S. 1977 Culture,the Media and the 'Ideological Effect', in Curran,J.,Gurevitch,M., and Woollacott,J.(eds.),*Mass Communication and Society*, Sage

Hall,S. 1982 The Rediscovery of 'Ideology' : Return of the Repressed in Media Studies, in Gurevitch,M.,Bennet,T.,Curran,J.,and Woollacott,J.(eds.), *Culture, Society and the Media*, Methuem

Hochschild,A. 1979 Emotion Work,Feeling Rules, and Social Structure, *American Journal of Sociology* 85(3)

Hochschild,A. 1983 *The Managed Heart : Commercialization of Human Feeling*, University of California Press = 2000 石川 准、室伏亜希訳『管理される心―感情が商品になるとき』世界思想社

Hoggart,R., 1957 *The Use of Literacy* =1974 香内三郎訳『読み書き能力の効用』晶文社

Hoggart,R.,1970 Speaking to Each Other, Chatto&Windus =1973 Penguin Books

Illich,I., 1981 *Shadow Work*, Marion Boyars = 1982 玉野井芳郎・栗原彬訳『シャドウ・ワーク』岩波書店

Ingris,F. 1990 *Media Theory an Introuction*, Basil Blackwell Ltd. = 1992 伊藤誓・磯山甚一訳『メディアの理論』法政大学出版会

Katz,E and Lazarsfeld,P.F. 1955 *Personal Influence*, The Free Press = 1965 カッツ、E.&ラザースフェルド、P.F.、竹内郁郎訳『パーソナル・インフルエンス』培風館

Kitch C. 2001 *The Girl on the Magazine Cover – the Origins of Visual Stereotypes in American Mass Media*, The University of North Carolina Press

Krippendorf, K. 1980 *Content Analysis an Introductory to its Methodology*, Sage Pub

Lazarsfeld,P.F.,Berelson,B., and Gaudet,H. 1944 *The People's Choice*, New York, Duell,Sloan and Pearce = 1987 ラザースフェルド、

ベレルソン&ゴーデト、有吉広介監訳『ピープルズ・チョイス』芦書房
Leman,J., 1980 'the Advice of a Real Friend.' Code of Intimacy and Oppression in Woman's Magazines 1937-1955 ,*Woman's Studies International .Quart.* vol.3
McRobbie,A. 1978 Jackie : an Ideology of Adolescent Femininity, Centre for Contemporary Cultural Studies, University of Birmingham, *Stenciled Occasional Paper, Women Series : SP No.53*
Mirror,W.K. 1977 *Mirror-Images of Women Reflected in Popular Culture*, Doubleday & Company, ＝1985 荒このみ訳『メディアに縛られた女』晶文社
Oakley,A. 1974 *Housewife*, Penguin Books ＝1986 アン・オークレー、岡島茅花訳『主婦の誕生』三省堂
Parsons,T.& Bales,R.F. 1955 *Family : Socialization and Interaction Process*, Free Press＝1970 橋爪貞雄他訳『核家族と子供の社会化』黎明書房
Scanlon, J. 1995 *Inarticulate Longings – The Ladies' Home Journal, Gender, and the Promises of Consumer Culture*, Routledge,
Shorter, E. 1975 *The making of the modern family*, Basic Books = 1987 田中俊宏他 訳『近代家族の形成』昭和堂
Stone,L. 1977 *The Family,Sex and Marriage in England,1500-1800*, Weidenfield & Nicolson ＝1991 北本正章訳『家族・性・結婚の社会史』勁草書房
Thornham, S. 2000 *Feminist Theory and Cultural Studies*, Oxford University Press Inc.
Walker,N.A., 2000 *Shaping Our Mothers' World : American Women's Magazines*, University Press of Mississippi
White,C.L., 1970 *Women's Magazines 1693-1968,* Michael Joseph LTD.
Winship, J., 1987 *Inside Women's Magazines* , Pandora Press
Zuckerman,M.E. 1998 *a History of Popular Women's Magazines in the United States,1792-1995,* Greenwood Press

○美人画に関する参考資料

『芸術新潮・特集美人画考現学』八月号、新潮社、一九八四
『太陽美人画シリーズ』全四巻、平凡社、一九八二

『太陽・浮世絵美人画シリーズ』平凡社、一九六九
『太陽・鏑木清方』平凡社、一九七六
『別冊太陽・日本のこころ48―女優』平凡社、一九八四
『近代美人画名作展―明治・大正・昭和―福富太郎コレクション』毎日新聞社、一九九一
『浮世絵にみる美人の変遷―太田記念美術館特別展パンフレット』太田記念美術館、一九九一
『近代の美人画―目黒雅叙園コレクション』京都書院、一九八八
『近世の風俗画と美人画展』日本経済新聞社、一九七八
『ポスターワンダーランド―シネマパラダイス―』講談社、一九九六
『大正・昭和のロマン画家たち―竹久夢二・高畠華宵・蕗谷虹児』毎日新聞社、一九九四
『アサヒグラフ別冊美術特集日本編49―近代日本画に見る美人』朝日新聞社、一九八七
『別冊一億人の昭和史―昭和日本映画史』毎日新聞社、一九七七
『甦る昭和ロマン』小学館、一九七六
『日本の美術ＮＯ27―風俗版画』至文堂、一九六八
大阪引札研究会編『大阪の引札・絵びら：江戸・明治のチラシ広告―南木コレクション』東方出版、一九九二
『名作挿絵全集』全十巻、平凡社、一九七九―八〇
『美の女性二〇〇年展』西宮大谷記念美術館、一九八五
『日本美術全集24近代の美術―建築とデザイン』講談社、一九九三
『日本のポスター史展』世界のポスター美術館、一九八九
『日本のポスター史―1800's-1980's』名古屋銀行、一九八九
『モダン化粧史―装いの八〇年』ポーラ文化研究所、一九八六
『美女一〇〇年―ポスターに咲いた時代の華たち』サントリーミュージアム天保山、一九九四
『1億人の昭和史―日本人―三代の女たち』上・中・下、毎日新聞社、一九八一
毎日新聞社編『日本の顔』毎日新聞社、一九五三

日本写真家協会編『日本写真史1840-1945』平凡社、一九七一
『日本絵画史の研究』吉川弘文館、一九八九
『初期浮世絵―美人画・役者絵』講談社、一九六五
『浮世絵―美術全集作品ガイド』日外アソシエーツ
『浮世絵大系』集英社、一九七三―七六
仲田勝之助編『浮世繪類考』岩波書店、一九四一
吉田暎二著『浮世絵事典』画文堂、一九九〇
『原色浮世絵大百科事典』第四巻、大修館書店、一九八一
『肉筆浮世絵美人画集成』1・2、毎日新聞社、一九八三
『浮世絵全集―美人画』1・2、河出書房、一九五六

○大衆文学に関する参考資料

『現代大衆文学全集』全六〇巻、平凡社、一九二七―三二
『大衆文学大系』全三一巻、講談社、一九七一―八〇
『昭和国民文学全集』全三〇巻、筑摩書房、一九七三―七四
『大衆文学代表作全集』全二四巻、河出書房、一九五四
『日本文学全集』集英社、一九六八+
『現代日本文学全集』筑摩書房、一九五五+
『現代文学代表作全集』萬里閣、一九四八
『近代日本文学』筑摩書房、一九七六
『国文学　特集　大衆文学のすべて』一月号、学燈社、一九六五
『国文学　特集　大衆文学―物語のアルケオロジー』八月号、学燈社、一九八五
『国文学　解釈と鑑賞　特集　読者論―読書論の彼方へ』一〇月号、至文堂、一九八〇

『国文学　解釈と鑑賞　特集　大衆文学の世界』一二月号、至文堂、一九八四
『思想の科学　特集　大衆文学の研究』二月号、先駆社、一九四八
『出版研究』第一一号、日本出版学会編、講談社、一九八〇
『大衆文学研究』第一―二二号、南北社、一九六一―六八
『中央公論　特集　大衆文学論、大衆文学研究』中央公論社、一九二六
『文学　特集　新聞小説』六月号、岩波書店、一九五四
『文学　特集　大衆文学』一二月号、岩波書店、一九五七
『文学　特集　大衆文学』七月号、岩波書店、一九六〇
『総合ヂャーナリズム講座』全一二巻、内外社、一九三一
『菊池寛全集』全一二巻、平凡社、一九二九
『菊池寛全集』全一五巻、中央公論社、一九三九
『菊池寛全集』全二四巻、文藝春秋社、一九九三
『吉屋信子全集』全一二巻、新潮社、一九三六
『吉屋信子選集』全一一巻、新潮社、一九四〇
『吉屋信子全集』全一二巻、朝日新聞社、一九七六
『加藤武雄生誕一〇〇年記念・加藤武雄資料展（目録）』加藤武雄記念会・城山町教育委員会、一九八八
『加藤武雄おぼえがき』加藤哲雄〈私家版〉
『伯父加藤武雄』加藤正彦、二〇〇三

＊加藤武雄関連の私家版などの貴重な資料は、加藤武雄氏の甥ごさんにあたる加藤正彦氏のご厚意により入手することができた。貴重な資料のみならず、文学碑が立つ郷里をご案内頂くとともに、加藤武雄氏の人となりについてのお話をおきかせ頂いた。この場を借りて、加藤正彦ご夫妻にお礼を申し上げたい。

著者略歴

一九六一年　生まれる

一九九〇年　大阪大学大学院人間科学研究科博士課程単位取得退学

現在　大阪大学大学院人間科学研究科教授

〔主要著書〕

学校文化とジェンダー　教育／家族をジェンダーで語れば（共著）　モノと子どもの戦後史（共著）

〈主婦〉の誕生

婦人雑誌と女性たちの近代

二〇一〇年（平成二十二）九月一日　第一刷発行

二〇一九年（令和　元　）五月一日　第四刷発行

著　者　木《き》村《むら》涼《りょう》子《こ》

発行者　吉川道郎

発行所　株式会社　吉川弘文館

郵便番号一一三―〇〇三三

東京都文京区本郷七丁目二番八号

電話〇三―三八一三―九一五一〈代〉

振替口座〇〇一〇〇―五―二四四番

http://www.yoshikawa-k.co.jp/

印刷＝株式会社　ディグ

製本＝株式会社　ブックアート

装幀＝河村　誠

ISBN978-4-642-03796-9